最高人民法院2021年度司法案例研究课题

以案释德

法官职业道德及行为规范

YI AN SHI DE

FAGUAN ZHIYE DAODE JI XINGWEI GUIFAN

王 立 ◎ 著

知识产权出版社

全国百佳图书出版单位

— 北京 —

图书在版编目（CIP）数据

以案释德：法官职业道德及行为规范 / 王立著 . —北京：知识产权出版社，2023. 5
ISBN 978－7－5130－7961－7

Ⅰ . ①以…　Ⅱ . ①王…　Ⅲ . ①法官—职业道德—研究—中国　Ⅳ . ①D926. 17

中国版本图书馆 CIP 数据核字（2022）第 185668 号

策划编辑：齐梓伊　　　　　　　　　责任校对：王　岩

责任编辑：秦金萍　　　　　　　　　责任印制：刘译文

封面设计：瀚品设计

以案释德：法官职业道德及行为规范

王立　著

出版发行：**知识产权出版社**有限责任公司		网　　址：http：//www. ipph. cn	
社　　址：北京市海淀区气象路 50 号院		邮　　编：100081	
责编电话：010－82000860 转 8367		责编邮箱：1195021383@ qq. com	
发行电话：010－82000860 转 8101/8102		发行传真：010－82000893/82005070/82000270	
印　　刷：北京建宏印刷有限公司		经　　销：新华书店、各大网上书店及相关专业书店	
开　　本：720mm×1000mm　1/16		印　　张：14. 25	
版　　次：2023 年 5 月第 1 版		印　　次：2023 年 5 月第 1 次印刷	
字　　数：208 千字		定　　价：68. 00 元	

ISBN 978－7－5130－7961－7

目 录

第一章 法官职业道德及行为规范基本问题

第一节 概述

习近平总书记在中国共产党第二十次全国代表大会开幕式上的讲话指出，全面依法治国是国家治理的一场深刻革命，关系党执政兴国，关系人民幸福安康，关系党和国家长治久安。①

法官职业道德作为职业道德的重要组成部分，直接关系、影响乃至决定着司法审判领域中的国家治理能力和治理水平。法官基于国家赋权担当社会关系依法调整的裁判者，其职业的道德建设水平对社会道德水平、国家整体职业道德水平都有很大的影响，甚至可以说，它的关联性、引领性、示范性直接影响到社会各个方面、各种职业道德水平的提升或沉滑。在我国若干职业中，特别是在立法、执法、监督和司法领域的职业中，法官职业道德建设应当抓得更严、建得更全、管得更紧、做得更好。

一、法官职业道德概念

法官职业道德是保证法官职业从业人员正确履行法律赋予职责的特定道德要求。具体而言，它是法官职业从业人员在本职工作和业外活动中逐渐形

---

① 参见"习近平强调坚持全面依法治国，推进法治中国建设"，载"学习强国"学习平台，2022 年 10 月 16 日访问。

成的基本道德观念、基本行为规范和良好职业习惯的总称。法官职业道德为法官职业从业人员的职业活动提供着约束从业者行为、调节从业人员之间的相互关系和法官职业与社会之间关系的基本要求，起到评价从业人员职业行为正确与否的基本判断标准作用，对从业人员具有普遍约束力，并通过这种普遍拘束力来维系司法公正，维护法律尊严。

正确理解和准确把握法官职业道德，应当着重注意以下几个方面的问题。

（一）法官职业道德的主体

所谓法官职业道德的主体，就是法官职业道德的承载者，也就是受法官职业道德约束的这个特定职业的从业人员。通俗地讲，这个问题就是法官职业道德是管谁的问题。法官职业道德的主体有三类：一是法官；二是人民陪审员；三是法院其他工作人员。我们把法官职业道德的主体确定为这样三类人员，是因为受法官职业道德约束的这个特定职业的从业人员不仅有法官，而且包括人民陪审员和法院其他工作人员。法官代表国家行使审判权，自然属于法官职业道德的主体，也是法官职业道德的主要约束对象。由于我国实行的是有中国特色的社会主义司法制度，作为人民当家作主在司法制度上的具体反映，人民群众参加审判活动的主要表现形式就是人民陪审员制度，法律保障人民陪审员在审理案件过程中，除法律另有规定外，与法官享有同等的权利。至于法院的其他工作人员，如法警、书记员、行政后勤人员等，虽然不是审判人员，却是这个职业的从业人员。由于他们与审理案件的服务保障工作的现实关联性，他们的言行与司法公信力的确立有着密切的联系，随时可能影响司法审判活动，所以法院的其他工作人员也必然成为法官职业道德的主体。

（二）法官职业道德规范的对象

法官职业道德规范的对象，属于法官职业道德规范的事项范围，即从业者做哪些事应当遵守职业道德规则。简言之，就是法官职业道德是管什么事的问题。法官职业道德规范的对象主要包括两类事项或行为：一是法官职业从业人员的履职行为；二是法官职业从业人员的非履职行为。履职行为是履行司法职务的行为，最主要的就是履行司法工作职业，代表国家行使审判权，维护公平正义和法律权威，由于这项行为直接体现法官职业的核心价值，因此法官职业道德主要针对审判活动作出道德规范的设置。非履职行为强调的侧重点在于非履行职务时的其他行为，如参加法律咨询、外出授课、著书立说等，这些行为中都可能存在对法官职业形象的影响因素，在一定条件下甚至可能影响司法公信力。因此，以职业道德对其进行约束，不仅对从业人员个人是必要的，对该群体维系职业的外在形象也是必需的。

（三）法官职业道德规范的内容

法官职业道德规范的内容，是法官职业道德规范所涵盖的范畴。简言之，就是法官职业道德在多大范围管事的问题。笔者认为，法官职业道德规范的内容主要应当包含两大类：一是行为规范；二是道德理念。行为规范的内容是对从业人员业内和业外行为进行规范的各种要求的总称，而道德理念是一系列与法官职业美德紧密相关的观念总称。法官职业道德理念，如忠诚、为民、公正、廉洁，对法官职业从业人员的业内和业外行为起着决定性的作用，并通过从业人员具体的业内和业外行为表现出来。法官职业道德理念体现的是法官职业道德的主要价值取向，法官业内和业外行为则是法官职业道德的外在表现。同时，由于行为规范包含业内和业外活动，因此，从业人员除工作时间之外的活动，也应当置于职业道德的约束之下。

二、法官职业道德规范体系

法官职业道德规范体系是由若干法律文件组成的。它们共同作用，互相补充，形成一个有机的整休，约束着法官的言行。法官职业道德规范体系的组成并不是静止的、固定的，而是随着国家、社会、政治、经济等形势的变化而发生着变化，并不断地充实和完善。

（一）《新时代政法干警"十个严禁"》

2022 年 2 月，中央政法委、最高人民法院、最高人民检察院、公安部、国家安全部、司法部联合出台《新时代政法干警"十个严禁"》，要求各级政法机关认真贯彻执行、全体政法干警自觉遵守。①

1. 制定的背景

政法队伍是捍卫党的领导和人民民主专政的国家政权的重要力量，在全面建设社会主义现代化国家、实现第二个百年奋斗目标的新征程中，肩负着维护国家政治安全、确保社会大局稳定、促进社会公平正义、保障人民安居乐业的职责任务。按照党中央部署，2020年7月至2021年12月，开展全国政法队伍教育整顿，全体政法干警接受了一次深刻锻造，政法队伍政治生态进一步优化、纪律作风进一步好转、素质能力进一步增强、执法司法公信力进一步提升。为深入贯彻习近平总书记关于加强政法队伍建设的重要指示和训词精神，巩固全国政法队伍教育整顿成果、推进全面从严管党治警，使纪律约束成为政法干警的思想自觉和行为自觉，努力锻造忠诚干净担当的新时代政法铁军，中央政法委会同中央政法单位全面总结全国政法队伍教育整顿工作，广泛征求意见，研究出台《新时代政法干警"十个严禁"》，严格规范政法干警的言行。

2. 基本内容

《新时代政法干警"十个严禁"》共10条。第1条、第2条、第3条，聚焦政治建设、对党忠诚，强调严禁搞两面派、做两面人，严禁有令不行、有禁不止，严禁放任错误思潮侵蚀影响。第4条至第8条，聚焦执法司法顽瘴痼疾，强调严禁干预执法司法、徇私枉法、违规参与营利活动、包庇纵容黑恶势力、滥用执法司法权。第9条、第10条，聚焦纪律作风，强调严禁耍特权抖威风、违反保密纪律等。②

---

① 参见李阳："中央政法委等6部委联合印发《新时代政法干警'十个严禁'》"，载《人民法院报》2022年3月1日，第1、2版。

② 参见李阳："中央政法委负责人就《新时代政法干警'十个严禁'》答记者问"，载《人民法院报》2022年3月1日，第2版。

（二）《中华人民共和国法官职业道德基本准则》

1. 发布时间

由最高人民法院于 2001 年 10 月 18 日发布，于 2010 年 12 月 6 日修订后重新发布，共 7 章，30 条。

2. 制定目的

造就一支政治坚定、业务精通、作风优良、清正廉洁、品德高尚的法官队伍，是依法治国、建设社会主义法治国家的重要条件，是人民法院履行宪法和法律职责的重要保障。法官具有良好的职业道德，对于确保司法公正、维护国家法治尊严至关重要。为规范和完善法官职业道德标准，提高法官职业道德素质，维护法官和人民法院的良好形象，根据《中华人民共和国法官法》和国家其他有关规定制定本准则。

3. 主要内容

一是确立法官职业道德的核心是公正、廉洁、为民。二是明确规定法官职业道德的基本要求是忠诚司法事业、保证司法公正、确保司法廉洁、坚持司法为民、维护司法形象。

（三）《法官行为规范》

1. 发布时间

由最高人民法院于 2005 年 11 月 4 日发布试行，于 2010 年 12 月 6 日修订后发布正式施行，共 10 部分，96 条。

2. 制定目的

为大力弘扬"公正、廉洁、为民"的司法核心价值观，规范法官基本行为，树立良好的司法职业形象，根据《中华人民共和国法官法》和《中华人民共和国公务员法》等法律，制定本规范。

3. 主要内容

第一部分为一般规定，规定了法官行为规范遵循的基本原则：忠诚坚定、公正司法、高效办案、清正廉洁、一心为民、严守纪律、敬业奉献、加强修养；第二至第八部分，规定了立案、庭审、诉讼调解、文书制作、执行、涉诉信访处理、业外活动等阶段法官行为的基本要求和注意事项；第九部分为监督和惩戒，第十部分是附则。

（四）《人民法院文明用语基本规范》

1. 发布时间

由最高人民法院于 2010 年 12 月 6 日发布。

2. 制定目的

为规范法院工作人员工作用语，提高文明司法水平，树立法院工作人员良好职业形象，维护人民法院司法公信力，根据《中华人民共和国法官职业道德基本准则》和《法官行为规范》，制定本规范。

3. 主要内容

一是规定了使用文明用语的基本要求，法院工作人员在诉讼过程的各个环节上要自觉、规范使用文明用语，做到称谓恰当、语言得体、语气平和、态度公允；二是规定了法院工作人员在诉讼环节中，如接待来访、立案、庭外调查、庭审、诉讼调解、执行、安全检查、送达法律文书，使用文明用语的要求，并给出参考使用的文明用语。

（五）《中华人民共和国人民法庭规则》

1. 发布时间

由最高人民法院审判委员会 1993 年 11 月 26 日第 617 次会议发布，于 1994 年 1 月 1 日起施行。根据 2015 年 12 月 21 日最高人民法院审判委员会第 1673 次会议通过的《最高人民法院关于修改〈中华人民共和国人民法院法庭规则〉的决定》修正，由最高人民法院于 2016 年 4 月 13 日发布，自 2016 年 5 月 1 日起施行。

2. 制定目的

为了维护法庭安全和秩序，保障庭审活动正常进行，保障诉讼参与人依法行使诉讼权利，方便公众旁听，促进司法公正，彰显司法权威，根据《中华人民共和国人民法院组织法》《中华人民共和国刑事诉讼法》《中华人民共和国民事诉讼法》《中华人民共和国行政诉讼法》等有关法律规定，制定本规则。

3. 主要内容

共 27 条，从权利保障、庭审规则公平、保障法庭安全、规范法庭秩序、庭审活动公开、司法礼仪等方面，对庭审活动进行了规范。

（六）其他相关规定

1. 规范法官和律师等接触交往的规定

（1）《关于规范法官和律师相互关系维护司法公正的若干规定》

由最高人民法院和司法部于 2004 年 3 月 19 日联合发布，共 15 条。该规定是为了加强对法官和律师在诉讼活动中的职业纪律约束，规范法官和律师的相互关系，维护司法公正，根据《中华人民共和国法官法》《中华人民共和国律师法》等有关法律、法规而制定的规范性文件。

（2）《关于进一步规范司法人员与当事人、律师、特殊关系人、中介组织接触交往行为的若干规定》

由最高人民法院、最高人民检察院、公安部、国家安全部、司法部于 2015 年 9 月 6 日联合印发，旨在规范司法人员与当事人、律师、特殊关系人、中介组织的接触、交往行为，保证公正司法。该规定明令严禁司法人员与当事人、律师、特殊关系人、中介组织接触交往的六种行为；强调了司法人员在案件办理过程中，要严格执行回避的有关规定；重申司法人员离任后不得担任原任职单位办理案件的诉讼代理人或者辩护人。

（3）《关于建立健全禁止法官、检察官与律师不正当接触交往制度机制的意见》

由最高人民法院、最高人民检察院、司法部于 2021 年 9 月 30 日联合印发，共 12 条。该意见依据《中华人民共和国法官法》《中华人民共和国检察官法》《中华人民共和国律师法》等有关规定，结合实际情况而制定，旨在深入贯彻习近平法治思想，认真贯彻落实防止干预司法"三个规定"，建立健全禁止法官、检察官与律师不正当接触交往制度机制，防止利益输送和利益勾连，切实维护司法廉洁和司法公正。该意见适用于各级人民法院、人民检察院依法履行审判、执行、检察职责的人员和司法行政人员。

2. 法官着装规定

（1）《人民法院法官袍穿着规定》

由最高人民法院于 2002 年 1 月 24 日发布施行，旨在增强法官的职业责任感，进一步树立法官公正审判形象，对法官袍的穿着和保管进行规定。

（2）《人民法院审判制服着装管理办法》

由最高人民法院于 2013 年 1 月 23 日发布施行，旨在规范人民法院工作人员着装行为，树立和维护人民法院的良好形象，根据最高人民法院有关规定，结合人民法院实际情况，对人民法院实行统一着装作出明确具体的要求。

3. 《人民法院法槌使用规定（试行）》

由最高人民法院于 2002 年 1 月 8 日发布，并于 2002 年 6 月 1 日起施行，旨在维护法庭秩序，保障审判活动的正常进行，对法槌的使用作出详细而具体的规定。

4. 《人民法院工作人员处分条例》

由最高人民法院于 2009 年 12 月 31 日发布施行，旨在规范人民法院工作人员行为，促进人民法院工作人员依法履行职责，确保公正、高效、廉洁司法，人民法院工作人员因违反法律、法规或者本条例规定，应当承担纪律责任的，依照本条例给予处分。

5. 《最高人民法院关于进一步改进司法作风的六项措施》

2012 年 12 月 13 日，最高人民法院为认真贯彻落实中共中央关于改进工作作风、密切联系群众的八项规定精神，进一步改进司法作风和提高司法公信力，制定并出台六项措施。从坚持司法为民，推进司法公开，加强民意沟通，精简会议活动，精简文件简报，改进调研工作等六个方面进一步改进司法作风。

6.《最高人民法院关于新形势下进一步加强人民法院纪律作风建设的指导意见》

由最高人民法院于 2014 年 1 月 2 日发布施行，旨在持之以恒地推动中央八项规定精神在各级人民法院的贯彻落实，坚决整治法院队伍在纪律作风方面存在的突出问题，以铁的纪律培育好的作风、树立好的形象，以清正廉洁保障公正司法、维护公平正义。

7.《最高人民法院关于"五个严禁"的规定》

由最高人民法院于 2009 年 1 月 8 日发布施行。具体内容是：严禁接受案件当事人及相关人员的请客送礼；严禁违反规定与律师进行不正当交往；严禁插手过问他人办理的案件；严禁在委托评估、拍卖等活动中徇私舞弊；严禁泄露审判工作秘密。人民法院工作人员凡违反上述规定，依纪依法追究纪律责任直至刑事责任。从事审判、执行工作的，一律调离审判、执行岗位。

8.《保护司法人员依法履行法定职责规定》

由中共中央办公厅、国务院办公厅于 2016 年 7 月 21 日发布施行，旨在贯彻落实《中共中央关于全面推进依法治国若干重大问题的决定》有关要求，建立健全司法人员依法履行法定职责保护机制。

9.《最高人民法院关于切实践行司法为民大力加强公正司法不断提高司法公信力的若干意见》

由最高人民法院于 2013 年 9 月 6 日发布施行。该意见的发布施行是为了深入贯彻落实党的十八大关于加快建设社会主义法治国家的重大部署和习近平总书记关于法治建设的重要论述，积极回应人民群众对于新时期人民法院工作的新要求和新期待，切实践行司法为民，大力加强公正司法，不断提高司法公信力，充分发挥人民法院的职能作用。全文共计 9 个部分 45 个条文，几乎涵盖人民法院执法办案、队伍建设等所有工作领域。

10.《关于依法切实保障律师诉讼权利的规定》

由最高人民法院于 2015 年 12 月 29 日发布施行，旨在深入贯彻落实全面推进依法治国战略，充分发挥律师维护当事人合法权益、促进司法公正的积极作用，切实保障律师诉讼权利，根据相关法律法规，对保障律师诉讼权利作出详细的规定。

11. 司法公开的有关规定

（1）《关于司法公开的六项规定》

由最高人民法院于 2009 年 12 月 8 日发布施行，目的是进一步落实公开审判的宪法原则，扩大司法公开范围，拓宽司法公开渠道，保障人民群众对人民法院工作的知情权、参与权、表达权和监督权，维护当事人的合法权益，提高司法民主水平，规范司法行为，促进司法公正。该文件从立案公开、庭审公开、听证公开、文书公开、执行公开、审务公开六个方面进行了详细的规定。

（2）《关于人民法院通过互联网公开审判流程信息的规定》

由最高人民法院于 2018 年 3 月 4 日发布，自 2018 年 9 月 1 日起施行。目的是贯彻落实审判公开原则，保障当事人对审判活动的知情权，规范人民法院通过互联网公开审判流程信息工作，促进司法公正，提升司法公信。该规定共 17 条，就审判流程信息公开的基本原则、审判流程信息公开平台的定位、诉讼参与人身份信息的采集与核对、特殊情况下的公开规则、通过互联网公开的审判流程信息的范围、依托审判流程信息公开平台进行电子送达的规则与效力、已公开审判流程信息的更正与撤回、审判流程信息公开工作督导机制等内容作出了明确、具体的规定。根据该规定，除涉及国家秘密以及法律、司法解释规定应当保密或者限制获取的审判流程信息之外，人民法院审判刑事、民事、行政、国家赔偿案件过程中产生的程序性信息、处理诉讼事项的流程信息、诉讼文书、笔录等四大类审判流程信息，均应当通过互联网向参加诉讼的当事人及其法定代理人、诉讼代理人、辩护人公开。此外，还明确了中国审判流程信息公开网作为"人民法院公开审判流程信息的统一平台"。

12. 规范执行行为的有关规定

（1）《人民法院规范执行行为"十个严禁"》

由最高人民法院于 2017 年 4 月 6 日发布施行。制定该文件的目的是解决人民法院系统执行难问题，让人民群众切实感受到执行工作的新气象。"十个严禁"对消极执行、选择性执行、乱执行、执行不廉、作风不正、有令不行等行为的具体表现形式进行了列举，这些行为是执行工作的 10 条"高压线"，人民法院工作人员凡触碰"高压线"的，将依纪依法严肃追究纪律责任直至刑事责任。

（2）《人民法院办理执行案件"十个必须"》

由最高人民法院于 2021 年 11 月 11 日发布施行。该文件规定了人民法院办理执行案件时必须遵循的原则，包括："一、必须强化政治意识、宗旨意识，筑牢政治忠诚，践行执行为民，严禁'冷硬横推'、'吃拿卡要'、作风不正；二、必须强化纪法意识，严守纪律规矩，严禁有令不行、有禁不止、弄权谋私、执行不廉；三、必须严格遵守'三个规定'，严禁与当事人、律师不正当交往，违规干预过问案件；四、必须高效公正执行，严禁消极执行、拖延执行、选择性执行；五、必须规范文明执行，严禁违规评估、拍卖，超标的查封，乱执行；六、必须严格把握无财产可供执行案件的结案标准，严禁未穷尽执行措施而以终结本次执行方式结案、应恢复执行而不及时恢复；七、必须全面实行执行案款'一案一账号'管理模式，具备发放条件的 15 个工作日内完成案款发放，严禁截留、挪用、超期发放；八、必须接访即办，件件有录入、事事有回应，严禁敷衍塞责、程序空转、化解不到位；九、必须深化执行公开，关键节点信息实时推送，严禁暗箱操作、权力寻租；十、必须强化执行权监督制约，自觉接受各方监督，严禁恣意妄为、滥用职权。"

（3）《最高人民法院关于进一步完善执行权制约机制　加强执行监督的意见》

由最高人民法院于2021年12月6日发布施行，目的是全面贯彻落实党中央关于全国政法队伍教育整顿决策部署，进一步规范执行行为，强化对执行权的监督制约，不断清除执行领域的顽瘴痼疾，筑牢不敢腐不能腐不想腐的制度堤坝，确保高效公正规范文明执行，切实维护人民群众合法权益，努力让人民群众在每一个司法案件中感受到公平正义。

13. 干预司法活动、过问案件的相关规定

（1）《领导干部干预司法活动、插手具体案件处理的记录、通报和责任追究规定》

由中共中央办公厅、国务院办公厅于2015年3月18日发布施行，要求司法机关依法独立公正行使职权，不得执行任何领导干部违反法定职责或法定程序、有碍司法公正的要求，明确规定对领导干部干预司法活动、插手具体案件处理的情况，司法人员应当全面、如实记录，做到全程留痕，有据可查。

（2）《司法机关内部人员过问案件的记录和责任追究规定》

由中央政法委员会于2015年3月29日发布施行，目的是贯彻落实《中共中央关于全面推进依法治国若干重大问题的决定》的有关要求，防止司法机关内部人员干预办案，确保公正廉洁司法。该规定要求司法机关内部人员应当依法履行职责，严格遵守纪律，不得违反规定过问和干预其他人员正在办理的案件，不得违反规定为案件当事人转递涉案材料或者打探案情，不得以任何方式为案件当事人说情打招呼。对司法机关内部人员过问案件的情况，办案人员应当全面、如实记录，做到全程留痕，有据可查。

14. 《关于进一步规范法院、检察院离任人员从事律师职业的意见》

由最高人民法院、最高人民检察院、司法部联合于2021年9月30日发布施行，共12条。该意见旨在为深入贯彻习近平法治思想，认真贯彻落实防

止干预司法"三个规定",进一步规范法院、检察院离任人员从事律师职业,防止利益输送和利益勾连,切实维护司法廉洁和司法公正。该意见适用于从各级人民法院、人民检察院离任且在离任时具有公务员身份的工作人员。离任包括退休、辞去公职、开除、辞退、调离等。

15.《关于加强和完善法官考核工作的指导意见》

由最高人民法院于 2021 年 10 月 12 日发布,并于 2022 年 1 月 1 日起施行。目的是进一步加强和完善法官考核工作,构建科学合理的法官考核体系,引导、规范、激励法官依法公正高效履行审判职责,推进法官队伍革命化、正规化、专业化、职业化建设。该意见包括总则、考核内容、考核等次和标准、考核的组织实施、考核结果的运用、附则六个部分。为科学合理测算法官实际办案工作量,实现不同业务条线、不同岗位法官办案工作的可量化、可评价,按照"科学、简便、可行"的原则,还以附件的形式颁发了《案件权重系数设置指引》。

第二节 指导思想

法官职业道德是一种由法官职业队伍承载并通过法官体现出来的新时代法官的从业品德和职业精神。法官作为国家机关工作人员的一个重要组成部分,是党和国家司法事业的宝贵财富和中流砥柱,也是社会职业里的"关键少数"。加强法官职业道德建设,从本质上讲,是一项"关爱工程"。这项"关爱工程"所关爱的,一是党和国家的司法事业,二是党的司法干部财富,三是法官个人的政治、职业和事业使命。鉴于法官职业道德这项"关爱工程"于党和国家司法事业和法官队伍建设的极端重要性,我们必须牢牢把握指导思想的精髓。

一、法官职业道德及行为规范总的指导思想

法官职业道德总的指导思想是指贯穿于法官职业道德始终，决定法官职业道德正确政治方向，确定法官职业道德基本内容的思想基础和理论基础。党的十八大以来，以习近平同志为主要代表的中国共产党人，坚持把马克思主义基本原理同中国具体实际相结合、同中华优秀传统文化相结合，坚持毛泽东思想、邓小平理论、"三个代表"重要思想、科学发展观，深刻总结并充分运用党成立以来的历史经验，从新的实际出发，创立了习近平新时代中国特色社会主义思想。习近平新时代中国特色社会主义思想是当代中国马克思主义、21 世纪马克思主义，是中华文化和中国精神的时代精华，也是法官职业道德的总的指导思想。

（一）习近平新时代中国特色社会主义思想产生的背景和现实意义

党的十八大以来，我国的政治、经济形势都发生了巨大的变化，取得了卓越的成就，主要表现为：经济建设取得重大成就，经济保持中高速增长，在世界主要国家中名列前茅；全面深化改革取得重大突破，主要领域改革主体框架基本确立；民主法治建设迈出重大步伐，中国特色社会主义法治体系日益完善，全社会法治观念明显增强；思想文化建设取得重大进展，党的理论创新全面推进，马克思主义在意识形态领域的指导地位更加鲜明，全党全社会思想上的团结统一更加巩固；人民生活不断改善，一大批惠民举措落地实施，人民获得感显著增强；生态文明建设成效显著，生态文明制度体系加快形成，生态环境治理明显加强，环境状况得到改善；强军兴军开创新局面，人民军队组织架构和力量体系实现革命性重塑；港澳台工作取得新进展，推动两岸关系和平发展，加强两岸经济文化交流合作，有力维护台海和平稳定；全方位外交布局深入展开，实施共建"一带一路"倡议，倡导构建人类命运共同体，促进全球治理体系变革；全面从严治党成效卓著，党的建设制度改革深入推进，党内法规制度体系不断完善，反腐败斗争压倒性态势已经形成

并巩固发展。

在取得成就的同时，也应当清醒地认识到面临的困难和挑战。主要是：发展不平衡不充分的一些突出问题尚未解决，发展质量和效益还不高，创新能力不够强，实体经济水平有待提高，生态环境保护任重道远；民生领域还有不少短板，脱贫攻坚任务艰巨，城乡区域发展和收入分配差距依然较大，群众在就业、教育、医疗、居住、养老等方面面临不少难题；社会文明水平尚需提高；社会矛盾和问题交织叠加，全面依法治国任务依然繁重，国家治理体系和治理能力有待加强；意识形态领域斗争依然复杂，国家安全面临新情况；一些改革部署和重大政策措施需要进一步落实；党的建设方面还存在不少薄弱环节。这些问题，必须着力加以解决。……在这种情况下，中国共产党作为执政党，站在新的历史方位，面临着坚持和发展什么样的中国特色社会主义以及怎样坚持和发展中国特色社会主义这样的历史重大课题，这就需要新的理论和思想来对今后的事业和工作进行指导，从而实现中华民族伟大复兴，习近平新时代中国特色社会主义理论应运而生。①

2017 年 10 月 18 日，在中国共产党第十九次全国代表大会上，习近平总书记首次提出"新时代中国特色社会主义思想"。2017 年 10 月 24 日，中国共产党第十九次全国代表大会通过了关于《中国共产党章程（修正案）》的决议，习近平新时代中国特色社会主义思想写入党章。2018 年 3 月 11 日，第十三届全国人民代表大会第一次会议表决通过的宪法修正案，将习近平新时代中国特色社会主义思想载入宪法。2022 年 10 月 22 日，中国共产党第二十次全国代表大会一致同意把党的十九大以来习近平新时代中国特色社会主义思想新发展写入党章，以更好反映以习近平同志为核心的党中央推进党的

---

① 参见习近平："决胜全面建成小康社会 夺取新时代中国特色社会主义伟大胜利——在中国共产党第十九次全国代表大会上的报告（2017 年 10 月 18 日）"，载中华人民共和国中央人民政府官网，http://www.gov.cn/zhuanti/2017 – 10/27/content_5234876.htm，2002 年 8 月 1 日访问。

理论创新、实践创新、制度创新成果。①

（二）习近平新时代中国特色社会主义思想的主要内容

习近平同志对关系新时代党和国家事业发展的一系列重大理论和实践问题进行了深邃思考和科学判断，就新时代坚持和发展什么样的中国特色社会主义、怎样坚持和发展中国特色社会主义，建设什么样的社会主义现代化强国、怎样建设社会主义现代化强国，建设什么样的长期执政的马克思主义政党、怎样建设长期执政的马克思主义政党等重大时代课题，提出一系列原创性的治国理政新理念新思想新战略，是习近平新时代中国特色社会主义思想的主要创立者。以习近平同志为主要代表的中国共产党人，坚持把马克思主义基本原理同中国具体实际相结合、同中华优秀传统文化相结合，坚持毛泽东思想、邓小平理论、"三个代表"重要思想、科学发展观，深刻总结并充分运用党成立以来的历史经验，从新的实际出发，创立了习近平新时代中国特色社会主义思想，实现了马克思主义中国化新的飞跃。习近平新时代中国特色社会主义思想是当代中国马克思主义、21世纪马克思主义，是中华文化和中国精神的时代精华，实现了马克思主义中国化新的飞跃。党确立习近平同志党中央的核心、全党的核心地位，确立习近平新时代中国特色社会主义思想的指导地位，反映了全党全军全国各族人民共同心愿，对新时代党和国家事业发展、对推进中华民族伟大复兴历史进程具有决定性意义。② 习近平新时代中国特色社会主义思想的主要内容如下。

1. 十个明确

一是明确中国特色社会主义最本质的特征是中国共产党领导，中国特色社会主义制度的最大优势是中国共产党领导，中国共产党是最高政治领导力量，全党必须增强"四个意识"，坚定"四个自信"，做到"两个维护"。

---

① 参见"中国共产党第二十次全国代表大会关于《中国共产党章程（修正案）》的决议"，载"学习强国"学习平台，2022年10月22日访问。

② 参见《中国共产党第十九届中央委员会第六次全体会议公报》（2021年11月11日）。

二是明确坚持和发展中国特色社会主义，总任务是实现社会主义现代化和中华民族伟大复兴，在全面建成小康社会的基础上，分两步走，在21世纪中叶建成富强民主文明和谐美丽的社会主义现代化强国，以中国式现代化全面推进中华民族伟大复兴。

三是明确新时代我国社会主要矛盾是人民日益增长的美好生活需要和不平衡不充分的发展之间的矛盾，必须坚持以人民为中心的发展思想，发展全过程人民民主，推动人的全面发展、全体人民共同富裕取得更为明显的实质性进展。

四是明确中国特色社会主义事业总体布局是经济建设、政治建设、文化建设、社会建设、生态文明建设五位一体，战略布局是全面建设社会主义现代化国家、全面深化改革、全面依法治国、全面从严治党四个全面。

五是明确全面深化改革总目标是完善和发展中国特色社会主义制度、推进国家治理体系和治理能力现代化。

六是明确全面推进依法治国总目标是建设中国特色社会主义法治体系、建设社会主义法治国家。

七是明确必须坚持和完善社会主义基本经济制度，使市场在资源配置中起决定性作用，更好发挥政府作用，把握新发展阶段，贯彻创新、协调、绿色、开放、共享的新发展理念，加快构建以国内大循环为主体、国内国际双循环相互促进的新发展格局，推动高质量发展，统筹发展和安全。

八是明确党在新时代的强军目标是建设一支听党指挥、能打胜仗、作风优良的人民军队，把人民军队建设成为世界一流军队。

九是明确中国特色大国外交要服务民族复兴、促进人类进步，推动建设新型国际关系，推动构建人类命运共同体。

十是明确全面从严治党的战略方针，提出新时代党的建设总要求，全面推进党的政治建设、思想建设、组织建设、作风建设、纪律建设，把制度建设贯穿其中，深入推进反腐败斗争，落实管党治党政治责任，以伟大自我革命引领伟大社会革命。这些战略思想和创新理念，是党对中国特色社会主义建设规律认识深化和理论创新的重大成果。

2. 十四个坚持

这是构成新时代坚持和发展中国特色社会主义的基本方略，主要内容如下。

（1）坚持党对一切工作的领导。

（2）坚持以人民为中心。

（3）坚持全面深化改革。

（4）坚持新发展理念。

（5）坚持人民当家作主。

（6）坚持全面依法治国。

（7）坚持社会主义核心价值体系。

（8）坚持在发展中保障和改善民生。

（9）坚持人与自然和谐共生。

（10）坚持总体国家安全观。

（11）坚持党对人民军队的绝对领导。

（12）坚持"一国两制"和推进祖国统一。

（13）坚持推动构建人类命运共同体。

（14）坚持全面从严治党。

二、法官职业道德及行为规范基本指导思想

法官职业道德及行为规范基本指导思想是指结合总的指导思想，根据政法工作的特点而产生的对法官职业道德及其行为规范的制定和实施起着具体指导性作用的理论基础和实践基础。习近平法治思想是习近平新时代中国特色社会主义思想的重要组成部分，也是法官职业道德及行为规范基本指导思想。

2020年11月，中央全面依法治国工作会议上，我们党正式提出"习近平

法治思想"。习近平法治思想深刻回答了新时代为什么实行全面依法治国、怎样实行全面依法治国等一系列重大问题，是马克思主义法治理论中国化最新成果，是习近平新时代中国特色社会主义思想的重要组成部分，是全面依法治国的根本遵循和行动指南。习近平法治思想内涵丰富、思想深刻，对新时代全面依法治国工作有着重要的指导意义。习近平法治思想是法官职业道德建设的理论基础，也是法官职业道德建设的行动指南，为法官职业道德建设指明了前进的方向。

（一）习近平法治思想的核心要义

习近平法治思想的核心要义主要包括以下内容：坚持党对全面依法治国的领导；坚持以人民为中心；坚持中国特色社会主义法治道路；坚持依宪治国、依宪执政；坚持在法治轨道上推进国家治理体系和治理能力现代化；坚持建设中国特色社会主义法治体系；坚持依法治国、依法执政、依法行政共同推进，法治国家、法治政府、法治社会一体建设；坚持全面推进科学立法、严格执法、公正司法、全民守法；坚持统筹推进国内法治和涉外法治；坚持建设德才兼备的高素质法治工作队伍；坚持抓住领导干部这个"关键少数"。

（二）习近平法治思想对法官职业道德建设的指导意义

法官职业道德建设必须铸牢习近平法治思想这个精神灵魂。新时代，特别是站在党的事业发展进程和中国特色社会主义法治建设发展进程的历史交汇点，站在"两个一百年"的临界点上，为全面推进下一个一百年法治事业，法官职业道德建设必须全面落实、深入贯彻习近平法治思想。

1. 德定根基，法官职业道德始终决定干事业的基础和方向

全面推进依法治国，建设一支德才兼备的高素质法治队伍至关重要。我国专门的法治队伍主要包括在人大和政府从事立法工作的人员，在行政机关从事执法工作的人员，在司法机关从事司法工作的人员。全面推进依法治国，

首先要把这几支队伍建设好。①

"才者，德之资也；德者，才之帅也。"有才无德会败坏党和人民事业，但有德无才也同样会贻误党和人民事业。②

发挥好法律的规范作用，必须以法治体现道德理念、强化法律对道德建设的促进作用。③

发挥好道德的教化作用，必须以道德滋养法治精神、强化道德对法治文化的支撑作用。再多再好的法律，必须转化为人们内心自觉，才能真正为人们所遵行。没有道德滋养，法治文化就缺乏源头活水，法律实施就缺乏坚实社会基础。④

2. 德固根本，法官职业道德始终保证法官事业之树常青

全面推进依法治国，必须着力建设一支忠于党、忠于国家、忠于人民、忠于法律的社会主义法治工作队伍。要加强理想信念教育，深入开展社会主义核心价值观和社会主义法治理念教育，推进法治专门队伍正规化、专业化、职业化，提高职业素养和专业水平。要坚持立德树人，德法兼修，创新法治人才培养机制，努力培养造就一大批高素质法治人才及后备力量。⑤

坚持党的领导，是社会主义法治的根本要求，是全面推进依法治国题中应有之义。要把党的领导贯彻到依法治国全过程和各方面，坚持党的领导、人民当家作主、依法治国有机统一。只有在党的领导下依法治国、厉行法治，人民当家作主才能充分实现，国家和社会生活法治化才能有序推进。⑥

把坚持党的领导、人民当家作主、依法治国有机统一起来是我国社会主

---

① 习近平："在十八届四中全会第二次全体会议上的讲话（2014年10月23日）"，载中共中央文献研究室编：《习近平关于全面依法治国论述摘编》，中央文献出版社2015年版，第103页。

② 参见习近平："在中央政法工作会议上的讲话（2014年1月7日）"，载中共中央文献研究室编：《习近平关于全面依法治国论述摘编》，中央文献出版社2015年版，第101页。

③ 参见习近平：《习近平谈治国理政》（第二卷），外文出版社2017年版，第117页。

④ 参见习近平：《习近平谈治国理政》（第二卷），外文出版社2017年版，第117页。

⑤ 参见习近平："在中央全面依法治国委员会第一次会议上的讲话（2018年8月24日）"，载习近平：《论坚持全面依法治国》，中央文献出版社2020年版，第231页。

⑥ 参见习近平：《习近平谈治国理政》（第二卷），外文出版社2017年版，第114页。

义法治建设的一条基本经验。①

政法工作的性质决定了政法队伍必须严明纪律。政治纪律是最重要、最根本的纪律，政法队伍必须始终坚守政治纪律的底线。②

3. 德立境界，法官职业道德始终校准法官立场作风基点

理想信念就是共产党人精神上的"钙"，没有理想信念，理想信念不坚定，精神上就会"缺钙"，就会得"软骨病"。③

坚定的理想信念是政法队伍的政治灵魂。必须把理想信念教育摆在政法队伍建设的第一位，不断打牢高举旗帜、听党指挥、忠诚使命的思想基础。④

全面推进依法治国，必须走对路。如果路走错了，南辕北辙了，那再提什么要求和举措也都没有意义了。⑤

坚持人民主体地位，必须坚持法治为了人民、依靠人民、造福人民、保护人民。要保证人民在党的领导下，依照法律规定，通过各种途径和形式管理国家事务，管理经济和文化事业，管理社会事务。要把体现人民利益、反映人民意愿、维护人民权益、增进人民福祉落实到依法治国全过程，使法律及其实施充分体现人民意志。⑥

要懂得"100－1＝0"的道理，一个错案的负面影响足以摧毁 99 个公正裁判积累起来的良好形象。执法司法中万分之一的失误，对当事人就是百分之百的伤害。⑦

---

① 参见习近平："关于党的领导和依法治国的关系"，载习近平：《论坚持党对一切工作的领导》，中央文献出版社 2019 年版，第 77 页。

② 参见习近平："在中央政法工作会议上的讲话（2014 年 1 月 7 日）"，载中共中央文献研究室编：《习近平关于全面依法治国论述摘编》，中央文献出版社 2015 年版，第 100 页。

③ 参见习近平："在十八届中共中央政治局第一次集体学习时的讲话（2012 年 11 月 17 日）"，载习近平：《习近平谈治国理政》，外文出版社 2014 年版，第 15 页。

④ 参见习近平："在中央政法工作会议上的讲话（2014 年 1 月 7 日）"，载中共中央文献研究室编：《习近平关于全面依法治国论述摘编》，中央文献出版社 2015 年版，第 99 页。

⑤ 参见习近平：《习近平谈治国理政》（第二卷），外文出版社 2017 年版，第 113 页。

⑥ 参见习近平：《习近平谈治国理政》（第二卷），外文出版社 2017 年版，第 115 页。

⑦ 参见习近平："在中央政法工作会议上的讲话（2014 年 1 月 7 日）"，载中共中央文献研究室编：《习近平关于全面依法治国论述摘编》，中央文献出版社 2015 年版，第 96 页。

司法人员要刚正不阿，勇于担当，敢于依法排除来自司法机关内部和外部的干扰，坚守公正司法的底线。要坚持以公开促公正、树公信，构建开放、动态、透明、便民的阳光司法机制，杜绝暗箱操作，坚决遏制司法腐败。[①]

---

① 参见习近平：《习近平谈治国理政》（第二卷），外文出版社 2017 年版，第 121 页。

第二章　忠诚：法官职业道德及
行为规范典型案例

习近平总书记指出，司法是社会公平正义的最后一道防线，司法人员必须信仰法律、坚守法治、端稳天平、握牢法槌，铁面无私、秉公司法。要按照政治过硬、业务过硬、责任过硬、纪律过硬、作风过硬的要求，教育和引导立法、执法、司法工作者牢固树立社会主义法治理念，恪守职业道德，做到忠于党、忠于国家、忠于人民、忠于法律。① 忠诚是法官职业道德最重要的内容，决定了法官职业道德的政治方向和政治根基。

2022 年 2 月，中央政法委等六部委联合发布《新时代政法干警"十个严禁"》，其中明确要求政法干警做到以下三点。一是严禁搞两面派、做两面人。决不允许违反政治纪律、政治规矩，对党不忠诚不老实，结党营私、搞团团伙伙。二是严禁有令不行、有禁不止。决不允许贯彻执行党中央决策部署不坚决，做选择、搞变通、打折扣，欺上瞒下、弄虚作假，不遵守请示报告制度。三是严禁放任错误思潮侵蚀影响。决不允许在大是大非问题上认识模糊、立场摇摆，对西方"宪政""三权分立""司法独立"等态度暧昧、不敢发声亮剑。这三条"严禁"划定了政法干警的思想"红线"，聚焦政治建设、对党忠诚，是法官职业道德必须强调的首要内容。

---

① 参见习近平："在十八届四中全会第二次全体会议上的讲话（2014 年 10 月 23 日）"，载习近平：《习近平谈治国理政》（第二卷），外文出版社 2017 年版，第 122 页。

第一节　坚定理想信念，做到对党忠诚

人民法院首先是政治机关。我国的政体和国体决定了政治性是人民法院的第一属性。为了永葆人民法院政治性，人民法院的法官必须做到坚定理想信念，对党忠诚，树立"四个意识"，坚定"四个自信"，做到"两个维护"，拥护"两个确立"，弘扬社会主义核心价值观，忠于宪法，维护宪法权威。这是对法官提出的政治条件和思想要求，也是贯彻和落实法官职业道德基本准则的政治前提和思想基础。

一、坚定理想信念

理想信念就是共产党人精神上的"钙"，没有理想信念，理想信念不坚定，精神上就会"缺钙"，就会得"软骨病"。

（一）坚定的理想信念是政法队伍的政治灵魂

坚定的理想信念不仅是政法队伍的政治灵魂，也是全体共产党人的政治灵魂，是共产党人经受住各种考验的精神支柱。中国共产党自1921年成立以来，始终把为中国人民谋幸福、为中华民族谋复兴作为自己的初心使命，始终坚持共产主义理想和社会主义信念，团结带领全国人民为争取民族独立、人民解放和实现国家富强、人民幸福而不懈奋斗。中国共产党已经走过了一百年光辉历程，形成了坚持真理、坚守理想，践行初心、担当使命，不怕牺牲、英勇斗争，对党忠诚、不负人民的伟大建党精神，这是全中国人民的精神之源。法官只有有了坚定的理想信念，才能经得住各种考验，走得稳、走得远；没有理想信念，或者理想信念不坚定，就经不起风吹浪打，关键时刻就会私心杂念丛生，甚至临阵脱逃。在任何时候、任何情况下，都要高擎共产党人的精神旗帜，坚守马克思主义信仰。在新的时代条件下，面对繁重艰巨任务和风险困难挑战，更要坚定理想信念，保持政治定力，把牢理想信念"总开关"，在大是大非面前旗帜鲜明，在风浪考验面前无所畏惧，在各种诱惑面前立场坚定，在关键时刻让党信得过、靠得住、能放心，始终做共产主义远大理想和中国特色社会主义共同理想的坚定信仰者、忠实践行者。

（二）增强"四个意识"，坚定"四个自信"，做到"两个维护"，拥护"两个确立"

理想信念的坚定，来自思想理论的坚定。认识真理，掌握真理，信仰真理，捍卫真理，是坚定理想信念的精神前提。中国共产党人的理想信念，建立在马克思主义科学真理的基础之上，建立在马克思主义揭示的人类社会发展规律的基础之上，建立在为最广大人民谋利益的崇高价值的基础之上。中国特色社会主义的伟大实践充分证明，中国特色社会主义道路是实现社会主义现代化的必由之路，中国特色社会主义理论体系是指导党和人民沿着中国特色社会主义道路实现中华民族伟大复兴的正确理论，中国特色社会主义制度是当代中国发展进步的根本制度保障，中华优秀传统文化、革命文化和社会主义先进文化积淀着中华民族最深层的精神追求，代表着中华民族独特的精神标识。习近平总书记指出："坚持党中央集中统一领导，确立和维护党的领导核心，是全党全国各族人民的共同愿望，是推进全面从严治党、提高党的创造力凝聚力战斗力的迫切要求，是保持党和国家事业发展正确方向的根本保证。"[①]

增强"四个意识"，坚定"四个自信"，做到"两个维护"，拥护"两个确立"是法官坚定理想信念的政治保障。政法机关承担着维护国家政治安全、确保社会大局稳定、促进社会公平正义、保障人民安居乐业的职责任务，这就"要旗帜鲜明把政治建设放在首位，努力打造一支党中央放心、人民群

<hr>

① 习近平："关于《关于新形势下党内政治生活的若干准则》和《中国共产党党内监督条例》的说明"，载新华网，http://www.xinhuanet.com/politics/2016-11/02/c_1119838057_3.htm，2022年2月9日访问。

众满意的高素质政法队伍。要抓好科学理论武装，教育引导广大干警学深悟透新时代中国特色社会主义思想，增强'四个意识'、坚定'四个自信'、做到'两个维护'，矢志不渝做中国特色社会主义事业的建设者、捍卫者"。①2018 年 9 月 21 日，中共中央政治局会议在审议《中国共产党支部工作条例（试行）》和《2018—2022 年全国干部教育培训规划》时，要求增强"四个意识"、坚定"四个自信"、做到"两个维护"。从我们党提出增强"四个意识"到把增强"四个意识"、坚定"四个自信"、做到"两个维护"作为一个整体性要求提出，既体现了我们党在新时代把党的政治建设摆在首位，以党的政治建设为统领，全面推进党的政治建设、思想建设、组织建设、作风建设、纪律建设，把制度建设贯穿其中的过程，也说明了"四个意识""四个自信""两个维护"是相辅相成的整体。

（1）"四个意识"：政治意识、大局意识、核心意识、看齐意识。"四个意识"的最早提出是在 2016 年 1 月 29 日召开中共中央政治局会议上："只有增强政治意识、大局意识、核心意识、看齐意识，自觉在思想上、政治上、行动上同以习近平同志为核心的党中央保持高度一致，才能使我们党更加团结统一、坚强有力，始终成为中国特色社会主义事业的坚强领导核心。"②2016 年 10 月 27 日，党的十八届六中全会通过的《关于新形势下党内政治生活的若干准则》强调，全党必须牢固树立政治意识、大局意识、核心意识、看齐意识，自觉在思想上政治上行动上同党中央保持高度一致。习近平总书记在庆祝中国共产党成立 95 周年大会上的讲话中强调，全党同志要增强政治意识、大局意识、核心意识、看齐意识，切实做到对党忠诚、为党分忧、为党担责、为党尽责。③

---

① 习近平："在中央政法工作会议上的讲话（2019 年 1 月 15—16 日）"，载习近平：《论坚持全面依法治国》，中央文献出版社 2020 年版，第 249 页。

② 孙华玉："强化'四个意见'　凝聚发展动力"，载中国共产党新闻网，http：//dangjian. people. com. cn/n1/2016/0411/c117092－28265707. html，2022 年 2 月 9 日访问。

③ 参见习近平：《习近平谈治国理政》（第二卷），外文出版社 2017 年版，第 44 页。

（2）"四个自信"：中国特色社会主义道路自信、理论自信、制度自信、文化自信，由习近平总书记在庆祝中国共产党成立95周年大会上提出，是对党的十八大提出的中国特色社会主义"三个自信"的创造性拓展和完善。①

（3）"两个维护"：坚决维护习近平总书记党中央的核心、全党的核心地位，坚决维护党中央权威和集中统一领导。习近平总书记在《在中央和国家机关党的建设工作会议上的讲话》中指出："两个维护"的内涵是特定的、统一的，全党看齐只能向党中央看齐，不能在部门打着维护党中央权威的旗号损害民主集中制。讲政治是具体的，"两个维护"要体现在坚决贯彻党中央决策部署的行动上，体现在履职尽责、做好本职工作的实效上，体现在党员、干部的日常言行上。带头做到"两个维护"，从根本上讲就是要做到对党忠诚。忠诚必须体现到对党的信仰的忠诚上，体现到对党组织的忠诚上，体现到对党的理论和路线方针政策的忠诚上。带头做到"两个维护"，既要体现高度的理性认同、情感认同，又要有坚决的维护定力和能力。②

（4）"两个确立"：党确立习近平同志党中央的核心、全党的核心地位，确立习近平新时代中国特色社会主义思想的指导地位。"两个确立"反映了全党全军全国各族人民共同的心愿，对新时代党和国家事业发展、对推进中华民族伟大复兴历史进程具有决定性意义。

（三）坚定理想信念必须做到学、思、用贯通，知、信、行合一

习近平法治思想核心要义之一是坚持建设德才兼备的高素质法治人才队伍，这就需要坚持政治过硬、业务过硬、责任过硬、纪律过硬、作风过硬的要求，建设信念坚定、执法为民、敢于担当、清正廉洁的新时代政法队伍。

法官要做到坚定理想信念，最根本的是要不忘初心、牢记使命，怀着对党和人民的赤胆忠心，把对党和人民的忠诚和热爱牢记在心中、落实在行动

---

① 参见"'四个自信'的提出"，载"学习强国"学习平台，2022年7月9日访问。

② 参见习近平："在中央和国家机关党的建设工作会议上的讲话"，载中国共产党新闻网，http://cpc.people.com.cn/n1/2019/1101/c64094-31433005.html，2022年2月9日访问。

上，为党和人民事业奉献自己的一切乃至生命，为党的理想信念不懈奋斗。同时，还必须认识到坚定理想信念的形成，既不能一蹴而就，也不能一劳永逸，而是要在斗争实践中不断砥砺、经受考验。这就要求法官既要把坚持共产主义远大理想和中国特色社会主义共同理想与勇于担当、攻坚克难、扎扎实实做好人民法院工作结合起来，充分发挥审判职能作用，为改革发展稳定营造良好法治环境，为全面落实"五位一体"总体布局、协调推进"四个全面"战略布局提供有力司法服务和保障，又要把人生远大理想与全面推进依法治国伟大进程结合起来，更要把个人目标与人民司法事业发展结合起来，在坚持司法为民、公正司法历史的进程中彰显人生价值、焕发人生光彩。

【案例2－1】1931年11月，中华苏维埃共和国成立，这是中国历史上第一个全国性的工农民主政权。1934年9月中旬，国民党军队加紧对中央革命根据地腹地发动进攻，红军已无在原地扭转战局的可能。1934年10月，中共中央、中革军委率中央红军主力8.6万多人，踏上战略转移的漫漫征程，开始了长征。长征途中，英雄的红军，血战湘江，四渡赤水，巧渡金沙江，强渡大渡河，飞夺泸定桥，鏖战独树镇，勇克包座，转战乌蒙山，击退上百万穷凶极恶的追兵阻敌，征服空气稀薄的冰山雪岭，穿越渺无人烟的沼泽草地，纵横十余省，长驱二万五千里。1936年10月，红军第一、二、四方面军胜利会师，完成了长征。长征的胜利，是中国共产党人理想的胜利，是中国共产党人信念的胜利，向全中国、全世界庄严宣告，中国共产党及其领导的人民军队，是用马克思主义武装的、以共产主义为崇高理想和坚定信念的，向世人证明了中国共产党人的理想信念是坚不可摧的。长征的胜利证明：对马克思主义的信仰，对社会主义和共产主义的信念，是共产党人的政治灵魂，是共产党人经受住各种考验的精神支柱。只有理想信念坚定的人，才能始终不渝、百折不挠，不论风吹雨打，不怕千难万险，坚定不移为实现既定目标而奋斗，才能真正做到不忘初心，方得始终。①

【案例2-2】邹碧华同志生前是上海市高级人民法院党组成员、副院长。2014年12月10日，邹碧华同志在工作中突发心脏病，经抢救无效因公殉职，年仅47岁。邹碧华同志忠诚于党，忠诚于社会主义法治事业，毕生追求"当一名有良知的法官"，依法公正审理了上海社保基金追索案、北方证券破产案等一大批全国瞩目的重大疑难案件。他坚持司法为民、便民、利民，在上海市长宁区人民法院率先创建集电话网络、短信微信、窗口柜台服务于一体的诉讼服务平台，挂牌成立诉调对接中心，编写《群众工作接待规范》，将为民服务深度融入司法实践。他勇当司法体制改革探路先锋，在全国首创法院工作流程、案件审判、干警队伍可视化管理机制，带领研发了国内领先的法院信息化系统平台，独创的"要件审判九步法"被全国法院系统作为范本，为上海法院司法改革试点乃至全国司法体制改革做出了突出贡献。他大力弘扬法治精神，主编或撰写法律著作10余部，发表论文40余篇，开设个人微博，参与法官培训教学，被称为法律界的"燃灯者"。他严于律己、刚正不阿，从来不办人情案、关系案、金钱案，对家人严格要求，始终保持人民法官的清廉本色。习近平总书记作出重要批示："邹碧华同志是新时期公正为民的好法官、敢于担当的好干部。他崇法尚德，践行党的宗旨、捍卫公平正义，特别是在司法改革中，敢啃硬骨头，甘当'燃灯者'，生动诠释了一名共产党员对党和人民事业的忠诚。广大党员干部特别是政法干部要以邹碧华同志为榜样，在全面深化改革、全面依法治国的征程中，坚定理想信念，坚守法治精神，忠诚敬业、锐意进取、勇于创新、乐于奉献，努力作出无愧于时代、无愧于人民、无愧于历史的业绩。"中央组织部决定，追授邹碧华同志"全国优秀共产党员"称号。②

---

① 参见《中国共产党简史》编写组：《中国共产党简史》，人民出版社、中共党史出版社2021年版，第57～65页；又见习近平："在纪念红军长征胜利八十周年大会上的讲话"，载习近平：《论中国共产党历史》，中央文献出版社2021年版，第139～157页。

② 参见中共中央组织部《关于追授邹碧华同志"全国优秀共产党员"称号的决定》（中组发〔2015〕8号），载最高人民法院编：《人民法院英模事迹选编》，人民法院出版社2021年版，第4～5页。

【案例2-3】黄志丽系福建省漳州市芗城区人民法院党组成员、法官，先后荣获"时代楷模""全国敬业奉献道德模范""全国三八红旗手""全国最美基层法官""全国先进工作者""最美奋斗者"等荣誉称号，荣立个人一等功、二等功各一次。2016年4月8日，最高人民法院发出学习宣传"时代楷模"黄志丽同志先进事迹的通知，指出：黄志丽扎根基层审判一线14年，先后审结民商事案件5100余件，无一发回重审，无一撤销改判，无一申诉信访，无一投诉举报，树立了人民法官的良好形象，被人民群众亲切地称为"知心法官"。通知要求：学习黄志丽同志信念坚定、无私奉献的政治品格，始终保持共产党人的政治本色，恪守人民法官的使命担当，把理想信念时时处处体现在每一次司法活动中，把履职尽责、化解矛盾作为自己最大的快乐，积极满足群众日益增长的司法需求和期待；学习黄志丽同志扎根基层、一心为民的公仆情怀，十几年如一日，扎根基层审判一线，真情倾听每一项诉求，真心解决每一起纠纷，真诚对待每一名群众，用接地气的方法化解纠纷，让群众听得懂，让法律有温情；学习黄志丽定分止争、公正司法的职业追求，始终把公平公正地审理好每一个案件作为自己的神圣职责，以一颗公心端稳天平、握牢法槌，严格依法秉公办案，不偏不倚，不徇私情，坚持不查清案件事实不轻易下判，不找到纠纷根源不轻易调解，不化解矛盾不轻易结案；学习黄志丽同志清正廉洁、乐观淡泊的高尚情操，始终严格要求自己，从不向组织提个人要求，从不讲究物质享受，保持一名共产党的党性修养和一名人民法官的高尚情操。面对人情世故的困扰，她有两大"法宝"：一是快审快结，能办的事马上办，能当庭判决的绝不择日审判，让当事人找不到说情的时间。二是阳光司法，从不私下接待当事人，把审理案件的每一个环节摆在法庭上，让当事人找不到说情的机会。黄志丽同志作为一名基层法官和普通的共产党员，在平凡的岗位上做出了不平凡的业绩，以自身实际行动，为全国法院干警树立起践行"三严三实"和社会主义核心价值观的新典范，充分体现了当代人民法官信念坚定、司法为民、忠诚履职、无私奉献的精神风貌。[①]

二、对党忠诚

对党忠诚的前提是理想信念坚定。只有理想信念坚定，心中有党、对党忠诚，才能有牢固思想基础。在政法工作中，对党忠诚就是要坚持党对政法工作的绝对领导。坚持党的领导，是中国特色社会主义法治之魂，就是要支持人民当家作主，实施好依法治国这个党领导人民治理国家的基本方略。既要坚持党对政法工作的领导不动摇，又要加强和改善党对政法工作的领导，不断提高党领导政法工作的能力和水平。

（一）坚持党对法院工作的绝对领导

习近平总书记指出：在新时代新征程的前进道路上，必须牢牢把握坚持和加强党的全面领导这一重大原则。[②] 为了把党对法院工作的绝对领导落实到全过程各方面，特别是努力打造一支党中央放心、人民群众满意的高素质法官队伍，最高人民法院相继出台重要文件和发表重要讲话，并提出以下具体要求。

（1）坚持正确政治方向。2019 年 2 月 27 日，最高人民法院发布的《最高人民法院关于深化人民法院司法体制综合配套改革的意见——人民法院第五个五年改革纲要（2019—2023）》（法发〔2019〕8 号）提出：牢固树立"四个意识"，坚定"四个自信"，坚决做到"两个维护"，始终坚持党对人民法院工作的绝对领导，始终坚持司法改革在党的领导下进行，充分发挥党总揽全局、协调各方的领导核心作用，实现党的领导、人民当家作主、依法治国的有机统一。

（2）有效发挥人民法院各级党组织的政治功能。习近平总书记指出，要

---

① 参见最高人民法院《关于学习"时代楷模"黄志丽同志先进事迹的通知》（法〔2016〕108号），载最高人民法院编：《人民法院英模事迹选编》，人民法院出版社 2021 年版，第 224～226 页。

② 参见"中国共产党第二十次全国代表大会在京开幕，习近平十九届中央委员会向大会作报告"，载"学习强国"学习平台，2022 年 10 月 16 日访问。

加强政法领导班子和干部队伍建设，加强政法机关基层党组织建设。各级党组织和领导干部要支持政法单位开展工作，支持司法机关依法独立公正行使职权。各级党委政法委要把工作着力点放在把握政治方向、协调各方职能、统筹政法工作、建设政法队伍、督促依法履职、创造公正司法环境上，健全完善政治督察、综治督导、执法监督、纪律作风督查巡查等制度机制。①2021年12月27日，最高人民法院发布《关于在加快推进司法责任体系改革和建设中进一步加强人民法院队伍建设的意见》，立足进一步强化司法办案政治责任，提出要坚持以习近平新时代中国特色社会主义思想武装头脑，健全坚持党对司法工作绝对领导的制度机制，运用经常性思想教育强化政治引领，有效发挥人民法院各级党组织的政治功能。

（3）筑牢政治忠诚。要在强化党的创新理论武装上持续用力，始终把政治建设放在首位。坚持把旗帜鲜明讲政治作为第一要求、把讲忠诚作为第一标准。从党的百年奋斗史中汲取智慧和力量，始终做到维护核心、绝对忠诚、听党指挥、勇于担当。要在服务党和国家大局上持续用力，牢记"国之大者"，始终坚持以人民为中心，把实现好、维护好、发展好最广大人民根本利益作为法院工作的出发点和落脚点，让人民群众切实感受到公平正义就在身边。要在弘扬新风正气、主动担当作为上持续用力，压实全面从严管党治警主体责任，坚持严的主基调不动摇，巩固深化队伍教育整顿成果，以钉钉子精神加强作风建设，确保法院队伍绝对忠诚、绝对纯洁、绝对可靠。

（二）严守政治纪律，保守国家秘密和审判工作秘密

政法工作的性质决定了政法队伍必须严明纪律。政治纪律是最重要、最根本的纪律，政法队伍必须始终坚守政治纪律的底线。广大干警要做维护和遵守各项纪律的模范和表率。2022年2月，中央政法委等六部委联合发布的《新时代政法干警"十个严禁"》明确要求：严禁跑风漏气、失密泄密。决不

---

① 参见习近平："在中央政法工作会议上的讲话（2019年1月15—16日）"，载习近平：《论坚持全面依法治国》，中央文献出版社2020年版，第249~250页。

允许以任何形式泄露党和国家秘密、政法工作秘密、商业秘密和公民个人信息。

法官要保守的秘密分为国家秘密、商业秘密、个人隐私及非公开信息。法官在案件的审理过程中，应当避免对具体案件和有关当事人进行评论，不披露或者使用国家秘密、商业秘密、个人隐私及其他非公开信息；在写作、授课、接受新闻采访时，除必须经组织安排或者批准外，还要注意不得发表有损司法公正的言论，不对正在审理中的案件和有关当事人进行评论，不披露在工作中获得的国家秘密、商业秘密、个人隐私及其他非公开信息。

1. 国家秘密

根据《中华人民共和国保守国家秘密法》，国家秘密包括：国家事务重大决策中的保密事项；国防建设和武装力量活动中的秘密事项；外交和外事活动中的秘密事项以及对外承担保密义务的秘密事项；国民经济和社会发展中的秘密事项；科学技术中的秘密事项；维护国家安全活动和追查刑事犯罪中的秘密事项；经国家保密行政管理部门确定的其他秘密事项。政党的秘密事项中符合上述规定的，属于国家秘密。国家秘密的密级分为绝密、机密、秘密三级。绝密级国家秘密是最重要的国家秘密，泄露会使国家安全和利益遭受特别严重的损害；机密级国家秘密是重要的国家秘密，泄露会使国家安全和利益遭受严重的损害；秘密级国家秘密是一般的国家秘密，泄露会使国家安全和利益遭受损害。

2. 商业秘密

根据《中华人民共和国反不正当竞争法》和《最高人民法院关于审理侵犯商业秘密民事案件适用法律若干问题的规定》等有关规定，所谓商业秘密，是指不为公众所知悉、具有商业价值并经权利人采取相应保密措施的技术信息、经营信息等商业信息。这里所谈的商业秘密，具有以下特性。

一是不为公众所知悉，即权利人请求保护的信息在被诉侵权行为发生时不为所属领域的相关人员普遍知悉和容易获得。将为公众所知悉的信息进行整理、改进、加工后形成的新信息，符合前述要求时，也应认定为不为公众所知悉。但是，具有下列情形之一的，可以认定有关信息不构成不为公众所知悉：该信息在所属领域属于一般常识或者行业惯例的；该信息仅涉及产品的尺寸、结构、材料、部件的简单组合等内容，所属领域的相关人员通过观察上市产品即可直接获得的；该信息已经在公开出版物或者其他媒体上公开披露的；该信息已通过公开的报告会、展览等方式公开的；所属领域的相关人员从其他公开渠道可以获得该信息的。

二是具有商业价值，即权利人请求保护的信息因不为公众所知悉而具有现实的或者潜在的商业价值。生产经营活动中形成的阶段性成果符合该定义的，可以被认定为该成果具有商业性价值。

三是采取相应保密措施，即权利人为防止商业秘密泄露，在被诉侵权行为发生以前所采取的合理保密措施。是否采取了相应保密措施，与商业秘密及其载体的性质、商业秘密的商业价值、保密措施的可识别程度、保密措施与商业秘密的对应程度以及权利人的保密意愿等因素有关。具有下列情形之一，在正常情况下足以防止商业秘密泄露的，可以被认定为采取了相应保密措施：签订保密协议或者在合同中约定保密义务的；通过章程、培训、规章制度、书面告知等方式，对能够接触、获取商业秘密的员工、前员工、供应商、客户、来访者等提出保密要求的；对涉密的厂房、车间等生产经营场所限制来访者或者进行区分管理的；以标记、分类、隔离、加密、封存、限制能够接触或者获取的人员范围等方式，对商业秘密及其载体进行区分和管理的；对能够接触、获取商业秘密的计算机设备、电子设备、网络设备、存储设备、软件等，采取禁止或者限制使用、访问、存储、复制等措施的；要求离职员工登记、返还、消除、销毁其接触或者获取的商业秘密及其载体，继续承担保密义务的；采取其他合理保密措施的。

3. 个人隐私

隐私是自然人的私人生活安宁和不愿为他人知晓的私密空间、私密活动、私密信息。《中华人民共和国民法典》（以下简称《民法典》）第 1032 条第 1

款明确规定："自然人享有隐私权。任何组织或者个人不得以刺探、侵扰、泄露、公开等方式侵害他人的隐私权。"第 1033 条规定："除法律另有规定或者权利人明确同意外，任何组织或者个人不得实施下列行为：（一）以电话、短信、即时通讯工具、电子邮件、传单等方式侵扰他人的私人生活安宁；（二）进入、拍摄、窥视他人的住宅、宾馆房间等私密空间；（三）拍摄、窥视、窃听、公开他人的私密活动；（四）拍摄、窥视他人身体的私密部位；（五）处理他人的私密信息；（六）以其他方式侵害他人的隐私权。"第 1034 条规定："自然人的个人信息受法律保护。个人信息是以电子或者其他方式记录的能够单独或者与其他信息结合识别特定自然人的各种信息，包括自然人的姓名、出生日期、身份证件号码、生物识别信息、住址、电话号码、电子邮箱、健康信息、行踪信息等。个人信息中的私密信息，适用有关隐私权的规定；没有规定的，适用有关个人信息保护的规定。"

4. 非公开信息

非公开信息主要指的是审判工作秘密。因为审判工作秘密与当事人的利益密切相关，与人民法院公正审理案件有着重要关系，因此，保守审判工作秘密是法官必须遵守的职业道德。一般而言，人民法院审判工作秘密应当包括以下内容：审判、执行合议庭合议情况，包括合议案案件的个人意见和内容；合议庭合议案件的笔录；主管院领导召集相关人员或庭室人员对案件处理的讨论情况及笔录；合议庭主审人、主持人或合议庭对案件处理的请示或报告函件；主管院领导或庭室负责人对法律文书签发的意见；审理报告和未宣判的裁判文书及裁判内容；上级人民法院或主管领导对案件处理的意见；审判委员会讨论案件情况，包括委员个人意见和尚未公开的决定；审判委员会讨论案件的笔录；法院内部对案件处理的往来函件；地方党委、人大等机关或领导对案件处理的来函；有关机关、人员、团体监督案件处理的意见函件；同级或上级领导的书面批示或书面指导意见；纪检监察机关根据举报线索对案件处理发出的书面监察建议；其他有关涉及对案件处理的审判秘密。

【案例 2-4】李庆军，1993 年 2 月参加法院工作，生前系河南省高级人民法院（以下简称河南高院）立案二庭副庭长、三级高级法官。从业 25 年来，他始终怀着对党和人民的无限忠诚、对司法事业的无限热爱，以高度的事业心、强烈的责任感和饱满的工作热情、忘我的精神状态，全身心投入工作。特别是在身患尿毒症后，他忍受着常人难以想象的病痛，坚守岗位、辛勤工作，直至生命最后一刻。2018 年 9 月 28 日，李庆军同志因病医治无效不幸去世，年仅 54 岁。他用实际行动深刻诠释了新时代共产党员、人民法官，忠诚履职、为民服务、公正司法、无私奉献的优秀品质，他的事迹集中体现了政法干警信念坚定、执法为民、敢于担当、清正廉洁的优秀品质和职业精神。2019 年 4 月，人力资源和社会保障部、最高人民法院追授李庆军同志"全国模范法官"；2019 年 7 月，中共河南省委追授他为"河南省优秀共产党员"。李庆军同志从书记员到副庭长，无论在什么岗位，始终把党的事业放在心中最高位置，时刻牢记自己的第一身份是共产党员，经常以"一名离开大山深处当上省法院法官的农家子弟"自勉，将对党和国家怀抱的感恩之心转化为工作动力，认真负责地办好每一个案件。李庆军同志在生命的最后 8 个月结案 121 件，是全庭办案最多的法官。他关注重视普通百姓疾苦，认为越是扛着麻袋、拎着大包小包行李来开庭的当事人，越要对他们倾注更多的心血和注意力，在办理农民工李某因 3500 元标的额劳动报酬申请再审的案件时，有合议庭成员认为一审、二审已因证据不足判决李某败诉，建议予以驳回，但他坚持组织听证，查明事实真相，让当事人打心眼里接受了处理结果。李庆军同志所在的河南高院立案二庭主要从事建设工程、房地产开发等合同纠纷案件一审、二审裁判及再审审查工作，这类案件复杂烦琐、耗时费神。在河南高院 2017 年首批法官员额制入额考试中，他的民事专业考试成绩在全院名列前茅。他办理案件精益求精，对待每起案件都一丝不苟。他时常叮嘱同事，每当出具裁判文书时，要感到败诉方当事人就在眼前，一定要把法理说清楚。每当遇到棘手的案件，他都坚守原则底线不突破，让团队只管依法办案，由他承担所有后果。李庆军同志始终秉持对职业的敬重、对司法的敬畏、对纪律的坚守，从不向组织提个人要求，从不利用职务之便谋取私利。有当事人请托说情，他就是一句话："一切都得按法律来，谁也不能例外，请相信法院会公正审理。"中央政法委印发《关于学习宣传李庆军同志先进事迹的通知》，要求全国政法机关和广大政法干警深入学习贯彻近平新时代中国特色社会主义思想，结合"不忘初心、牢记使命"主题教育，认真学习宣传李庆军同志的先进事迹和崇高精神，坚定理想信念，牢记党的宗旨，勇于担当作为，公正执法司法，改进工作作风，保持清正廉洁，以实际行动谱写政法事业发展新篇章。①

【案例 2－5】在北京市高级人民法院（以下简称北京高院）机关党委指导下，北京高院第二批下沉党员临时党支部举办"坚定捍卫'两个确立'踏实肯干方显下沉担当"主题党日活动。本次主题党日活动于线上召开。第二批下沉党员临时党支部委员会先行动员部署，临时党支部书记霍东长主持会议。支委会结合下沉社区参加新冠肺炎疫情②防控工作的形势，就近期如何开展好党支部工作进行重点讨论，形成共识。一是持续搞好宣传鼓动。要把鼓舞士气、激发斗志贯穿于下沉工作的全过程，组织党员就工作所见、所做、所感，不断挖掘、讲好战"疫"故事，弘扬先进典型，互相鼓劲加油，不断激发每名下沉党员工作的主动性和内生动力。二是扎实做好安全防护。四个党小组每天要通过电话、微信等多种形式，时刻提醒党员克服麻痹思想，保持警惕，严守操作规程，切实做好个人安全防护，确保个人不发生问题。党支部要根据前期下沉工作情况，就做好个人防护可能发生的共性问题，有针对性地编写风险点提示卡，供全体党员参考借鉴。三是召开主题党小组会。各

---

① 参见李阳："中央政法委印发通知要求学习宣传李庆军同志先进事迹忠诚履职、担当作为、践行初心使命"，载《人民法院报》2019 年 10 月 15 日，第 1 版。

② 2022 年 12 月 26 日，新型冠状病毒肺炎正式更名为新型冠状病毒感染。经国务院批准，自2023 年 1 月 8 日起，解除对新型冠状病毒感染采取的甲类传染病预防、控制措施。

党小组要自行组织召开会议，及时传达院党组对下沉干部关怀照顾的爱心举措和各项要求，提醒督促所属党员做好个人安全防护。"一个行动，胜过一打纲领。"面对新冠肺炎疫情的严峻考验，作为党员干部，要深入贯彻党中央动态清零的疫情防控政策，在社区疫情防控一线当先锋、作表率，以实际行动践行"两个确立"主题教育成果，为首都打赢疫情防控阻击战贡献自己的力量。通过讨论，同志们一致认为，在以习近平同志为核心的党中央坚强领导下，我们坚持人民至上、生命至上，坚持外防输入、内防反弹，坚持动态清零，我们的防控政策是经得起历史检验的，我们的防控措施是科学有效的。虽然当前形势严峻复杂，但我们有必胜的信心，我们也必将取得抗击疫情的最终胜利。疫情当前，考验在即，闻令而动，起而行之。作为法院机关党员干部，我们要牢记使命担当，紧盯任务要求，认真履行"科学防控，履责作为"的职责，在抗疫一线、隔离一线等实战岗位上亮身份，树形象，践初心，显担当，充分发挥党员先锋模范作用，与群众并肩奋战，用实际行动筑牢战"疫"防线，让党旗在防控疫情第一线高高飘扬。在疫情之下，更要加坚定坚持党的绝对领导、坚持人民至上、坚持动态清零的方针政策，做好下沉志愿服务工作。同时，作为政法干警，对于错误言行，要敢于坚决亮剑。①

【案例2-6】2012年，××市××区人民法院××庭原副庭长尹某某在担任金某某挪用资金罪一案的主审法官期间，收取金某某所送现金一万元并接受其请吃请喝，向金某某泄露案件审理的内部情况，为其介绍律师和商量如何花钱作无罪申诉。这些情况被金某某录像录音并在网上发帖披露，造成了极坏的社会影响。目前，尹某某已被开除党籍、开除公职，依法移送司法机关处理。②

---

① 参见杨学、赵书博："北京高院第二批下沉党员临时党支部举办主题党日活动"，载微信公众号"北京法官"，2022年5月26日。

② 参见贾剑："株洲一法官泄露审判秘密被通报 收受当事人送礼"，载新浪网，http://hunan. sina. com. cn/news/s/2014-04-24/093796975. html，2022年8月1日访问。

【**案例 2 - 7**】××市××区防疫站计划免疫科原科长刘某 2003 年因涉嫌贪污，被检察院机关立案查处，后被取保候审。其间，通过朋友蔡某（女）与时任××市中院刑一庭庭长的王某乾认识。2004 年 12 月 30 日下午，刘某到王某乾的办公室，刘某提出想核对一下卷宗里的有关票据，王某乾遂将全部卷宗交给刘某翻阅、摘抄。至下班时，刘某提出能否将卷宗带回家继续看。王某乾同意，并将四本检察卷、一本一审法院正卷交给刘某带回。次日下午，刘某把卷宗交给蔡某，但蔡某因与王某乾发生感情纠纷拒绝归还卷宗。直至 2005 年 1 月 12 日，才将卷宗交至××宿州市中院。其间，法院发现卷宗失踪，已开始调查。后王某乾被××市××区法院以故意泄露国家秘密罪、受贿罪，判处有期徒刑 3 年。①

三、弘扬社会主义核心价值观

核心价值观，就是一种德，既是个人的德，也是一种大德，就是国家的德、社会的德。国无德不兴，人无德不立。如果一个民族、一个国家没有共同的核心价值观，莫衷一是，行无依归，那这个民族、这个国家就无法前进。②

（一）社会主义核心价值观的提出

核心价值观是文化软实力的灵魂、文化软实力建设的重点。这是决定文化性质和方向的最深层次要素。一个国家的文化软实力，从根本上说，取决于其核心价值观的生命力、凝聚力、感召力。培育和弘扬核心价值观，有效整合社会意识，是社会系统得以正常运转、社会秩序得以有效维护的重要途径，也是国家治理体系和治理能力的重要方面。历史和现实都表明，构建具有强大感召力的核心价值观，关系社会和谐稳定，关系国家长治久安。③

---

① 参见"认定法官泄密罪"，载新浪网，http://news.sina.com.cn/o/2006 - 09 - 22/061710079974s. shtml，2022 年 8 月 1 日访问。

② 参见习近平："在北京大学师生座谈会上的讲话（2014 年 5 月 4 日）"，载习近平：《习近平谈治国理政》，外文出版社 2014 年版，第 168 页。

③ 参见习近平："在中共中央政治局第十三次集体学习时的讲话（2014 年 2 月 24 日）"，载习近平：《习近平谈治国理政》，外文出版社 2014 年版，第 163 页。

2012 年 11 月，中共十八大报告明确提出"三个倡导"，即"倡导富强、民主、文明、和谐，倡导自由、平等、公正、法治，倡导爱国、敬业、诚信、友善，积极培育社会主义核心价值观"。

2013 年 12 月 23 日，中共中央办公厅印发《关于培育和践行社会主义核心价值观的意见》，培育和践行社会主义核心价值观，是推进中国特色社会主义伟大事业、实现中华民族伟大复兴中国梦的战略任务。

习近平总书记指出：一种价值观要真正发挥作用，必须融入社会生活，让人们在实践中感知它、领悟它。要切实把社会主义核心价值观贯穿于社会生活方方面面。要通过教育引导、舆论宣传、文化熏陶、实践养成、制度保障等，使社会主义核心价值观内化为人们的精神追求，外化为人们的自觉行动。要把社会主义核心价值观的要求融入各种精神文明创建活动之中，吸引群众广泛参与，推动人们在为家庭谋幸福、为他人送温暖、为社会做贡献的过程中提高精神境界、培育文明风尚。要利用各种时机和场合，形成有利于培育和弘扬社会主义核心价值观的生活场景和社会氛围，使之像空气一样无所不在、无时不有。[①]

（二）人民法院工作与培育和践行社会主义核心价值观

为了贯彻落实中共中央《关于培育和践行社会主义核心价值观的意见》和习近平总书记关于培育和践行社会主义核心价值观的系统论述，在人民法院工作中加强培育和践行社会主义核心价值观，努力实现富强、民主、文明、和谐的价值目标，努力追求自由、平等、公正、法治的价值取向，努力践行爱国、敬业、诚信、友善的价值准则，大力加强法官职业道德建设，保证法官正确履行宪法法律职责，促进全社会不断提高社会主义核心价值观的建设水平，根据《中华人民共和国宪法》《中华人民共和国法官法》和有关规定，最高人民法院制定并发布《最高人民法院关于在人民法院工作中培育和践行

---

① 参见习近平："在中共中央政治局第十三次集体学习时的讲话（2014 年 2 月 24 日）"，载习近平：《习近平谈治国理政》，外文出版社 2014 年版，第 164 页。

社会主义核心价值观的若干意见》（法发〔2015〕14 号），明确要求：在人民法院培育和践行社会主义核心价值观，必须高举中国特色社会主义伟大旗帜，必须始终坚持党的领导。党的领导是中国特色社会主义法治最本质的特征和最根本的政治保证，也是培育和践行社会主义核心价值观的根本保证。广大法官和法院其他工作人员要在思想上、行动上与以习近平同志为核心的党中央保持高度一致，确保党中央的各项方针政策在审判、执行及其他工作中得到不折不扣的贯彻执行。人民法院的全部工作都要始终坚持党的领导，致力于巩固党的执政地位，全体党员特别是领导干部都要在培育和践行社会主义核心价值观中发挥模范带头作用。

培育和践行社会主义核心价值观要遵循的原则是：坚持司法为民、忠于宪法和法律、尊重保障人权、坚持平等保护、捍卫公平正义、弘扬法治精神、维护公共利益、推进廉政建设、鼓励诚实守信、尊重意思自治、维护公序良俗，要通过具体案件的处理引领良好的社会风尚，使讲仁爱、重民本、守诚信、崇正义、尚和合、求大同等中华优秀传统文化在新的历史条件下得到弘扬和传承，促使道德和法律共同发挥作用，实现依法治国与以德治国整体推进。

（三）法官和人民法院在司法实践中要推进社会主义核心价值观融入裁判文书释法说理

2021 年 1 月 19 日，最高人民法院发布《关于深入推进社会主义核心价值观融入裁判文书释法说理的指导意见》（法〔2021〕21 号），对法官在司法审判中，弘扬社会主义核心价值观，充分发挥司法裁判在国家治理、社会治理中的规则引领和价值导向作用作出了明确且具体的要求，目的是深入贯彻落实中共中央关于进一步把社会主义核心价值观融入法治建设的工作要求，正确贯彻实施《民法典》，进一步增强司法裁判的公信力和权威性，努力实现富强、民主、文明、和谐的价值目标，努力追求自由、平等、公正、法治的价值取向，努力践行爱国、敬业、诚信、友善的价值准则。

1. 深入推进社会主义核心价值观融入裁判文书释法说理应当坚持的基本原则应当坚持的基本原则，包括如下三点内容。

（1）法治与德治相结合。以习近平新时代中国特色社会主义思想为指导，贯彻落实习近平法治思想，忠于宪法法律，将法律评价与道德评价有机结合，深入阐释法律法规所体现的国家价值目标、社会价值取向和公民价值准则，实现法治和德治相辅相成、相得益彰。

（2）以人民为中心。裁判文书释法说理应积极回应人民群众对公正司法的新要求和新期待，准确阐明事理，详细释明法理，积极讲明情理，力求讲究文理，不断提升人民群众对司法裁判的满意度，以司法公正引领社会公平正义。

（3）政治效果、法律效果和社会效果的有机统一。立足时代、国情、文化，综合考量法、理、情等因素，加强社会主义核心价值观的导向作用，不断提升司法裁判的法律认同、社会认同和情理认同。

2. 裁判文书中应当强化运用社会主义核心价值观释法说理的案件类型案件类型具体包括如下六种。

（1）涉及国家利益、重大公共利益，社会广泛关注的案件。

（2）涉及疫情防控、抢险救灾、英烈保护、见义勇为、正当防卫、紧急避险、助人为乐等，可能引发社会道德评价的案件。

（3）涉及老年人、妇女、儿童、残疾人等弱势群体以及特殊群体保护，诉讼各方存在较大争议且可能引发社会广泛关注的案件。

（4）涉及公序良俗、风俗习惯、权利平等、民族宗教等，诉讼各方存在较大争议且可能引发社会广泛关注的案件。

（5）涉及新情况、新问题，需要对法律规定、司法政策等进行深入阐释，引领社会风尚、树立价值导向的案件。

（6）其他应当强化运用社会主义核心价值观释法说理的案件。

对于上述类型案件，根据审判管理相关规定，需要提交专业法官会议或审判委员会讨论的，法官应当重点说明运用社会主义核心价值观释法说理的意见。

3. 裁判文书中运用社会主义核心价值观释法说理的具体要求

具体要求如下所述。

（1）有规范性法律文件作为裁判依据的，法官应当结合案情，先行释明规范性法律文件的相关规定，再结合法律原意，运用社会主义核心价值观进一步明晰法律内涵、阐明立法目的、论述裁判理由。

（2）民商事案件无规范性法律文件作为裁判直接依据的，除可以适用习惯外，法官还应当以社会主义核心价值观为指引，以最相类似的法律规定作为裁判依据；如无最相类似的法律规定，法官应当根据立法精神、立法目的和法律原则等作出司法裁判，并在裁判文书中充分运用社会主义核心价值观阐述裁判依据和裁判理由。

（3）案件涉及多种价值取向的，法官应当依据立法精神、法律原则、法律规定以及社会主义核心价值观进行判断、权衡和选择，确定适用于个案的价值取向，并在裁判文书中详细阐明依据及其理由。

（4）刑事诉讼中的公诉人、当事人、辩护人、诉讼代理人和民事、行政诉讼中的当事人、诉讼代理人等在诉讼文书中或在庭审中援引社会主义核心价值观作为诉辩理由的，人民法院一般应当采用口头反馈、庭审释明等方式予以回应；属于上述第（2）点规定的案件的，人民法院应当在裁判文书中明确予以回应。

（5）裁判文书释法说理应当使用简洁明快、通俗易懂的语言，讲求繁简得当，丰富修辞论证，提升语言表达和释法说理的接受度和认可度。

4. 深入推进社会主义核心价值观融入裁判文书释法说理的正确解释方法

正确解释方法，主要包括如下四种。

（1）文义解释方法，准确解读法律规定所蕴含的社会主义核心价值观的精神内涵，充分说明社会主义核心价值观在个案中的内在要求和具体语境。

（2）体系解释方法，将法律规定与中国特色社会主义法律体系、社会主义核心价值体系联系起来，全面系统分析法律规定的内涵，正确理解和适用法律。

（3）目的解释方法，以社会发展方向及立法目的为出发点，发挥目的解释的价值作用，使释法说理与立法目的、法律精神保持一致。

（4）历史解释方法，结合现阶段社会发展水平，合理判断、有效平衡司法裁判的政治效果、法律效果和社会效果，推动社会稳定、可持续发展。

5. 人民法院采取的保障措施

保障措施包括如下八个方面。

（1）人民法院应当深入推进社会主义核心价值观融入裁判文书释法说理，将社会主义核心价值观作为理解立法目的和法律原则的重要指引，作为检验自由裁量权是否合理行使的重要标准，确保准确认定事实，正确适用法律。对于裁判结果有价值引领导向、行为规范意义的案件，法官应当强化运用社会主义核心价值观释法说理，切实发挥司法裁判在国家治理、社会治理中的规范、评价、教育、引领等功能，以公正裁判树立行为规则，培育和弘扬社会主义核心价值观。

（2）人民法院应当坚持以事实为根据，以法律为准绳。在释法说理时，应当针对争议焦点，根据庭审举证、质证、法庭辩论以及法律调查等情况，结合社会主义核心价值观，重点说明裁判事实认定和法律适用的过程和理由。

（3）人民法院应当探索建立强化运用社会主义核心价值观释法说理的案件识别机制，立案部门、审判部门以及院长、庭长等应当加强对案件诉讼主体、诉讼请求等要素的审查，及时识别强化运用社会主义核心价值观释法说理的重点案件，并与审判权力制约监督机制有机衔接。

（4）人民法院应当认真落实《最高人民法院关于统一法律适用加强类案检索的指导意见（试行)》《最高人民法院关于完善统一法律适用标准工作机制的意见》等相关要求，统一法律适用，确保同类案件运用社会主义核心价值观释法说理的一致性。

（5）人民法院应当定期组织开展法官业务培训，将业务培训与贯彻实施《民法典》结合起来，坚持学习法律知识、业务技能与社会主义核心价值观并重，增强法官运用社会主义核心价值观释法说理的积极性和自觉性，不断提升法官释法说理的能力水平。

（6）人民法院通过中国裁判文书网、"法信"平台、12368诉讼服务热线、中国应用法学数字化服务系统、院长信箱等途径，认真收集、倾听社会公众对裁判文书的意见建议，探索运用大数据进行统筹分析，最大程度地了解社会公众对裁判文书的反馈意见，并采取措施加以改进。

（7）人民法院应当充分发挥优秀裁判文书的示范引领作用，完善优秀裁判文书考评激励机制，积极组织开展"运用社会主义核心价值观释法说理优秀裁判文书"评选工作，评选结果应当作为法官业绩考评的重要参考。

（8）最高人民法院、各高级人民法院应当定期收集、整理和汇编运用社会主义核心价值观释法说理的典型案例，加强宣传教育工作，进一步带动人民群众将法治精神融入社会生活，培育和营造自觉践行社会主义核心价值观的法治环境。

【案例2-8】"狼牙山五壮士"名誉权纠纷案。2013年11月8日，洪某快在《炎黄春秋》杂志发表了《"狼牙山五壮士"的细节分歧》（以下简称《细节》）一文。该文分为"在何处跳崖""跳崖是怎么跳的""'五壮士'是否拔了群众的萝卜"等部分。文章通过援引不同来源、内容、时期的报刊资料等，对"狼牙山五壮士"事迹中的细节质疑。

文章发表后，"狼牙山五壮士"中的葛某林之子葛某生、宋某义之子宋某保认为，《细节》一文以历史考据、学术研究为幌子，以细节否定英雄，企图达到抹黑"狼牙山五壮士"英雄形象和名誉的目的。据此，葛某生、宋某保于2015年8月25日，分别诉至北京市西城区人民法院（以下简称西城法院），请求判令洪某快停止侵权、公开道歉、消除影响。洪某快认为，其所发表的文章是学术文章，没有侮辱性的言辞，且文章每一个事实的表述都有相应的根据，而不是凭空捏造或者歪曲，不构成侮辱和诽谤。进行历史研究的目的是探求历史真相，行使的是宪法赋予公民的思想自由、学术自由、言论自由权利，任何人无权剥夺。葛某生、宋某保的起诉没有事实依据，不同意全部诉讼请求。2016年4月29日，上述两案在西城法院公开开庭审理。

法院经审理认为，1941年9月25日，在易县发生的狼牙山战斗，是被大量事实证明的著名战斗。在这场战斗中，"狼牙山五壮士"英勇抗敌的基本事实和舍生取义的伟大精神，赢得了全国人民高度认同和广泛赞扬，是"五壮士"获得"狼牙山五壮士"崇高名誉和荣誉的基础。"狼牙山五壮士"的英雄称号，是国家及公众对他们在反抗侵略、保家卫国做出巨大牺牲的褒奖，也是他们应当获得的个人名誉和荣誉。在和平年代，"狼牙山五壮士"的精神，仍然是我国公众树立不畏艰辛、不怕困难、为国为民奋斗终身的精神指引。洪某快发表的文章虽无明显侮辱性的语言，但其采取的行为方式却是通过强调与基本事实无关或者关联不大的细节，甚至与网民张某对"狼牙山五壮士"的污蔑性谣言相呼应，质疑"五壮士"英勇抗敌、舍生取义的基本事实，颠覆"五壮士"的英勇形象，贬损、降低"五壮士"的人格评价，引导读者对这一英雄人物群体英勇抗敌事迹和舍生取义精神进行质疑，从而否定基本事实的真实性，降低他们的英勇形象和精神价值。这种"学术研究""言论自由"不可避免地会侵害"五壮士"的名誉和荣誉，甚至损害融入了这种名誉、荣誉的社会公共利益。2016年6月27日，西城法院一审判决：洪某快立即停止侵害行为；公开发布赔礼道歉公告，向原告赔礼道歉，消除影响。一审败诉后，洪某快提起上诉。2016年8月15日，北京市第二中级人民法院作出二审判决，驳回上诉，维持原判。

"狼牙山五壮士案"的审理引发了社会各界广泛的关注。此案的审理判决，充分体现了人民法院通过民事审判彰显社会价值、纯化道德风尚的积极作用。同时，该判决也清楚地表达了我国司法在荣誉权和名誉权保护中的鲜明立场，明确了人民法院司法裁判的范围，即不对学术问题作出司法裁判，而是对以学术研究为名侵害他人合法权益的行为作出制裁。此案审理后，根据当时全国人大法律委员会的建议，2017年3月15日通过的《中华人民共和国民法总则》第185条规定："侵害英雄烈士等的姓名、肖像、名誉、荣誉，损害社会公共利益的，应当承担民事责任。"2018年4月27日通过的《中华人民共和国英雄烈士保护法》，对侵害英雄烈士姓名、肖像、名誉、荣誉等行为的法律责任进一步予以细化。该案亦成为最高人民法院发布的保护英雄人物人格权益典型案例之一，并被写入最高人民法院工作报告。①

【案例2-9】电梯劝阻吸烟猝死案。2018年1月23日，河南省郑州市中级人民法院（以下简称郑州中院）公开宣判上诉人田某某与被上诉人杨某生命权纠纷一案，判决：撤销河南省郑州市金水区人民法院（2017）豫0105民初14525号民事判决；驳回田某某的诉讼请求。田某某诉杨某生命权纠纷一案，一审在金水区法院审理。法院经审理认为，田某某的丈夫段某某因在电梯内吸烟问题导致与杨某发生言语争执，在双方的争执被小区物业公司工作人员劝阻且杨某离开后，段某某猝死，该结果是杨某未能预料到的，杨某的行为与段某某的死亡之间并无必然的因果关系，但段某某确实在与杨某发生言语争执后猝死，依照《中华人民共和国侵权责任法》第24条的规定，受害人和行为人对损害的发生都没有过错的，可以根据实际情况，由双方分担损失。根据公平原则，判决：杨某补偿田某某15 000元，驳回田某某的其他诉讼请求。田某某不服一审判决，向郑州中院提出上诉。

郑州中院经审理查明：段某某有心脏病史，2007年做过心脏搭桥手术。2017年5月2日9时24分许，段某某与杨某先后进入金水区某小区×号楼×单元电梯内，因段某某在电梯内吸烟，杨某进行劝阻，二人发生言语争执。段某某与杨某走出电梯后，仍有言语争执，双方被物业工作人员劝阻后，杨某离开，段某某同物业工作人员进入物业公司办公室，后段某某心脏病发作

---

① 参见牛犇："'狼牙山五壮士'名誉权纠纷案——人民法院通过民事审判彰显社会价值、纯化道德风尚"，载《人民法院报》2018年12月13日，第3版。

猝死。根据金水区某小区监控视频显示内容，事件发生过程中，段某某情绪较为激动，并随着时间的推移，情绪激动程度不断升级；杨某在整个过程中，情绪相对比较冷静、克制；二人只有语言交流，无拉扯行为，无肢体冲突。经核算，三段监控视频中显示出杨某与段某某接触时长不足5分钟。

郑州中院认为，杨某劝阻段某某在电梯内吸烟的行为未超出必要限度，属于正当劝阻行为。在劝阻段某某吸烟的过程中，杨某保持理性，平和劝阻，其与段某某之间也没有发生肢体冲突和拉扯行为，也没有证据证明杨某对段某某进行过呵斥或有其他不当行为。杨某没有侵害段某某生命权的故意或过失，其劝阻段某某吸烟行为本身不会造成段某某死亡的结果。段某某自身患有心脏疾病，在未能控制自身情绪的情况下，发作心脏疾病不幸死亡。虽然从时间上看，杨某劝阻段某某吸烟行为与段某某死亡的后果是先后发生的，但两者之间并不存在法律上的因果关系。因此，杨某不应承担侵权责任。《中华人民共和国侵权责任法》第24条规定："受害人和行为人对损害的发生都没有过错的，可以根据实际情况，由双方分担损失。"适用该条的前提是行为与损害结果之间有法律上的因果关系，且受害人和行为人对损害的发生都没有过错。而本案中杨某劝阻吸烟行为与段某某死亡结果之间并无法律上的因果关系，因此，一审判决适用公平原则判决杨某补偿田某某15 000元，属于适用法律错误。一审判决后，杨某没有上诉。郑州中院认为，虽然杨某没有上诉，但一审判决适用法律错误，损害了社会公共利益。因为保护生态环境、维护社会公共利益及公序良俗是民法的基本原则，弘扬社会主义核心价值观是民法的立法宗旨，司法裁判对保护生态环境、维护社会公共利益的行为应当依法予以支持和鼓励，以弘扬社会主义核心价值观。根据郑州市有关规定，市区各类公共交通工具、电梯间等公共场所禁止吸烟，公民有权制止在禁止吸烟的公共场所的吸烟者吸烟。本案中，杨某对段某某在电梯内吸烟予以劝阻合法正当，是自觉维护社会公共秩序和公共利益的行为，一审判决判令杨某分担损失，让正当行使劝阻吸烟权利的公民承担补偿责任，将会挫伤公民依法维护社会公共利益的积极性，既是对社会公共利益的损害，也与民法的立法宗旨相悖，不利于促进社会文明，不利于引导公众共同创造良好的公共环境。一审判令杨某补偿田某某 15 000 元错误，二审法院依法予以纠正，遂作出上述判决。①

【**案例 2 - 10**】最高人民法院发布第二十五批共四件指导性案例，均为弘扬社会主义核心价值观案例，供各级人民法院审判类似案件时参照。指导案例 140 号"李某月等诉广州市花都区梯面镇红山村村民委员会违反安全保障义务责任纠纷案"，明确了公共场所经营管理者的安全保障义务应限于合理限度范围内，与其管理和控制能力相适应。完全民事行为能力人因私自攀爬景区内果树采摘果实而不慎跌落致其自身损害，主张经营管理者承担赔偿责任的，人民法院不予支持。该案例对于明确安全保障义务的范围、规范人们行为等方面具有积极意义。指导案例 141 号"支某 1 等诉北京市永定河管理处生命权、健康权、身体权纠纷案"，明确了完全民事行为能力人擅自进入禁止公众进入的非公共场所造成自身损害的，管理人和所有人不承担赔偿责任。该案例明确了侵权责任认定的法律标准和证据规则，重申了严格正确适用法律，不能以情感或结果责任主义为导向将损失交由不构成侵权的他方承担的原则。指导案例 142 号"刘某莲、郭某丽、郭某双诉孙某、河南兰庭物业管理有限公司信阳分公司生命权纠纷案"，明确行为人为维护受伤害一方的合法权益，劝阻他人发生碰撞后不要离开现场且没有超过合理限度的属于合法行为。他人因自身疾病发生猝死的与劝阻行为没有法律上的因果关系，劝阻人不应当承担侵权责任。该案例在分清是非的基础上，对于"死者为大"传统思想支配下的裁判理念予以否定，明白无误地表明了司法的态度，对劝阻人的善行和义举给予肯定和鼓励，对正确适用法律、弘扬社会主义核心价值观作出了生动诠释。指导案例 143 号"北京兰世达光电科技有限公司、黄某兰诉赵某名誉权纠纷案"，涉及信息网络传播环境下名誉权侵权的认定规则，

---

① 参见冀天福、薛永松："郑州'电梯劝阻吸烟猝死'案二审宣判"，载《人民法院报》2018 年 1 月 24 日，第 3 版。

明确了不特定关系人组成的微信群具有公共空间属性，公民在此类微信群中发布侮辱、诽谤、污蔑或者贬损他人的言论构成名誉权侵权，应当依法承担法律责任。该案例对于规范公民网络空间行为，倡导文明交往社会风尚，依法处理类似案件具有指导示范意义。①

四、忠于宪法，维护宪法权威

宪法是国家的根本法，是治国安邦的总章程，是党和人民意志的集中体现。宪法具有最高的法律地位、法律权威、法律效力。法治权威能不能树立起来，首先要看宪法有没有权威。维护宪法权威，就是维护党和人民共同意志的权威。捍卫宪法尊严，就是捍卫党和人民共同意志的尊严。保证宪法实施，就是保证人民根本利益的实现。宪法法律的权威源自人民的内心拥护和真诚信仰，加强宪法学习宣传教育是实施宪法的重要基础。

（一）我国现行宪法的发展与完善，体现了中国特色社会主义道路、理论、制度、文化发展的成果

我国现行宪法是 1982 年公布施行的，这是在党的十一届三中全会开启改革开放历史新时期，确立了"发展社会主义民主、健全社会主义法制"是党和国家方针的历史背景下产生的。此后，随着国家政策的调整、形势的变化，全国人民代表大会于 1988 年、1993 年、1999 年、2004 年、2018 年先后五次对宪法的个别条款和部分内容作出重要的修正，它是在深刻总结我国社会主义革命、建设、改革的成功经验基础上制定和不断完善的，是我们党领导人民长期奋斗历史逻辑、理论逻辑、实践逻辑的必然结果；体现了党领导人民进行改革开放和社会主义现代化建设的成功经验；反映了制定和实施宪法，推进依法治国，建设法治国家，是实现国家富强、民族振兴、社会进步、人民幸福的必然要求；揭示了只有中国共产党才能充分发扬民主，领导人民制定出体现人民意志的宪法，领导人民实施宪法；证明了党高度重视发挥宪法

---

① 参见乔文心："最高人民法院发布第 25 批指导性案例"，载《人民法院报》2020 年 10 月 17 日，第 1~3 版。

在治国理政中的重要作用，坚定维护宪法尊严和权威，推动宪法完善和发展，加强宪法实施和监督，健全保证宪法全面实施的制度体系，是宪法保持生机活力的根本原因所在。

（二）坚持依法治国首先要坚持依宪治国，坚持依法执政首先要坚持依宪执政

我国现行宪法是在党的领导下，在深刻总结我国社会主义革命、建设、改革实践经验基础上制定和不断完善的，坚持党的领导、人民当家作主、依法治国的有机统一，发扬人民民主，集中人民智慧，体现了全体人民共同意志，实现了党的主张和人民意志的高度统一，得到最广大人民拥护和遵行，具有显著优势、坚实基础和强大生命力，为改革开放和社会主义现代化建设提供了根本法治保障。只要我们切实尊重和有效实施宪法，人民当家作主就有保证，党和国家事业就能顺利发展。因此，要推进国家治理体系和治理能力现代化，提高党长期执政能力，必须更加注重发挥宪法的重要作用，把国家各项事业和各项工作全面纳入依法治国、依宪治国的轨道，把实施宪法提高到新的水平。

（三）宪法的生命在于实施，宪法的权威也在于实施

我国宪法的发展历程说明，只要切实尊重和有效实施宪法，党和国家事业就能顺利发展。反之，如果宪法受到漠视、削弱甚至破坏，党和国家事业就会遭受挫折。因此，中国特色社会主义新时代下，必须更加注重发挥宪法的重要作用，为开启全面建设社会主义现代化国家新征程、实现中华民族伟大复兴的中国梦提供保证。

宪法具有最高的法律地位、法律权威、法律效力，加强宪法实施和监督，必须维护宪法的尊严和权威。2014 年 11 月 1 日，第十二届全国人民代表大会常务委员会第十一次会议审议通过了《全国人民代表大会常务委员会关于设立国家宪法日的决定》，明确将 12 月 4 日设立为国家宪法日，国家通过多种形式开展宪法宣传教育活动。2015 年 7 月 1 日，第十二届全国人民代表大会常务委员会第十五次会议通过《全国人民代表大会常务委员会关于实行宪

法宣誓制度的决定》，决定要求各级人民代表大会及县级以上各级人民代表大会常务委员会选举或者决定任命的国家工作人员，以及各级人民政府、人民法院、人民检察院任命的国家工作人员，在就职时应当公开进行宪法宣誓，并自 2016 年 1 月 1 日起施行。2018 年 2 月 24 日，第十二届全国人民代表大会常务委员会第三十三次会议决定对宪法宣誓制度作出适当修改，明确规定监察委员会组成人员在依照法定程序产生后，应当进行宪法宣誓；宣誓仪式应当奏唱中华人民共和国国歌；宣誓誓词修改为"我宣誓：忠于中华人民共和国宪法，维护宪法权威，履行法定职责，忠于祖国、忠于人民，恪尽职守、廉洁奉公，接受人民监督，为建设富强民主文明和谐美丽的社会主义现代化强国努力奋斗！"2014 年 10 月 23 日，中国共产党第十八届中央委员会第四次会议上，习近平总书记曾对宪法宣誓制度作出说明："这是世界上大多数有成文宪法的国家所采取的一种制度。在 142 个有成文宪法的国家中，规定相关国家公职人员必须宣誓拥护或效忠宪法的有 97 个。关于宪法宣誓的主体、内容、程序，各国做法不尽相同，一般都在有关人员开始履行职务之前或就职时举行宣誓……这样做，有利于彰显宪法权威，增强公职人员宪法观念，激励公职人员忠于和维护宪法，也有利于在全社会增强宪法意识、树立宪法权威。"[1]

【案例 2-11】2018 年 3 月 17 日上午，第十三届全国人民代表大会常务委员会第一次会议举行全体会议，选举产生新一届国家机构领导人员，中共中央总书记、中央军委主席习近平全票当选中华人民共和国主席、中华人民共和国中央军事委员会主席。随后，在人民大会堂举行了隆重的宪法宣誓仪式。宪法宣誓制度建立以来，这是首次在全国人民代表大会上举行的宪法宣誓活动，足以载入史册。[2]

---

① 习近平："关于《中共中央关于全面推进依法治国若干重大问题的决定》的说明"，载人民网，https://politics.people.com.cn/n/2014/1029/c1001-25926928-2.html，2022 年 8 月 1 日访问。
② 参见彭飞："一篇文章带你读懂宪法"，载腾讯网，https://news.qq.com/a/20180317/011216.htm，2022 年 8 月 5 日访问。

【**案例 2 - 12**】2018 年 4 月 16 日，新一届国务院在中南海举行宪法宣誓仪式。时任国务院总理李克强监誓。根据新修改的《中华人民共和国宪法》和《国务院及其各部门任命的国家工作人员宪法宣誓组织办法》，2017 年 6 月至 2018 年 3 月国务院任命的 42 个部门和单位的 92 名负责人依法进行宪法宣誓。上午 11 时许，时任国务委员兼国务院秘书长肖捷宣布宪法宣誓仪式开始。全体起立唱中华人民共和国国歌。随后，领誓人左手抚按宪法，领诵誓词，其他宣誓人在后方列队站立，跟诵誓词。宣誓后，李克强要求大家以习近平新时代中国特色社会主义思想为指导，忠于宪法、依宪施政，践行宗旨，勤勉尽责，清正廉洁，坚持发展第一要务，贯彻新发展理念，促进社会全面进步，多兴利民之事、多解民生之忧，努力创造无愧于国家和人民的新业绩。时任国务院副总理韩正、孙春兰、胡春华、刘鹤，国务委员魏凤和、王勇、赵克志，以及国务院有关部门主要负责同志等参加仪式。①

【**案例 2 - 13**】为深入贯彻党的十九届六中全会精神和习近平法治思想，大力弘扬宪法精神，进一步推动队伍教育整顿走深走实，2021 年 12 月 3 日上午，在"国家宪法日"即将到来之际，最高人民法院举行新任职干部宪法宣誓活动，时任最高人民法院党组书记、院长、首席大法官周强出席活动并监誓。3 日上午 9 时，宣誓活动正式开始。全体宣誓人面向国旗列队站立，奏唱国歌。之后，在周强监誓下，由新任职干部代表、最高人民法院党组成员、副院长沈亮领誓，2020 年 12 月以来新晋升法官等级的法官、新任职局处级干部、新入额法官、新遴选入院同志等 113 名法院工作人员，高举右手，庄严宣誓："忠于中华人民共和国宪法，维护宪法权威，履行法定职责，忠于祖国、忠于人民，恪尽职守、廉洁奉公，接受人民监督，为建设富强民主文明和谐美丽的社会主义现代化强国努力奋斗！"最高人民法院党组成员、政治部主任马世忠主持宣誓活动。举行宪法宣誓是最高人民法院 2021 年"国家宪法日"

---

① 参见"新一届国务院举行宪法宣誓仪式"，载《人民日报》2018 年 4 月 17 日，第 1 版。

主题开放日活动的内容之一，此次活动以"践行习近平法治思想维护宪法权威"为主题，部分中央媒体记者代表参加活动。①

【案例2-14】"我宣誓：忠于中华人民共和国宪法，维护宪法权威，履行法定职责……"在第八个"国家宪法日"即将到来之际，为弘扬宪法精神，维护宪法权威，展现政法队伍教育整顿工作成果和首都法官良好精神面貌，2021年12月3日上午，北京市三级法院同时响起嘹亮的誓言，同步举行庄严的宪法宣誓仪式。② 北京市高级人民法院（以下简称北京高院）党组成员、

_____

① 参见刘婧："最高人民法院举行新任职干部宪法宣誓活动"，载《人民法院报》2021年12月4日，第1版。

② 参见《最高人民法院关于宪法宣誓的组织办法》（法发〔2016〕9号），其内容如下所述。

第一条　为增强宪法意识，激励和教育人民法院工作人员忠于宪法、遵守宪法、维护宪法，根据《全国人民代表大会常务委员会关于实行宪法宣誓制度的决定》，制定本办法。

第二条　最高人民法院副院长、审判委员会委员、庭长、副庭长、审判员和军事法院院长，在依照法定程序产生后，进行宪法宣誓。

最高人民法院其他国家工作人员，在就职时进行宪法宣誓。

第三条　宪法宣誓誓词为：

我宣誓：忠于中华人民共和国宪法，维护宪法权威，履行法定职责，忠于祖国、忠于人民，恪尽职守、廉洁奉公，接受人民监督，为建设富强、民主、文明、和谐的社会主义国家努力奋斗！

第四条　宣誓场所应当庄重、严肃，悬挂中华人民共和国国旗或者国徽。

宪法宣誓的领誓人、宣誓人统一着法袍或者其他制式服装、正装。

第五条　宣誓仪式可以采取单独宣誓或者集体宣誓的形式。

最高人民法院副院长、审判委员会委员、庭长、副庭长、审判员和军事法院院长集体宣誓，由最高人民法院院长或者其委托的资深法官领誓。

最高人民法院其他国家工作人员集体宣誓，由最高人民法院院长或者其委托的人员领誓。

法官等级晋升或者非领导职务晋升时，可以根据需要组织集体宣誓。

宣誓仪式可以由最高人民法院院长或者其委托的人员进行监誓。

第六条　举行宣誓仪式，应当奏唱中华人民共和国国歌。

单独宣誓时，宣誓人面向国旗或者国徽站立，左手抚按《中华人民共和国宪法》，右手举拳，拳心朝前，诵读誓词。

集体宣誓时，领誓人面向国旗或者国徽站立，左手抚按《中华人民共和国宪法》，右手举拳，拳心朝前，领诵誓词；宣誓人在领誓人身后整齐站立，面向国旗或者国徽，右手举拳，拳心朝前，跟诵誓词；誓词宣读完毕，在领誓人读出"宣誓人"后，报出自己姓名。

第七条　组织宪法宣誓应当公开进行，可以邀请人大代表、政协委员、有关方面代表参加宣誓仪式。

第八条　举行重要活动时组织的重温誓词活动，参照本办法执行。

第九条　本办法自发布之日起施行，《中华人民共和国法官宣誓规定（试行）》同时废止。

政治部主任李旭辉主持宣誓仪式。3 日上午 9 时整，四名司法警察迈着整齐的步伐护送国旗进入会场。奏唱国歌后，北京高院党组书记、院长寇昉同志走上宪法台，左手抚按宪法，右手举拳，领读誓词，员额法官整齐列队，跟诵誓词。庄严神圣的阳光大厅内誓词嘹亮，回音阵阵。参加宣誓仪式的北京高院民三庭法官陶钧作为员额法官代表做表态发言。他表示，身为新时代首都法院法官，要树立忠于宪法、遵守宪法、维护宪法的自觉意识，以对法律负责、对人民负责、对历史负责的态度办理每起案件，把群众利益记在心里、扛在肩上、落在实处，努力实现权利公平、机会公平、规则公平，做清正廉洁的人民法官。寇昉强调，人民法院在维护宪法权威、保障宪法实施中责任重大、使命光荣。全市法院及全体法官干警要深刻认识宪法的地位作用，坚决维护宪法的权威和尊严，要始终坚持正确政治方向，坚定不移走中国特色社会主义法治道路，忠实履行宪法赋予的审判职责，保证宪法和法律正确实施，始终做到公正司法、廉洁司法，充分彰显中国特色社会主义司法制度的显著优势，努力让人民群众在每一个司法案件中感受到公平正义。寇昉要求，全市法院要坚持以习近平新时代中国特色社会主义思想为指导，深入学习贯彻习近平法治思想，进一步兴起学习贯彻党的十九届六中全会精神的热潮，增强宪法意识、弘扬宪法精神、埋头苦干、勇毅前行，切实履行好宪法法律赋予的职责，以优异成绩迎接党的二十大胜利召开。当天上午，北京市三级法院 839 名员额法官代表同步参加了各院宪法宣誓仪式。誓言铿锵，是北京法院法官干警维护宪法权威、捍卫宪法尊严的崇高信念，也是北京法院干警对恪守宪法原则、守护公平正义的庄严承诺。①

---

① 参见李天佳、张勇："北京法院举行宪法宣誓仪式"，载微信公众号"京法网事"，2021 年 12 月 3 日。

第二节　忠诚司法事业，加强道德修养

忠诚司法事业的前提条件是坚定理想信念，对党忠诚，这是法官的政治根基和政治态度。只有坚定了理想信念，做到对党忠诚，才能在思想上、言行上做到忠于国家、忠于法律、忠于人民。习近平总书记指出：要加强理想信念教育，深入开展社会主义核心价值观和社会主义法治理念教育，推进法治专门队伍正规化、专业化、职业化，提高职业素养和专业水平。要坚持立德树人，德法兼修，创新法治人才培养机制，努力培养造就一大批高素质法治人才及后备力量。因此，要实现法官队伍的正规化、专业化和职业化的建设，提高职业素养和专业水平必不可少。忠诚司法事业，就是对法官在个人修养、业务能力等方面的具体要求。

一、热爱司法工作，珍惜法官荣誉

热爱司法工作，是忠诚司法工作的前提条件，也是忠诚司法工作的重要保证。热爱司法工作就要有一心一意干事业、勤勤恳恳讲奉献的决心，就要有"功成不必在我，功成必定有我"的胸怀，就要有坚定的政治立场和政治态度，就要有良好的司法形象和司法礼仪，从而实现法官职业道德基本准则中所规定的恪守职业道德和珍惜法官荣誉的要求。

（一）爱岗敬业，勇于奉献

爱岗敬业指的是忠于职守的事业精神，是职业道德的基础。爱岗就是热爱自己的工作岗位，热爱本职工作，要有对待工作一丝不苟的事业心，还要有对待名利的平常心，牢记"没有小角色，只有小演员"，平凡的岗位也可以干出不平凡的业绩。敬业就是要用一种恭敬严肃的态度对待自己的工作，要有恪尽职守的责任心，更要有勇于开拓的进取心。

首先，做到爱岗敬业，就要正确认识劳动的意义和价值。司法工作是人类社会中的一项重要的兼具智力和体力的劳动。劳动是人类的本质活动，劳动光荣、创造伟大是对人类文明进步规律的重要诠释。正是因为劳动创造，我们拥有了历史的辉煌；也正是因为劳动创造，我们拥有了今天的成就。① 人民创造历史，劳动开创未来。劳动是推动人类社会进步的根本力量。劳动是财富的源泉，也是幸福的源泉。人世间的美好梦想，只有通过诚实劳动才能实现；发展中的各种难题，只有通过诚实劳动才能破解；生命里的一切辉煌，只有通过诚实劳动才能铸就。② 劳动，是共产党人保持政治本色的重要途径，是共产党人保持政治肌体健康的重要手段，也是共产党人发扬优良作风、自觉抵御"四风"的重要保障。③

其次，做到爱岗敬业，就要弘扬奉献精神。奉献是中华民族的传统美德，也是全人类共同的价值追求。奉献是我们党的鲜明底色，是共产党人的重要精神特质。忠于党、忠于人民、无私奉献，是共产党人的优秀品质。党的事业，人民的事业，是靠千千万万党员的忠诚奉献而不断铸就的。④ 正如习近平总书记指出：广大党员干部特别是政法干部要以邹碧华同志为榜样，在全面深化改革、全面依法治国的征程中，坚定理想信念，坚守法治精神，忠诚敬业、锐意进取、勇于创新、乐于奉献，努力作出无愧于时代、无愧于人民、无愧于历史的业绩。⑤

---

① 参见"庆祝'五一'国际劳动节暨表彰全国劳动模范和先进工作者大会隆重举行"，载新华网，http：//www. xinhuanet. com//politics/2015 – 04/28/c_1115119860. htm，2022 年 8 月 8 日访问。
② 参见"人民创造历史 劳动开创未来——载习近平同志在同全国劳动模范代表座谈时的讲话"，载《人民日报》2013 年 4 月 29 日，第 2 版。
③ 参见田鹏颖："用实干践行马克思主义劳动观"，载中国共产党新闻网，http：//theory. people. com. cn/nl/2018/0523/C40531 – 30006987. html，2022 年 8 月 8 日访问。
④ 参见"习近平给国测一大队老队员老党员回信勉励广大共产党员在党爱党在党为党忠诚一辈子奉献一辈子"，载《人民日报》2015 年 7 月 2 日，第 1 版。
⑤ 参见邹伟："习近平对邹碧华同志先进事迹作出重要批示强调坚定理想信念 坚守法治精神 努力作出无愧于时代无愧于人民无愧于历史的业绩"，载《人民法院报》2015 年 3 月 3 日，第 1 版。

【案例2-15】魏晶晶，1983年9月生，中共党员，安徽六安人，生前任安徽省六安市中级人民法院民事审判三庭四级高级法官。她十余年如一日扎根审判一线，主动请缨承办了大量疑难复杂案件，将宝贵的青春毫无保留地奉献给审判事业，多次受到上级法院和党委政府的表彰。2020年12月10日，魏晶晶同志在工作岗位上突发疾病，因公殉职，年仅37岁。①

【案例2-16】法官陶钧，系北京市高级人民法院知识产权庭法官。2003年7月进入法院系统工作，2005年被任命为助理审判员，担任法官工作已经十年有余，曾以年结案917件的纪录成为当之无愧的"结案状元"。七年经济审判后突然"转战"知识产权新领域，他却仅用一年时间便实现"华丽转身"，结案数再登全庭之首。他的"高产"背后，有"5加2，白加黑"的辛勤奉献，有"多元引渠"调解法、"利益分析成本释明"调解法等一系列全新调解手段的探索和尝试，有对平息争端、案结事了的理想追求，更有他无怨无悔、不忘初心的浓浓"法官情结"。用陶钧的话说："对法院，我有一种难以名状的情怀。"2003年7月，大学毕业的陶钧走进北京市崇文区法院，开始了他的圆梦之旅。刚到法院的时候，看到书本上那些冰冷的法律条文被应用到一件又一件具体案件中，陶钧的心里总有一股说不出的兴奋劲儿。不过，与兴奋"同行"的还有对办案的无从下手。最初的日子，陶钧白天跟着"师傅"学经验，师傅怎么和当事人交流、问了什么问题……每个细节，他都认真看在眼里、记在心里。晚上回去，他便求知若渴地翻阅各类案例和理论书籍，一心只想让自己进步得快一些、更快一些。功夫不负有心人，仅仅两年时间，年轻的陶钧就顺利披上法袍，成为崇文区法院最年轻的法官；2007年便已独立办案，仅一年后就以年结案917件的惊人数字，打破了全院经济审判的结案纪录，且所办案件无一错案。谈到自己的"状元"身份，陶钧有些不以为然："其实，也是赶上了那样一个时期，大家都是'蛮拼的'。"②

---

① 参见"全国妇联关于追授周春梅、魏晶晶同志全国三八红旗手称号的决定"，载最高人民法院编：《人民法院英模事迹选编》，人民法院出版社2021年版，第351页。

② 参见黄洁、王磊："80后'结案状元'的转换与坚守"，载《法制日报》2015年8月9日。

（二）维护司法形象，遵守司法礼仪

法官承担着司法裁判责任，法官形象直接关系着人民法院依法履职尽责和提供司法服务的质量，关系着当事人对人民法院的看法、印象、感情和态度，关系着国家司法形象和司法公信力。因此，法官遵守法官职业道德规范的有关要求，建树法官良好形象，对于维护人民法院整体形象和国家司法公信力，具有重要作用。

法官在工作中，必须严格遵守司法礼仪，展现良好的个人素质和业务水平，这样才能有利于维护法律的权威与尊严。

1. 自身仪表适当

（1）日常生活中，要着装得体、大方、整洁。

①文明大方。在正式场合，忌穿过露、过透、过短、过紧的服装。身体部位的过分暴露不但有失自己身份，而且也失敬于人，使他人感到多有不便。

②搭配得体。要求着装的各个部分相互呼应，精心搭配，特别是要恪守服装、鞋帽及其之间约定俗成的搭配，在整体上尽可能做到完美、和谐，展现着装的整体之美。

③个性特征。要求着装适应自身形体、年龄、职业的特点，扬长避短，并在此基础上创造和保持自己独有的风格，切勿盲目追随。

（2）穿着审判制服，严格遵守相关要求。

①注重礼仪规范。应当做到服装整齐洁净，仪表端庄得体，不得披衣、敞胸露怀、趿鞋、挽袖、卷裤腿和外露长袖衬衣下摆。

②遵守发型、首饰要求。不得系扎围巾，不得染彩发，不得留怪异发型。男性人员不得留长发（发长侧面不过上耳沿，后面不过衣领）、蓄胡须，非特殊原因不得剃光头；女性人员留长发者不得披散发，不得染指甲、化浓妆，不得佩戴耳环、项链等首饰。不得在外露的腰带上系挂钥匙或者其他饰物。除工作需要或患有眼疾外，不得戴有色眼镜。

③规范日常行为。不得穿着审判制服从事与法院工作性质和工作人员品

行不符的活动。

④符合着装要求。人民法院工作人员在依法履行法律职务或在公共场合从事公务活动时应当穿着审判制服，佩戴法徽。非履行法律职务或在公共场合从事公务活动，原则上不得穿着审判制服。审判制服应当按照规范配套穿着，审判制服不得与非审判服装混穿，两名以上工作人员共同执行任务时，制服的季节款式要保持一致。

（3）法官袍的着装规定。

法官在下列场合应当穿着法官袍：审判法庭开庭审判案件；出席法官任命或者授予法官等级仪式。法官在出席重大外事活动，重大法律纪念、庆典活动时，也可以穿着法官袍。

（4）法徽的佩戴要求。

①佩戴法徽仅限于审判制服，不得在其他服装上佩戴。穿着审判制服不得佩戴法徽以外的徽章。

②开庭审判必须佩戴法徽，其他因工作需要的场合亦应佩戴法徽。

③法徽佩戴位置为：夏服，法徽佩戴在上衣左胸口袋上沿上方正中，法徽下沿与口袋上沿平齐。春秋服、冬服，男式制服法徽佩戴于上衣左胸驳头装饰扣眼处；女式制服法徽佩戴于与男式制服相同位置。防寒服，法徽佩戴在左胸门襟与袖笼之间中央处，高度为第一纽扣与第二纽扣之间二分之一处。

④法袍在制作时法徽已绣好，不再单独佩戴。

⑤除法袍外，在其他场合执行公务、参加集体活动、会议及大型集会时均应佩戴小法徽。

2. 遵守庭审礼仪

（1）遵守庭审时间。

不迟到、早退，不无故更改开庭时间。因特殊情况确需延期的，应当立即通知当事人及其他诉讼参加人；无法通知的，应当安排人员在原定庭审时间和地点向当事人及其他诉讼参加人解释。

（2）规范庭审行为。

在进入法庭前，必须更换好法官服或者法袍，保持整洁和庄重，严禁着便装出庭；进入法庭后，不得与诉讼各方随意打招呼，不得与一方有特别亲密的言行；庭审时，坐姿端正，杜绝各种不雅动作；集中精力，专注庭审，不做与庭审活动无关的事；不得在审判席上吸烟、闲聊或者打嗜睡，不得接打电话，不得随意离开审判席。

（3）增强庭审驾驭能力。

根据案情和审理需要，公平、合理地分配诉讼各方在庭审中的陈述及其辩论时间；不随意打断当事人、代理人、辩护人等的陈述；当事人、代理人、辩护人发表意见重复或与案件无关的，应当适当提醒，不以生硬言辞进行指责。

（4）严格遵循庭审程序。

礼貌示意当事人及其他诉讼参加人发言。不得用带有倾向性的语言进行提问，不得与当事人及其他诉讼参加人争吵；当事人使用方言或者少数民族语言，诉讼一方只能讲方言的，应当准许；他方表示不通晓的，可以由法官或者书记员用普通话复述；使用少数民族语言陈述，他方表示不通晓的，应当为其配备翻译。

（5）维护庭审秩序。

当事人情绪激动，在法庭上喊冤或者鸣不平时，应重申当事人必须遵守法庭纪律，法庭将会依法给予其陈述时间；当事人不听劝阻的，应当及时制止；制止无效的，依照有关规定作出适当处置。

诉讼各方发生争执或者互相进行人身攻击时应及时制止，并对各方均进行批评教育，不得偏袒一方；告诫各方必须围绕案件依序陈述；对不听劝阻的，依照有关法律规定作出适当处置。

3. 切记宣判注意事项

（1）宣告判决，一律公开进行。

（2）宣判时，合议庭成员或者独任法官应当起立，宣读裁判文书声音要洪亮、清晰、准确无误。

（3）当庭宣判的，应当宣告裁判事项，简要说明裁判理由并告知裁判文书送达的法定期限。

（4）定期宣判的，应当在宣判后立即送达裁判文书。

（5）宣判后，对诉讼各方不得赞赏或者指责，对诉讼各方的质疑，应当耐心做好解释工作。

4. 使用文明语言

（1）总体上，应做到称谓恰当、语言得体、语气平和、态度公允；根据不同对象的实际情况，必要时应当把法律语言转换成符合法律规定的群众语言，让当事人及其他诉讼参与人清楚明白地参与诉讼，避免盛气凌人、语言生硬、态度粗暴，严禁使用伤害群众感情、可能激化矛盾的语言，防止因用语不当对司法公信力产生不良影响。

（2）接待来访者，应当主动问候、语言礼貌、态度热情，解答问题清晰、准确，诉讼引导认真、耐心，不得对来访者的询问简单敷衍或者不予理睬，不得嘲讽、挖苦、训斥来访者。

（3）立案时，认真听取当事人的诉求，耐心释明相关法律规定，做好诉讼风险、诉讼程序等相关提示，不得拒绝回答当事人的合理疑问或者以简单语句敷衍应付，不得不讲明理由而简单拒绝立案，不得就证据效力、案件结果等实体性问题作出主观判断或者向当事人提供倾向性意见。

（4）实施庭外调查，应当依法表明身份，告知被调查人的权利和义务，明确询问事由，做到语言得当、客观严谨，调查笔录应当送被调查人阅读或者当面宣读。

（5）开庭审理案件，应当善听慎言、语言规范、语气庄重，语速适当，中立、公正地对待双方当事人，不得使用带有倾向性的语言进行提问或者表现出对双方当事人态度上的差异。制止庭审过程中诉讼参与人的不当言行，应当遵守相关规定、注意语言文明，避免简单指责、粗暴训斥。

（6）进行诉讼调解，应当体现客观、公正的立场，以通俗易懂的语言释之以法，以平等协商的语言晓之以理，以真诚耐心的态度动之以情，不得使用威胁性的语言对当事人施加压力，以判压调。

（7）承办执行案件，应当认真回答当事人关于执行问题的询问，以清晰、简明的语言进行相关提示、告知进展情况，通过讲理说法促使被执行人履行义务，采取执行措施时认真释明有关规定，不得对申请执行人推诿敷衍或者表现出厌烦情绪，不得训斥、责骂申请执行人或被执行人，不得使用威胁性语言强迫申请执行人接受和解。

（8）实施安全检查，应当以礼貌的语言进行提示，引导当事人自觉配合，不得对当事人态度粗暴、语言强硬，避免使用命令性的语句要求其接受检查。如发现违禁物品应当坚决禁止带入并依法予以没收，但应当耐心释明相关规定，避免与当事人发生冲突。

（9）送达法律文书，应当依法表明身份，对当事人称谓恰当、语言文明，按照规定进行相关程序性提示，但应当避免向当事人透露案情或者就实体性问题提供咨询意见。

【案例 2-17】2017 年 8 月 22 日中午，湖南省永州市东安县人民法院（以下简称东安县法院）芦洪市法庭副庭长魏某扬，应同学杨某某邀请，陪同从广州回东安的同学邓某某、唐某饮酒，导致下午开庭不能正常进行而休庭，违反了工作纪律，损害了法官形象，造成恶劣的社会影响。东安县法院决定对魏某扬同志给予行政记大过处分，提请县人大常委会免去其东安县法院审判员、芦洪市法庭副庭长职务，报请县人大常委会同意调离法院系统。魏某扬违纪案的发生，反映出东安县法院党组在履行"两个责任"中存在不严不实的问题。经永州市中级人民法院党组和东安县人大常委会分别研究，责令东安县法院党组向永州市中级人民法院党组和东安县人大常委会写出深刻检讨，并在全市法院和全县进行通报；由县纪委对县法院分管领导吴某某进行诫勉谈话。报请市纪委同意，由永州市中级人民法院党组对东安县法院院长蒋某某进行诫勉谈话。①

【案例2-18】2004年9月以来，河南省焦作市解放区人民法院在开展的司法公正树形象活动中发现，个别法官、部分当事人和代理人有不按时开庭、出庭的现象。为切实解决这一问题，该法院着力在规范开庭时间上下功夫，先后对两起无正当理由不按时到庭的原告当庭作出裁定，视为原告放弃诉讼作撤诉处理；对三名出庭迟到的代理人进行了严厉的批评，并向司法行政机关发建议函三封，对不准时开庭的审判长取消了年终评先评优的资格。解放区人民法院为真正从源头上解决开庭不准时的问题，还曾专门出台了《根治开庭不准时》的规定，要求审判人员在开庭审理案件时，严格按照公告的开庭时间准时开庭，无正当理由不得随意更改；需要改变开庭时间的，必须提前一天告知当事人及代理人，并说明改变事由；如无正当理由不按时开庭的，按工作差错追究审判人员的责任；审判人员在送达开庭传票时，必须明确告知不按时到庭的法律后果；对迟到的代理人提出严厉的批评，并给律师事务所和司法局发建议函；原告不按时到庭，作自动放弃诉讼处理；被告不按时到庭，进行缺席审理，法定事由除外。②

【案例2-19】德州市中级人民法院及其辖区内11个县市区人民法院全面推行廉政监督卡制度，随案附上《××人民法院廉政监督卡》，监督卡内容细化到开庭不准时、打瞌睡等内容。德州市中级人民法院以及11个县市区人民法院今后在受理案件时，法院工作人员都要在向当事人送达立案通知文书的同时，一并随案附上《××人民法院廉政监督卡》。据了解，案件当事

---

① 参见黄筱菁："湖南'醉酒开庭'法官魏凯扬被行政记大过 调查结果通报"，载闽南网，http：//www.mnw.cn/news/china/1880415.html，2022年8月9日访问。

② 参见张建忠："解放法院根治开庭不准时"，载河南省高级人民法院官网，http：//www.hncourt.gov.cn/public/detcil.php? id=36943，2022年8月9日访问。

人可对承办法官在办案过程中是否违反最高人民法院"五个严禁"的规定进行监督，也可对法官办案的整个过程提出监督意见和建议。廉政监督卡上还清楚地注明了举报受理电话和举报受理邮箱，方便当事人的投诉。此外，监督卡细化了监督内容，诸如"开庭不准时""庭上吸烟、聊天、打瞌睡""收取执行款物不出具收据"等，涵盖内容贯穿立案、审理、执行全过程。[①]

【**案例 2 – 20**】为贯彻落实广西壮族自治区高级人民法院《关于推行法官文明用语和禁忌用语的通知》要求，桂林市中级人民法院高度重视，及时将通知精神传达到各基层法院、传达到每位法官和工作人员，并围绕法官文明用语37句和禁忌用语27句进行学习。自治区高级人民法院推出法官文明用语，涉及信访、立案、庭审、执行等各个方面，并相应规定了严禁使用有损法官形象的不文明的禁忌用语。文明用语包括在打电话时的文明用语，接待来访人、当事人时的文明用语，到行政、事业、企业单位办案时的文明用语，及法官和工作人员到群众家中取证时的文明用语。工作忌语要求法官和工作人员在任何场合严禁使用"不知道！""你有完没完！""把材料放下，回去等着！""这话是你能说的吗！""你不服，到上面告好了。"等生硬、无礼的语言。该院要求每位法官和工作人员在工作中认真推行文明用语，杜绝禁忌用语，杜绝粗俗不文明的行为，杜绝所谓"雷人官话"，以切实解决"门难进、脸难看、话难听、事难办"及"冷、横、硬、推"的现象，把司法为民从细处做起，从小事抓起，增强公仆意识，全心全意为人民服务；切实提高司法水平，改进审判作风，规范司法行为，提高司法效率，全面树立和提升人民法院和人民法官的良好形象。并对每位法官和工作人员执行和遵守文明用语和禁忌用语情况予以跟踪监督，凡是有群众和诉讼当事人反映法官和工作人员态度不好和用语不文明的坚决给予查处。[②]

---

① 参见王佳亮、郑春笋："德州两级法院发送廉政监督卡　开庭不准时等受监督"，载齐鲁网，https：//www. toutiao. com/article/3472979597/？wid＝1661130803932，2022 年 8 月 22 日访问。

② 参见赵顺恩："桂林中院推行法官文明用语"，载桂林法院网，http：//glzy. chinacourt. gov. cn/article/detail/2010/07/id/2370162. shtml，2022 年 8 月 9 日访问。

二、提高自身素质，恪守法官良知

司法良知对案件能否得到及时公正处理，有着直接的影响。如何恪守司法良知，习近平总书记指出，"许多案件，不需要多少法律专业知识，凭良知就能明断是非，但一些案件的处理就偏偏弄得是非界限很不清楚。各行各业都要有自己的职业良知，心中一点职业良知都没有，甚至连做人的良知都没有，那怎么可能做好工作呢？政法机关的职业良知，最重要的就是执法为民"。① 因此，职业良知来源于职业道德，提高法官自身素质，是恪守司法良知的主要条件。

（一）良知和司法良知

"良知"最早由孟子提出来，《孟子·尽心上》中，孟子曾说道："人之所不学而能者，其良能也；所不虑而知者，其良知也。"② 由此可知，良知是一种本能，是一种不需要学习就可以知道和做到的判断是非善恶的本能。

在此基础上，司法良知则与后天的学习、境遇等因素有着紧密的联系。人们对于何为司法良知有着诸多的解释和研究，比较能够把握司法良知主要精髓的解释有：所谓司法良知，是指建立在对世俗人情深刻的把握和对人性深入洞察的基础之上的，是对人们生活中普遍认可的"常识、常情、常理"的一种自知和认同，是基于对法律规则的正当性与合法性的认识和理解以及对自己所经历的法律生活的体验和反思而产生的一种对善与恶、正与误的理性判断。③

（二）法官应当具备的政治素质

人民法院首先是政治机关，必须旗帜鲜明讲政治。政治素质和政治能力是对法官第一位的素质能力要求，必须学深悟透、融会贯通、真信笃行习近平

---

① 参见习近平："在中央政法工作会议上的讲话（2014年1月7日）"，载中共中央文献研究室编：《习近平关于全面依法治国论述摘编》，中央文献出版社2015年版，第97页。

② 《十三经注疏》（下），中华书局1980年版，第2765页。

③ 参见刘峥："司法良知是法官的人格底色"，载《人民法院报》2012年10月25日，第2版。

新时代中国特色社会主义思想和习近平法治思想，强化政治机关意识，自觉把维护党中央权威和集中统一领导贯彻到司法工作全过程各方面；旗帜鲜明讲政治，坚决抵制西方"宪政""三权分立""司法独立"等错误思潮，永葆忠于党、忠于国家、忠于人民、忠于法律的政治本色。

一是要坚持正确的世界观和方法论。学习贯彻党的创新理论，要理解把握其世界观和方法论，坚持好、运用好贯穿其中的立场观点方法。① 辩证唯物主义是中国共产党人的世界观和方法论。② 坚持辩证唯物主义就是要坚持中国特色社会主义理论体系。中国特色社会主义理论体系，是马克思主义中国化最新成果，包括邓小平理论、"三个代表"重要思想、科学发展观，同马克思列宁主义、毛泽东思想是坚持、发展和继承、创新的关系。马克思列宁主义、毛泽东思想一定不能丢，丢了就丧失根本。③

二是要坚持和运用好毛泽东思想活的灵魂。中国共产党是用马克思主义武装起来的政党，马克思主义是中国共产党人理想信念的灵魂。④ 毛泽东思想活的灵魂是贯穿其中的立场、观点、方法，它们有三个基本方面，这就是实事求是、群众路线、独立自主。新形势下，我们要坚持和运用好毛泽东思想活的灵魂，把我们党建设好，把中国特色社会主义伟大事业继续推向前进。⑤

三是要坚持不断提高"政治三力"。"政治三力"是做到讲政治的必备条件。讲政治必须"提高政治判断力"，习近平总书记强调增强政治判断力，就要以国家政治安全为大、以人民为重、以坚持和发展中国特色社会主义为

---

① 参见"习近平在参加党的二十大广西代表团讨论时强调，心往一处想劲往一处使推动中华民族伟大复兴号巨轮乘风破浪扬帆远航"，载"学习强国"学习平台，2022年10月17日访问。

② 参见习近平："辩证唯物主义是中国共产党人的世界观和方法论"，载《求是》2019年第1期。

③ 参见习近平："在十八届中共中央政治局第一次集体学习时的讲话（2012年11月17日）"，载习近平：《习近平谈治国理政》，外文出版社2014年版，第9页。

④ 参见习近平："在纪念马克思诞辰200周年大会上的讲话（2018年5月4日）"，载习近平：《论中国共产党历史》，中央文献出版社2021年版，第211页。

⑤ 参见习近平："在纪念毛泽东同志诞辰120周年大会上的讲话（2013年12月26日）"，载习近平：《论中国共产党历史》，中央文献出版社2021年版，第59页。

本，增强科学把握形势变化、精准识别现象本质、清醒明辨行为是非、有效抵御风险挑战的能力。讲政治必须"提高政治领悟力"，习近平总书记指出，必须对党中央精神深入学习、融会贯通，坚持用党中央精神分析形势、推动工作，始终同党中央保持高度一致。讲政治必须"提高政治执行力"，习近平总书记要求要经常同党中央精神对表对标，切实做到党中央提倡的坚决响应，党中央决定的坚决执行，党中央禁止的坚决不做，坚决维护党中央权威和集中统一领导，做到不掉队、不走偏，不折不扣抓好党中央精神贯彻落实。① 只有这样才能以先辈先烈为镜、以反面典型为戒，不断筑牢信仰之基、补足精神之钙、把稳思想之舵，以坚定的理想信念砥砺对党的赤诚忠心；自觉加强政治历练，接受严格的党内政治生活淬炼，使自己的政治能力同担任的工作职责相匹配。②

（三）法官应当具备的业务素质

法官职业道德基本准则明确要求：坚持学习，精研业务，忠于职守、秉公办案，惩恶扬善，弘扬正义。要做到这一要求，必须提高法官的业务素质。法官的业务素质直接关系到法官业务能力的高低，也直接影响了案件的处理结果，决定了最终是否真正做到忠于党、忠于国家、忠于人民、忠于法律。因此，面对法官乃至政法队伍的能力水平，习近平总书记指出：政法队伍的能力水平还很不适应，"追不上、打不赢、说不过、判不明"等问题还没有完全解决，面临着"本领恐慌"问题，必须大力提高业务能力。③ 政法系统要把专业化建设摆到更加重要的位置来抓。专业化建设要突出实战、实用、实效导向，全面提升政法干警的法律政策运用能力、防控风险能力、群众工

---

① 参见"如何提高'政治三力'？习近平这样强调"，载中青在线，http：//news.cyol.com/gb/articles/2022－01/11/content_gRNn3flne.html，2022年8月9日访问。

② 参见"立志做党光荣传统和优良作风的忠实传人 在新时代新征程中奋勇争先建功立业"，载《中国青年报》2021年3月2日，第3版。

③ 参见习近平："在中央政法工作会议上的讲话（2014年1月7日）"，载中共中央文献研究室编：《习近平关于全面依法治国论述摘编》，中央文献出版社2015年版，第101页。

作能力、科技应用能力、舆论引导能力。①

法官要提高业务能力和业务水平，必须做到业精于勤。中国古人对于在学习和工作中的勤奋和持之以恒，有许多的典故和警句，如"业精于勤，荒于嬉，行成于思，毁于随"②。

2020 年 8 月，最高人民法院发布《法官教育培训工作条例》（法发〔2020〕30 号）。按照该条例的规定，法官教育培训坚持以政治能力、职业道德素养、司法能力培训为重点，并注重综合素质等方面教育培训，全面提高法官素质和能力。依据该规定，法官的业务素质应当包括以下三项内容。

（1）法官职业道德素养，包括强化中国特色社会主义法治理论，培育职业道德和司法良知，养成廉洁司法作风。

（2）法官司法能力，主要包括法律政策运用、庭审驾驭、证据认定、诉讼调解、裁判思维、法律适用、裁判文书说理等审判执行业务培训。

（3）法官综合素质，包括意识形态、防控风险、群众路线、舆论引导、人文科技等。

【案例 2 - 21】2017 年，湖南省永州市某人民法院作出的一份裁判文书成了"另类网红"，其原因令人啼笑皆非。这份裁判文书只有一页纸，却出现七处书写差错，包括地名、姓名、性别等。调查核实，裁判文书严重差错问题属实，此案审判长李××、对裁判文书负有校对责任的滕××均被处分。网民曝光的照片显示，这份裁判文书是一份执行裁定书，落款时间为 2017 年×月×日。在这份只有数百字的文书上，出现了七处错误，包括两处把"×A 县"写成"×B 县"，把两名被执行人的名字反复写错，把性别"女"写成了"吕"，"身份证号码"写成"身份号码"等。此事被曝光后，某法院监察室

① 参见习近平："在中央政法工作会议上的讲话（2019 年 1 月 15—16 日）"，载习近平：《论坚持全面依法治国》，中央文献出版社 2020 年版，第 249 页。

② （唐）韩愈：《进学解》，载《古文观止》（下），中华书局 2011 年版，第 558 页。

等部门介入调查。经查，某法院执行局负责人李××在担任此案的审判长过程中，文书审查把关不严，导致执行裁定书出现七处错误。李××对工作严重不负责任，经东安县纪委研究决定，给予李××党内严重警告处分。经某法院研究决定，给予对裁判文书负有校对责任的滕××行政警告处分。日前，某法院还发生了法官醉卧法庭导致休庭一事，社会影响恶劣。永州市中级人民法院表示，法院接连发生工作严重差错、出现违纪的人与事，暴露出管理不严、监督不力、纪律作风松懈的问题，教训十分深刻。为此，永州市法院系统将部署开展为期半年的专项整治活动。①

2018年5月，最高人民法院下发《关于全面提升裁判文书质量切实防止低级错误反复发生的紧急通知》（以下简称通知），针对一些法院个别上网裁判文书存在低级错误等问题，要求各级人民法院引起高度重视，认真查找工作中存在的问题，加强源头治理，健全工作机制，落实司法责任，切实提升上网裁判文书质量。通知指出，裁判文书是人民法院代表国家行使审判权适用法律解决纠纷的载体，是明确当事人法律权利义务的重要凭证，具有高度的严肃性和权威性，其质量是人民法院司法能力、司法水平和审判质效的集中体现。个别法院个别裁判文书存在明显低级错误，反映出个别法官工作作风不严谨、工作态度不扎实、职业能力有欠缺，也集中反映出有些法院裁判文书审核把关机制不健全、文书上网管理制度有疏漏、信息化应用程度不高，必须引起高度重视，采取切实有力举措，从根本上解决个别裁判文书质量不高问题，最大限度减少裁判文书各种错误反复发生。通知要求，要大力推广裁判文书智能纠错软件的安装和应用。要借力科技手段，普及安装文书智能纠错软件，将智能纠错与人工审核有机结合，作为文书制发、上网公开流程的重点环节。要按照智慧法院建设要求，全面强化信息技术在办案和审判管理工作中的应用，充分发挥随案同步生成电子卷宗、裁判文书智能辅助生成、

---

① 参见"姓名、性别都写错 湖南'七错裁判文书'涉事法官被问责"，载中国网，http://news.china.com.cn/2017-11/13/content_41881599.htm，2022年8月9日访问。

文书智能纠错等软件的作用，从源头发现问题，有效辅助法官及时发现和纠正文书低级错误。各高级人民法院审判管理部门要组织、指导辖区法院全体法官，充分依托文书纠错等技术软件，对承办的已上网裁判文书进行全面筛查，对筛查中发现问题的裁判文书，要及时纠错整改，消除隐患。通知强调，要牢固树立责任意识，建立完善裁判文书质量管控长效机制。案件承办法官是裁判文书质量的第一责任人，同时应明确其所在审判团队、所在部门和分管领导的管理责任，做到权责归位，有效强化法院内部监督。各级法院审判管理部门要加强常态化裁判文书质量管理工作，一经发现存在多处瑕疵和低级错误的文书，造成不良社会影响的，要协同监察部门严肃处理问责。要进一步健全完善裁判文书质量管理长效机制，进一步细化规章制度，优化办案和文书公开工作平台，填补办案和管理漏洞，完善文书起草、审核、签发、印刷、用印、送达、上网公开等各环节校核工作的责任制，不断提升法官裁判文书制作水平。据最高人民法院审判管理办公室负责人介绍，日前，最高人民法院正在组织开展全国法院优秀裁判文书评选和上网裁判文书质量评查活动。该负责人强调，全国各级法院要积极参与"全国法院2017年度百篇优秀裁判文书"评选活动，有序推进优秀文书评选工作，树立正面典型，营造制作精品裁判文书的良好氛围；要扎实做好2018年度上网裁判文书质量评查工作，从裁判文书制作规范、证据分析和事实认定、裁判理由和法律适用、裁判主文和实体处理等方面，认真查找裁判文书中存在的突出问题，加强评查结果运用，切实提升裁判文书质量。①

【案例2-22】王静系北京市丰台区人民法院刑事审判庭副庭长。自2011年进入人民法院工作以来，王静荣获"全国五一劳动奖章""全国月度平安英雄""北京市优秀共产党员""北京市三八红旗奖章""首都劳动奖章""北京市扫黑除恶专项斗争先进工作者"等多项荣誉称号，被扫黑除

---

① 参见"黄岛法院关于作出错误补正裁定相关情况的通报"，载澎湃网，https://www.thepaper.cn/newsDetail_forward_8767122，2022年8月10日访问。

恶中央督导组随行记者称赞为斩向黑恶势力的"智慧之剑"，她的先进事迹被中央政法委公众号"长安剑"宣传报道。王静在扫黑除恶专项斗争中，创新性提出"治乱"案件的范围，起草北京市基层法院首个黑恶势力犯罪案件办理工作规范和线索评估反馈工作办法，绘制出"一通道双模块"作战图，形成了可复制的基层经验 10 余项，在北京法院系统被推广运用。在新冠肺炎疫情防控初期，她撰写《关于依法严惩涉疫情防控刑事犯罪的工作意见》并配套近 2.5 万字的理解与适用解析，精准梳理三类 22 种疫情防控期间可能涉及的犯罪，拉起疫情防控的法律"高压线"，为服务疫情防控筑起"法治屏障"。此外，她多次下沉社区一线参与基层防控工作，为社区捐赠防疫物资，并运用法律知识帮助社区稳妥处置外籍人员阻碍防控事件，获所在社区及流动党支部高度认可。王静坚持紧紧依靠人民群众开展工作，用心用情用责守护人民群众的安全感和幸福感。在扫黑除恶专项斗争开展过程中，以"法律十进"为载体，创新开展"党建＋扫黑除恶"主题党日活动，协助全院 10 余个党支部深入王佐镇、长辛店镇等全区八个街乡、社区开展普法宣传活动 30 余场，广泛宣传扫黑除恶。在走出去宣传之外，她在《丰台报》创立《以案说法》普法品牌栏目，笔耕不辍，每周撰写案例讲解扫黑除恶等法律政策，教育发动群众形成扫黑除恶专项斗争合力。她反思刑事案件中折射出的社会问题，针对减少新生代农民工犯罪、规范与保障律师的辩护权利等问题，提出增强社会治理能力等方面的对策，撰写实证分析文章获《人民法院报》《法治日报》等多家核心媒体刊载。王静扎根一线，从一名"新兵"成长为扫黑办队伍中的"尖刀队员"，梳理出"总结—钻研—创新—转化"四步工作法，取得了一系列工作成果：撰写论文获得全国法院系统第 27 届学术讨论会一等奖、北京市特等奖；调研文章获评北京市法学会优秀调研课题；起草的《刑事案件办理工作规范》连续五年作为该院刑事审判上岗培训素材。①

---

① 参见"丰台法院王静法官荣获 2022 年全国五一劳动奖章"，载微信公众号"京法网事"，2022 年 4 月 28 日。

（四）坚持自重、自省、自警、自励，加强自身修养

孔子曾说："德薄而位尊，智小而谋大，力小而任重，鲜不及矣。"① 这句话把道德摆在事业人生的决定性位置上来看待，可以说道德决定着事业的人生健康发展。正因如此，中国古人才将加强自身修养与治理国家联系起来，也才有了"身修而后家齐，家齐而后国治，国治而后天下平"。②

《新时代公民道德建设实施纲要》要把社会公德、职业道德、家庭美德、个人品德建设作为着力点。推动践行以文明礼貌、助人为乐、爱护公物、保护环境、遵纪守法为主要内容的社会公德，鼓励人们在社会上做一个好公民；推动践行以爱岗敬业、诚实守信、办事公道、热情服务、奉献社会为主要内容的职业道德，鼓励人们在工作中做一个好建设者；推动践行以尊老爱幼、男女平等、夫妻和睦、勤俭持家、邻里互助为主要内容的家庭美德，鼓励人们在家庭里做一个好成员；推动践行以爱国奉献、明礼遵规、勤劳善良、宽厚正直、自强自律为主要内容的个人品德，鼓励人们在日常生活中养成好品行。

法官职业道德基本准则要求法官必须做到：抵制腐朽的生活方式，生活与自己的收入相符，生活与自己的身份相符，对社会上腐朽现象和思想有明确的反对，杜绝与法官职业形象不相称、与法官职业道德相违背的不良嗜好和行为，遵守社会公德和家庭美德。

【案例 2 - 23】2020 年 1 月，经中共中央批准，中央纪委国家监委对安徽省高级人民法院原党组书记、院长张某严重违纪违法问题进行了立案审查调查。经查，张某理想信念丧失，背弃初心使命，对党不忠诚不老实，处心积虑对抗组织审查；违反中央八项规定精神，违规出入私人会所接受宴请；不按规定报告个人有关事项，组织函询时不如实说明问题；收受礼

---

① 《周易·系辞下》，载《十三经注疏》（上），中华书局 1980 年版，第 88 页。
② 《礼记·大学》，载《十三经注疏》（下），中华书局 1980 年版，第 1673 页。

金，纵容亲属利用其职务影响谋取私利；执法犯法、以案谋私，大肆干预插手司法执法活动，甚至违规帮助涉黑涉恶罪犯减刑假释、再审改判，破坏司法公正，损害司法公信力，在刑罚执行、案件审理、企业经营等方面利用职务上的便利为他人谋利，并非法收受巨额财物。张某严重违反党的政治纪律、组织纪律、廉洁纪律和工作纪律，构成严重职务违法并涉嫌受贿犯罪，且在党的十八大后不收敛、不收手，性质严重，影响恶劣，应予严肃处理。依据《中国共产党纪律处分条例》《中华人民共和国监察法》等有关规定，经中央纪委常委会会议研究并报中共中央批准，决定给予张某开除党籍处分；按规定取消其享受的待遇；终止其安徽省第十次党代会代表资格；收缴其违纪违法所得；将其涉嫌犯罪问题移送检察机关依法审查起诉，所涉财物随案移送。①

【案例2-24】受到行政降级处分的××区人民法院审判员、副科级法官章某某，被当作反面教材，以警示××区人民法院100多名法官、干警，10多名人民陪审员，20多名形象监督员。××区人民法院纪检组长姚某某介绍，2006年8月，当事人刘某（女）找到××区人民法院院长周某某投诉章某某："你们法院不管，我就要告到上面去。"周某某立即找到纪检组长姚某某，两人一起调查此事。调查发现，法官章某某要当事人刘某给其交电话费500元，利用其岳母去世，收取当事人刘某礼金2000元，收受价值310元的芙蓉王烟一条，接受当事人请吃100元。同时在18天内，连续给刘某发去45条短信，短信内容有审判案件的，还有一些暧昧的骚扰信息。××区人民法院立即严肃处理此事，给予法官章某某行政降级处分。②

【案例2-25】2013年6月9日，上海市高级人民法院（以下简称上海市高

---

① 参见"安徽省高级人民法院原党组书记、院长张坚被开除党籍"，载凤凰网安徽，http://ah.ifeng.com/a/20200122/8068514_0.shtml，2022年8月10日访问。

② 参见刘少龙、高耀辉、王芳凯："三名违纪法官被严肃处理"，载新浪网，http://news.sina.com.cn/c/2006-09-23/072410088747s.shtml，2022年8月10日访问。

院）民一庭副庭长赵某华接受某建工四建集团有限公司综合管理部副总经理郭某华邀请，前往南汇地区的通济路某农家饭店晚餐。赵某华又邀上海市高院民一庭庭长陈某明，上海市高院纪检组副组长、监察室副主任倪某文，以及该院民五庭副庭长王某军一同前往。晚餐后，以上五人又和三名社会人员一起，前往位于惠南镇的某度假村内的夜总会包房娱乐，接受异性陪侍服务。当晚，参与活动的一社会人员从附近某养生馆叫来色情服务人员，赵某华、陈某明、倪某文、郭某华参与嫖娼活动。依照相关法纪规定，该市纪委、市高院党组和有关部门决定：给予赵某华、陈某明开除党籍处分，由该市高院提请市人大常委会按法律规定撤销其审判职务，开除公职。给予倪某文开除党籍处分，免去其市高院纪检组、监察室相关职务，由市高院提请市人大常委会按法律规定撤销其审判职务，开除公职。给予王某军留党察看两年处分，由市高院提请市人大常委会按法律规定免去其审判职务，撤职处分。给予郭某华开除党籍处分，相关企业给予其撤职处分并解除劳动合同。此外，根据《中华人民共和国治安管理处罚法》，该市公安局已对赵某华、陈某明、倪某文、郭某华作出行政拘留 10 天的行政处罚。有关部门已责令位于惠南镇城某度假村停业整顿。①

---

① 参见杨金志："上海市对法官夜总会娱乐事件作出严肃处理"，载《人民法院报》2013 年 8 月 7 日，第 1 版。

第三章　公正：法官职业道德及行为规范典型案例

全面推进依法治国，必须坚持公正司法。公正司法是维护社会公平正义的最后一道防线。所谓公正司法，就是受到侵害的权利一定会得到保护和救济，违法犯罪活动一定要受到制裁和惩罚。如果人民群众通过司法程序不能保证自己的合法权利，那司法就没有公信力，人民群众也不会相信司法。法律本来应该具有定分止争的功能，司法审判本来应该具有终局性的作用，如果司法不公、人心不服，这些功能就难以实现。①

第一节　司法公正概说

一、司法公正的意义

2014年10月23日，中国共产党第十八届中央委员会第四次全体会议通过《中共中央关于全面推进依法治国若干重大问题的决定》指出：公正是法治的生命线。司法公正对社会公正具有重要引领作用，司法不公对社会公正具有致命破坏作用。必须完善司法管理体制和司法权力运行机制，规范司法行为，加强对司法活动的监督，努力让人民群众在每一个司法案件中感受到

---

① 参见习近平："在中央政治局第四次集体学习时的讲话（2013年2月23日）"，载习近平：《论坚持全面依法治国》，中央文献出版社2020年版，第22页。

公平正义。由此可见，司法公正的意义重大。

（一）坚持公正司法是全面推进依法治国的保障

习近平总书记指出，要努力让人民群众在每一个司法案件中都感受到公平正义。① 这是司法机关的工作目标。审判机关、检察机关通过依法独立公正行使审判权、检察权，坚持司法为民，切实改进工作来实现这个目标，特别是要重点解决影响司法公正和制约司法能力的深层次问题；要改进司法工作作风，通过热情服务，切实解决好老百姓打官司难问题，特别是要加大对困难群众维护合法权益的法律援助。司法工作者要密切联系群众，规范司法行为，加大司法公开力度，回应人民群众对司法公正公开的关注和期待。公正司法事关人民切身利益，事关社会公平正义，事关全面推进依法治国。②

（二）促进社会公平正义是政法工作的核心价值追求

公平正义是政法工作的生命线，司法机关是维护社会公平正义的最后一道防线。也正因如此，政法机关的人员要肩扛公正天平、手持正义之剑，以实际行动维护社会公平正义，让人民群众切实感受到公平正义就在身边。特别是要重点解决好损害群众权益的突出问题，决不允许对群众的报警求助置之不理，决不允许让普通群众打不起官司，决不允许滥用权力侵犯群众合法权益，决不允许执法犯法造成冤假错案。③

二、实现司法公正必须坚持中国共产党的领导

中国特色社会主义最本质的特征是中国共产党的领导，中国特色社会主义制度的最大优势是中国共产党领导。我国司法制度是党领导人民在长期实

---

① 参见习近平："在中央政治局第四次集体学习时的讲话（2013 年 2 月 23 日）"，载习近平：《论坚持全面依法治国》，中央文献出版社 2020 年版，第 22 页。

② 参见习近平："在中共中央政治局第二十一次集体学习时的讲话（2015 年 3 月 24 日）"，载习近平：《习近平谈治国理政》（第二卷），外文出版社 2017 年版，第 130 页。

③ 参见习近平："在中央政法工作会议上的讲话（2014 年 1 月 7 日）"，载习近平：《习近平谈治国理政》，外文出版社 2014 年版，第 148 页。

践中建立和发展起来的，历史的经验已经说明，坚持党的领导是我国社会主义司法制度的根本特征和政治优势。坚持党的领导是社会主义法治的根本要求，是党和国家的根本所在、命脉所在，是全国各族人民的利益所系、幸福所系，是全面推进依法治国的题中应有之义。同时，历史实践证明，坚持党对司法工作的绝对领导，是司法工作不断取得新成就、赢得新发展的首要条件和根本保证。只有在党的领导下，依法治国、厉行法治，人民当家作主才能充分实现，国家和社会生活法治化才能有序推进。

（一）司法工作的目标决定了实现司法公正必须坚持中国共产党的领导

中国共产党的历史使命与人民法院司法公正的目标是一致的。中国共产党的历史使命就是为中国人民谋幸福，为中华民族谋复兴。法律是统治阶级意志的体现，我国宪法确立了中国共产党的领导地位，中国共产党既领导人民制定宪法法律，也领导人民执行宪法法律，做到党领导立法、保证执法、带头守法。我国现行的法律制度已完全体现了中国共产党作为领导阶级政党的意志，也是广大人民群众意志的真实反映。

人民法院通过各项工作实现司法公正，促进社会公平正义是政法工作的核心价值追求。从一定意义上说，公平正义是政法工作的生命线，司法机关是维护社会公平正义的最后一道防线。人民法院实现司法公正就是要让人民群众切实感受到公平正义就在身边，回应人民群众对司法公正公开的关注和期待。这与中国共产党的历史使命是完全一致的。

（二）司法工作的任务决定了实现司法公正必须坚持中国共产党的领导

司法工作要自觉维护党的政策和国家法律的权威性，确保党的政策和国家法律得到统一正确实施。要正确处理坚持党的领导和确保司法机关依法独立公正行使职权的关系。党的领导是中国特色社会主义最本质的特征，是社会主义法治最根本的保证。把党的领导贯彻到依法治国全过程和各方面，是我国社会主义法治建设的一条基本经验。在全面推进依法治国的背景下，我们党的基本路线和方针政策已经通过国家宪法和行政法、经济法、民商法、刑法等法律得到体现。

三、人民法院实现司法公正的政策和制度保障

为了实现司法公正，《中华人民共和国宪法》第 131 条明确规定："人民法院依照法律规定独立行使审判权，不受行政机关、社会团体和个人的干涉。"党的第十八届中央委员会第四次全体会议通过的《中共中央关于全面推进依法治国若干重大问题的决定》明确指出，完善确保依法独立公正行使审判权和检察权的制度，为保证司法公正提供了政策和制度保障。

（一）人民法院独立行使审判权的具体要求

《中共中央关于全面推进依法治国若干重大问题的决定》明确提出司法机关依法独立行使审判权，不受行政机关、社会团体和个人的干涉，并同时提出了具体要求，这是对人民法院依法独立行使审判权的内涵作出的最好阐释。2015 年，中共中央办公厅、国务院办公厅、中央政法委及最高人民法院等先后制定《领导干部干预司法活动、插手具体案件处理的记录、通报和责任追究规定》《司法机关内部人员过问案件的记录和责任追究规定》《关于进一步规范司法人员与当事人、律师、特殊关系人、中介组织接触交往行为的若干规定》等"三个规定"。2022 年 2 月，中央政法委等六部委联合印发《新时代政法干警"十个严禁"》，为保障司法机关依法独立公正行使职权提供了制度遵循，具体要做到以下六点要求。

（1）各级党政机关和领导干部要支持法院、检察院依法独立公正行使职权。

（2）严禁放任错误思潮侵蚀影响。决不允许在大是大非问题上认识模糊、立场摇摆，对西方"宪政""三权分立""司法独立"等态度暧昧、不敢发声亮剑。

（3）建立领导干部干预司法活动、插手具体案件处理的记录、通报和责任追究制度。

（4）任何党政机关和领导干部都不得让司法机关做违反法定职责、有碍司法公正的事情，任何司法机关都不得执行党政机关和领导干部违法干预司法活动的要求。

（5）对干预司法机关办案的，给予党纪政纪处分；造成冤假错案或者其他严重后果的，依法追究刑事责任。

（6）严禁不当交往、干预执法司法。决不允许违反"三个规定"，请托说情打招呼，不如实记录报告，不正当接触交往，充当司法掮客。

（二）人民法院依法独立行使审判权应当遵循的原则

依法独立行使审判权，是人民法院公正审理案件的前提。法官在审理案件过程中，独立行使审判权主要应遵循以下几个原则。

（1）牢固树立独立行使审判权的意识。在审判活动中要做到独立思考、自主判断，敢于坚持原则，不受任何行政机关、社会团体和个人的干涉。

（2）尊重其他法官依法行使审判职权。法官还应当尊重其他法官对审判职权的依法行使，除履行工作职责或者通过正当程序外，不过问、不干预、不评论其他法官正在审理的案件。

（3）自觉遵守司法回避制度。回避制度是我国诉讼法的一项基本制度，《中华人民共和国刑事诉讼法》《中华人民共和国民事诉讼法》和《中华人民共和国行政诉讼法》均有规定，它是指当审判人员是其审理案件的当事人或者当事人、诉讼代理人近亲属的，或者是与该案有利害关系的，或者是与该案当事人、诉讼代理人有其他关系，可能影响案件公正审理的，应当自行回避，当事人有权用口头或者书面方式申请他们回避；如果审判人员接受当事人、诉讼代理人请客送礼，或者违反规定会见当事人、诉讼代理人的，当事人有权要求他们回避；法官如果与本案当事人委托的律师有亲朋、同学、师生、曾经同事等关系，可能影响案件公正处理的，应当自行申请回避，是否回避由本院院长或者审判委员会决定。

（4）坚持以事实为根据，以法律为准绳。努力查明案件事实，准确把握法官职业道德法律精神，正确适用法律，合理行使裁量权，避免主观臆断、超越职权、滥用职权，确保案件裁判结果公平公正。

（三）人民法院依法独立行使审判权，不受任何权势、个人和其他因素的影响和干扰

1. 保护司法人员独立行使审判权和检察权

2014 年 10 月 23 日，中国共产党第十八届中央委员会第四次全体会议通过的《中共中央关于全面推进依法治国若干重大问题的决定》明确提出：建立健全司法人员履行法定职责保护机制。非因法定事由，非经法定程序，不得将法官、检察官调离、辞退或者作出免职、降级等处分。2016 年 7 月 21 日，中共中央办公厅、国务院办公厅发布了《保护司法人员依法履行法定职责规定》，对保护司法人员独立行使审判权和检察权进一步提供了政策性保障。

（1）法官、检察官依法办理案件不受行政机关、社会团体和个人的干涉，有权拒绝任何单位或者个人违反法定职责或者法定程序、有碍司法公正的要求。对任何单位或者个人干预司法活动、插手具体案件处理的情况，司法人员应当全面、如实记录。有关机关应当根据相关规定对干预司法活动和插手具体案件处理的相关责任人予以通报直至追究责任。

（2）任何单位或者个人不得要求法官、检察官从事超出法定职责范围的事务。人民法院、人民检察院有权拒绝任何单位或者个人安排法官、检察官从事超出法定职责范围事务的要求。

（3）法官、检察官依法履行法定职责受法律保护。非因法定事由，非经法定程序，不得将法官、检察官调离、免职、辞退或者作出降级、撤职等处分。

2. 规范媒体对司法案件的报道

《中共中央关于全面推进依法治国若干重大问题的决定》还明确提出：

规范媒体对案件的报道，防止舆论影响司法公正。近年来，随着网络的全面覆盖，海量信息纷至沓来，社会各界对公正目标的追求、媒体对司法审判的关注度也越来越高。媒体通过对案件的报道，引发社会广泛关注，并进而推动判决的案例屡见不鲜，如许霆案、于欢案等，均是由媒体曝光后，众说纷纭，最终导致二审改判。基于此，媒体报道权又被称为"第四种权力"。因此，规范媒体对涉法案件的报道，成为保障人民法院依法独立行使审判权的重要因素。

【案例 3 -1】1997 年 8 月 24 日，河南省某公安分局民警张×交通肇事，造成一死一伤，事后逃逸。《大河报》于次日开始追踪报道，在全国引起公众关注。同年 12 月 3 日，郑州市中级人民法院公开开庭审理了张×交通肇事、故意伤害案。1998 年 1 月 12 日，张×被判处死刑，2 月 26 日，被执行死刑。①

【案例 3 -2】因欠高利贷未如约还款，于×和母亲苏××遭遇 10 余人登门催债，于×持尖刀捅刺来人，最终致杜××等人一死三伤。一审法院以故意伤害罪判处于×无期徒刑。一审宣判后，一些媒体聚焦追债人的辱母情节对该案进行了报道，从而引发了公众对案件处理结果的巨大关注，展开了对法理、人情、亲情等问题的讨论。2017 年 5 月 27 日，山东省高级人民法院公开开庭审理了于×故意伤害上诉案。同年 6 月 23 日，山东省高级人民法院二审宣判，认为：上诉人于×持刀捅刺杜××等四人，属于制止正在进行的不法侵害，其行为具有防卫性质；其防卫行为造成一人死亡、二人重伤、一人轻伤的严重后果，明显超过必要限度造成重大损害，构成故意伤害罪，依法应负刑事责任。鉴于于×的行为属于防卫过当，归案后能够如实供述主要罪行，且被害方以有恶劣手段侮辱于×之母的严重过错等情节，对于×依法应

---

① 参见郦人："正义与淫威的较量——国人瞩目的张金柱案始末"，载《中州统战》1998 年第20 期。

当减轻处罚。上诉人于×犯故意伤害罪，判处有期徒刑5年，维持一审判决中刑事附带民事的部分内容。[①]

第二节 司法公正的具体要求

保证司法公正应落实在具体的要求和行动上。对此，《中华人民共和国法官职业道德基本准则》及相关法律文件中，对如何保证司法公正进行了明确而严格的规定。

一、严格执行回避制度

回避制度作为司法审判的一项基本制度，《中华人民共和国刑事诉讼法》《中华人民共和国民事诉讼法》和《中华人民共和国行政诉讼法》均对其作出明确的规定。为进一步规范审判人员的诉讼回避行为，维护司法公正，最高人民法院于2000年1月31日发布《最高人民法院关于审判人员严格执行回避制度的若干规定》（法发〔2000〕5号）。2011年6月10日，最高人民法院发布《最高人民法院关于审判人员在诉讼活动中执行回避制度若干问题的规定》（法释〔2011〕12号），自2011年6月13日起施行，施行之日起原《最高人民法院关于审判人员严格执行回避制度的若干规定》（法发〔2000〕5号）即行废止。

按照三大诉讼法和《最高人民法院关于审判人员在诉讼活动中执行回避制度若干问题的规定》（法释〔2011〕12号）的规定，执行回避制度的要求如下文所述。

（一）审判人员应当自行回避的情形

审判人员具有下列情形之一的，应当自行回避，当事人及其法定代理人

---

① 参见山东省高级人民法院（2017）鲁刑终151号刑事附带民事判决书。

也有权要求他们回避：①本案的当事人或者与当事人有直系血亲、三代以内旁系血亲及姻亲关系的；②本人或者其近亲属与本案有利害关系的；③担任过本案的证人、翻译人员、鉴定人、勘验人、辩护人、诉讼代理人的；④与本案的诉讼代理人、辩护人有夫妻、父母、子女或者兄弟姐妹关系的；⑤与本案当事人之间存在其他利害关系，可能影响案件公正处理的。

此处的近亲属，包括与审判人员有夫妻、直系血亲、三代以内旁系血亲及近姻亲关系的亲属。

（二）当事人及其法定代理人要求回避的情形

审判人员具有下列情形之一的，当事人及其法定代理人有权要求回避：①私下会见本案一方当事人及其诉讼代理人、辩护人的；②为本案当事人推荐、介绍诉讼代理人、辩护人，或者为律师、其他人员介绍办理该案件的；③索取、接受本案当事人及其受托人的财物、其他利益，或者要求当事人及其受托人报销费用的；④接受本案当事人及其受托人的宴请，或者参加由其支付费用的各项活动的；⑤向本案当事人及其受托人借款，借用交通工具、通信工具或者其他物品，或者索取、接受当事人及其受托人在购买商品、装修住房及其他方面给予的好处的；⑥有其他不正当行为，可能影响案件公正审理的。

（三）禁止性规定

执行回避制度中，审判人员在禁止出现以下四种行为：①凡在一个审判程序中参与过本案审判工作的审判人员，不得再参与该案其他程序的审判，但经过第二审程序发回重审的案件，在一审法院作出裁判后又进入第二审程序的，原第二审程序中合议庭组成人员不受本条规定的限制；②审判人员及法院其他工作人员从人民法院离任后两年内，不得以律师身份担任诉讼代理人或者辩护人；③审判人员及法院其他工作人员从人民法院离任后，包括退休、调离、解聘、辞职、辞退、开除等离开法院工作岗位的情形，不得担任原任职法院（包括审判人员及法院其他工作人员曾任职的所有法院）所审理案件的诉讼代理人或者辩护人，但是作为当事人的监护人或者近亲属代理诉讼或者进行辩护的除外；④审判人员及法院其他工作人员的配偶、子女或者父母不得担任其所任职法院审理案件的诉讼代理人或者辩护人。

（四）回避的决定及处理

执行回避制度中，关于回避的决定及处理，包括以下八种情形：①审判人员应当回避，本人没有自行回避，当事人及其法定代理人也没有申请其回避的，院长或者审判委员会应当决定其回避；②人民法院应当依法告知当事人及其法定代理人有申请回避的权利，以及合议庭组成人员、书记员的姓名、职务等相关信息；③人民法院依法调解案件，应当告知当事人及其法定代理人有申请回避的权利，以及主持调解工作的审判人员及其他参与调解工作的人员的姓名、职务等相关信息；④第二审人民法院认为第一审人民法院的审理违反了前述规定中应当回避或要求回避的情形的，应当裁定撤销原判，发回原审人民法院重新审判；⑤人民法院发现诉讼代理人或者辩护人违反前述（三）禁止性规定中第②点、第③点情形的，应当责令其停止相关诉讼代理或者辩护行为；⑥当事人及其法定代理人、诉讼代理人、辩护人认为审判人员有违反本规定行为的，可以向法院纪检、监察部门或者其他有关部门举报。受理举报的人民法院应当及时处理，并将相关意见反馈给举报人；⑦对明知具有前述规定中应当回避或要求回避的情形不依法自行回避的审判人员，依照《人民法院工作人员处分条例》的规定予以处分；⑧对明知诉讼代理人、辩护人具有规定的回避情形之一，未责令其停止相关诉讼代理或者辩护行为的审判人员，依照《人民法院工作人员处分条例》的规定予以处分。

此外，最高人民法院《关于人民法院落实廉政准则防止利益冲突的若干规定》第6条规定：人民法院工作人员在审理相关案件时，以本人或者他人名义持有与所审理案件相关的上市公司股票的，应主动申请回避。

【案例3-3】2018年11月8日，吉林省辽源市中级人民法院公开开庭审理王某忠涉嫌民事枉法裁判抗诉、上诉案，王某忠及辩护人当庭以王某忠系辽源市中级人民法院法官为由，提出辽源市中级人民法院合议庭法官应回避，法庭遂宣布休庭。2018 年 11 月 12 日，辽源市中级人民法院书面报请吉林省高级人民法院，请求将王某忠、张某庆涉嫌民事枉法裁判案指定其他法院审理。2018 年 11 月 22 日，吉林省高级人民法院作出决定，将王某忠、张某庆涉嫌民事枉法裁判案指定通化市中级人民法院依照刑事第二审程序审判。辽源市中级人民法院在二审期间提出指定其他法院审理王某忠、张某庆案，符合公正审理案件的要求，为此，吉林省高级人民法院决定将王某忠、张某庆涉嫌民事枉法裁判案指定通化市中级人民法院依照刑事第二审程序审判，将张某庆涉嫌民事枉法裁判案同时指定通化市中级人民法院审理。吉林省高级人民法院立案庭负责人称："张某庆是东辽县人民法院的法官，系涉案民事案件的一审法官，涉嫌罪名与王某忠相同，属王某忠案件的关联案件。为保证两起案件法律适用的统一和公正审理，我院决定将张某庆涉嫌民事枉法裁判案也指定通化市中级人民法院依照刑事第二审程序审判。"[1]

【案例 3-4】2014 年 3 月，原告尹某将被告某工程公司诉至法院。某工程公司提出，尹某之弟是该法院的法官，基于同事之间的情谊，主审法官难以不偏不倚地审理本案，故申请法院整体回避。后该案由上级法院指定邻县法院管辖。本案中，原告尹某之弟是案件管辖法院的法官，当事人不可能知悉尹某之弟与其他法官的亲疏远近关系，为了排除当事人对民事诉讼程序公正性的合理怀疑，法院的全体法官均须回避，有管辖权的法院可以据此报上级法院指定管辖。虽然本案中原告尹某之弟只是法院的普通法官，也不参与该案的审理，但法院也难以通过释法明理来消除当事人的疑虑。在此情况下，如果简单驳回申请人的回避申请，只会坚定他们对法院存在偏袒情形的怀疑，从而引发不必要的申诉、上访行为。对此，法院依据《中华人民共和国民事诉讼法》第 37 条之规定，报请上级法院指定其他法院管辖该案，有利于从源

---

[1] 参见孙航："吉林省高级人民法院决定将王成忠、张大庆涉嫌民事枉法裁判案指定通化市中级人民法院审理（附答记者问）"，载微信公众号"最高人民法院"，2018 年 12 月 3 日。

头上化解矛盾，从而实现节约司法资源、减轻群众诉累、维护司法公信的三重效果。①

二、保持平等公允立场

法官在审理案件时，必须不偏不倚，平等对待当事人和其他诉讼参与人，避免先入为主，应通过具体的言行来实现司法公正，提高司法公信力。

（一）平等对待当事人和其他诉讼参与人

法官在案件的审理过程中，对当事人和其他诉讼参与人，要一视同仁，应当避免发生主观偏见、滥用职权和忽视法律等情形。

1. 不能歧视当事人和其他诉讼参与人

法官不能因为当事人和其他诉讼参与人的年龄、性别、职业、生活习惯和健康状况等因素，以言语和行为表现出任何歧视，并有义务制止和纠正诉讼参与人和其他人员的任何歧视性言行。

2. 注意规范言行

（1）法官在庭审过程中不得与诉讼各方随意打招呼，不得与一方有特别亲密的言行；法官在审判活动中，礼貌示意当事人及其他诉讼参与人发言；不得用带有倾向性的语言进行提问，不得与当事人及其他诉讼参与人争吵。

（2）法官在庭审过程中根据案情和审理需要，公平、合理地分配诉讼各方在庭审中的陈述及辩论时间；不得随意打断当事人、代理人、辩护人等的陈述；当事人、代理人、辩护人发表意见重复或与案件无关的，要适当提醒制止，不得以生硬言辞进行指责。

（3）法官在庭审过程中，要允许当事人使用方言或者少数民族语言。诉讼一方只能讲方言的，应当准许；他方表示不通晓的，可以由懂方言的人用普通话进行复述，复述应当准确无误；使用少数民族语言陈述，他方表示不

---

① 参见李林清、王黎蕾："真实案例：当事人申请法院整体回避如何处理？"，载《人民法院报》2014 年 11 月 20 日，第 7 版。

通晓的，应当为其配备翻译。

【案例3-5】湖南省洞口县人民法院石江人民法庭庭长雷吉尔说：在长期的办案过程中，每当遇到"难缠"的当事人，我总会提醒自己要处理好案子，首先要尊重当事人。然后静下心，反省自己的言行是否有不当之处，是否充分尊重当事人，问题往往迎刃而解。雷吉尔庭长在刚成为法官时，在一件案子的庭审结束后，给当事人做调解工作，为了增强说服力，他很严肃地向原告老丁阐明自己的观点，并罗列了一大堆法律条文。原告老丁却与他争执起来，指责他不了解自己的实际情况，更反感他的解释。雷吉尔庭长向前辈刘法官倾诉了自己的委屈，刘法官说："不是你的观点不对，而是你内心没有充分尊重当事人。你再仔细想想，你对当事人的态度有没有问题？"通过复盘自己的办案过程，雷吉尔庭长发现，原来他的权威式调解忽视了当事人的话语权和尊严，引起当事人反感，从而产生抵触和对抗情绪。三天后，雷吉尔庭长来到老丁家中，为自己的态度诚恳地道歉。老丁很惊讶又尴尬，继而又感动起来，眼里满溢着泪花。不久，老丁主动与被告和解。①

（二）不私自单独会见当事人及其代理人、辩护人

《中华人民共和国法官职业道德基本准则》第13条规定：自觉遵守司法回避制度，审理案件保持中立公正的立场，平等对待当事人和其他诉讼参与人，不偏袒或歧视任何一方当事人，不私自单独会见当事人及其代理人、辩护人。

1. 禁止单方接触原则的适用

所谓禁止单方接触原则，是指为了保证司法公正、禁止法官在审判活动中单独与一方当事人或其诉讼代理人进行接触，或者单独阅览一方当事人的

---

① 参见雷吉尔口述，曾妍、周盖雄整理："平等对待和尊重当事人"，载《人民法院报》2021年7月18日，第4版。

诉讼材料。这是一项重要的诉讼原则，也是各国法官行为准则的重要内容之一。① 1998 年 6 月 19 日，最高人民法院审判委员会第 995 次会议通过了《关于民事经济审判方式改革问题的若干规定》（法释〔1998〕14 号），② 其中第 6 条规定：合议庭成员和独任审判员开庭前不得单独接触一方当事人及其诉讼代理人。这是我国第一次关于禁止单方接触原则的规定，2001 年版《中华人民共和国法官职业道德基本准则》将此原则固定下来，2010 年修订时也予以保留。有人认为，禁止单方接触原则的适用"是审判方式改革的一次飞跃"。③

2. 禁止单方接触的分类

从学理上分析，根据接触方式的不同，单方接触可以划分为直接接触与间接接触、口头接触与书面接触等多种形式。直接接触是指决定者直接与有关当事人或其代理人、代表人所进行的接触；间接接触则是指有关案件的当事人或其代理人、代表人不直接与决定者接触，而间接地通过决定者的朋友或同事所进行的接触。口头接触是指决定者与有关当事人当面或通过电话对案件进行讨论；书面接触是指当事人通过信函、传真、电子邮件等书面方式向决定者传达案件的信息。④

3. 实践中的探索

从某种角度上说，禁止单方接触原则是对法官社交行为进行规范，但由于中国是个人情社会，人际关系错综复杂，加之法官是群众工作者，法官处理纠纷的方式并不只是限于法院，而是要因地制宜、灵活多样，因此这一规定的适用必须结合中国国情。基于此，司法实务界进行了探讨，其中比较有代表性的观点如下。法官在法院办公场所与社会公众和当事人的接触，应当坚持以下原则：①阳光接触，即在指定的有录像设施的公开场所接触，而不

---

① 参见景汉朝、卢子娟："论禁止单方接触原则"，载《人民司法》1998 年第 10 期。

② 该规定已于 2019 年 7 月 20 日起失效。

③ 参见景汉朝、卢子娟："论禁止单方接触原则"，载《人民司法》1998 年第 10 期。

④ 参见侯淑雯："禁止单方接触与保障程序公平"，载《现代法学》2001 年第 5 期。

得在办公室内接触；②替代身份接触，如可以通过书记员或法官助理接触；③双方当事人同时在场单独接触；④两名以上法官在场的情况下单独接触。法官在社区与公众和诉讼参与人的接触应当坚持以下原则：①集体接触；②公开接触，不在隐秘场所接触；③接触报告制度；④对定点指导的单位涉讼案件，主动采取回避制度。① 最高人民法院和一些地方人民法院也都为了保证这一制度的实施，作出专门的、具体的规定。2014 年，中国共产党第十八届中央委员会第四次全体会议通过《中共中央关于全面推进依法治国若干重大问题的决定》明确要求：依法规范司法人员与当事人、律师、特殊关系人、中介组织的接触、交往行为。严禁司法人员私下接触当事人及律师、泄露或者为其打探案情、接受吃请或者收受其财物、为律师介绍代理和辩护业务等违法违纪行为，坚决惩治司法掮客行为，防止利益输送。

【案例 3-6】2013 年 12 月 9 日，四川省高级人民法院发布的《四川省高级人民法院关于规范法官在诉讼活动中会见案件当事人及其诉讼代理人、辩护人、委托的人、涉案关系人规定》明确要求：法官不得私自接触案件当事人及其诉讼代理人、辩护人、委托的人、涉案关系人；不得在非工作时间、非工作场所会见所承办案件的当事人及其诉讼代理人、辩护人、委托的人、涉案关系人；法官会见当事人及其诉讼代理人、辩护人、委托的人、涉案关系人一律以公开方式进行。法官听取涉及案件基本事实陈述，除了公开开庭方式进行外，一般应由双方当事人或诉讼代理人到场以听证、询问等方式公开进行。法官会见当事人及其诉讼代理人、辩护人、委托的人、涉案关系人的，应遵守以下程序和要求：①因案件审理需要，法官需向案件当事人及其诉讼代理人、辩护人、委托的人、涉案关系人了解案件有关情况的，应经合议庭决定或审判长同意，应告知案件当事人及其诉讼代理人、辩护人、委托的人、

---

① 参见顾乐永、马广胜："完善禁止法官单方接触制度的建议"，载《人民法院报》2013 年 11 月 13 日，第 8 版。

涉案关系人用书面形式提供案件情况，对需要当面了解的，应通过询问方式公开进行；②案件当事人及其诉讼代理人、辩护人、委托的人、涉案关系人要求当面向法官陈述意见的，承办案件的法官认为需要会见的，一般应先报告庭长或分管庭长同意后，按约见的时间，在法院接访室或指定的公务地点会见；③法官会见案件当事人及其诉讼代理人、辩护人、委托的人、涉案关系人时，应当由两名以上法官或法官和书记员参加；听取重大、复杂、疑难案件情况反映的，应由审判长或合议庭成员共同参加；④会见结束后，承办法官应填写《案件当事人及其诉讼代理人、辩护人、委托的人、涉案关系人会见备案表》入卷存查，并报告庭长或分管庭长会见情况；⑤法官与案件当事人及其诉讼代理人、辩护人、委托的人、涉案关系人的会谈内容，要如实记录，并由案件当事人及其诉讼代理人、辩护人、委托的人和涉案关系人在会谈记录上签字；⑥案件审结后，法官与案件当事人及其诉讼代理人、辩护人、委托的人、涉案关系人会谈记录装入案件卷宗；⑦法官在会见案件当事人及其诉讼代理人、辩护人、委托的人、涉案关系人时，应保持中立，不得违反规定提供案件咨询意见或法律意见，不得将不利于对方当事人的有关信息透露给被会见人。

【案例3-7】2015年9月21日发布并施行的《最高人民法院、最高人民检察院、公安部、国家安全部、司法部关于进一步规范司法人员与当事人、律师、特殊关系人、中介组织接触交往行为的若干规定》中第5条规定："严禁司法人员与当事人、律师、特殊关系人、中介组织有下列接触交往行为：（一）泄露司法机关办案工作秘密或者其他依法依规不得泄露的情况；（二）为当事人推荐、介绍诉讼代理人、辩护人、或者为律师、中介组织介绍案件，要求、建议或者暗示当事人更换符合代理条件的律师；（三）接受当事人、律师、特殊关系人、中介组织请客送礼或者其他利益；（四）向当事人、律师、特殊关系人、中介组织借款、租借房屋，借用交通工具、通信工具或者其他物品；（五）在委托评估、拍卖等活动中徇私舞弊，与相关中介组织和人员恶意串通、弄虚作假、违规操作等行为；（六）司法人员与当事人、律师、特殊关系人、中介组织的其他不正当接触交往行为。"

三、提高审判执行效率

讲求效率是现代司法的一个重要特征。保证司法公正离不开对司法效率的追求，司法效率的实现也在一定程度上维护了司法公正。

（一）提高审判执行效率的时代价值

公正与效率，二者是相辅相成，缺一不可的。一味强调公正，而不讲求效率，当事人的合法权益不能及时得到保障，迟来的正义也就不能被称为正义；但只讲求效率，不注重案件审理的质量，也就不能真正地实现司法公正。公正是根本要求，效率是人民期盼。[①]

1. 确定了司法工作的政治导向

司法工作的政治导向，也可以称为司法工作的政治方向，即坚持党对司法工作的领导，坚持司法为民。当代社会发展一日千里，容不得诉讼活动旷日持久；案件数量大幅上升，不允许司法机关安然若素；人民群众对维护自身利益的强烈渴望，要求司法活动不能效率低下。我们反对在审判中超审限的拖延，因为那是无所用心和不负责任的态度。

公正与效率作为法官职业道德体系的精神和灵魂而存在，它们指导着法官人格的养成，是法官法律信仰、审判行为的道德基点，通常在司法实践中外化为法官追求终极正义的行为表现和形象生成。特别是当人民法院要坚持司法为民、公正司法的价值追求时，这种导向性将是长期久远的。这种指导性是由中国特色社会主义司法制度，特别是党对政法工作绝对领导这一特点决定的。"坚持人民主体地位""必须牢牢把握社会公平正义这一法治价值追求，努力让人民群众在每一项法律制度、每一个执法决定、每一宗司法案件中都感受到公平正义""体现人民利益、反映人民愿望、维护人民权益、增

---

① 参见白龙飞："抓实抓好公正与效率，为大局服务为人民司法"，载《人民法院报》2023年3月17日，第1版。

进人民福祉",① 指明了司法工作的服务方向是最广大的人民群众。

2. 体现了我党司法为民优良传统的继承和发展

司法为民是党在领导人民司法事业发展中形成并始终践行的优良传统。实践证明,只有始终站稳人民立场,努力践行司法为民宗旨,积极回应群众关切,司法工作才能符合民情、体现民意、赢得民心。抗日战争时期形成的"马锡五审判方式",② 是优良革命司法传统的典型代表,是中国革命司法文化的宝贵精神财富,也是中国特色社会主义司法制度必须坚持的道路和方向。及时化解纠纷,使裁判结果达到法律效果、政治效果和社会效果的统一,是对革命司法传统的继承和发展,也是公正与效率追求的最终目标。

3. 反映了中国特色社会主义司法制度的先进性

中国特色社会主义司法制度是以先进的马克思主义理论为指导,彻底为广大人民群众服务的司法制度,因而具有先进性。这种先进性体现在公正与效率上,就是追求实质正义和审判高效。党的领导,是我国审判制度最大的政治优势,是实现公平正义、司法为民的根本保障。③ 一方面,通过具体案件的公正审判,切实推动解决关乎中国特色社会主义核心价值观的问题,充分实现"国法、天理、人情"的统一,充分实现政治效果、社会效果和法律效果的统一,既保证个案公正,又引导社会正义。另一方面,通过一系列创新举措不断提升审判效率,推动思想、理论、方法和业绩不断与时俱进,与日俱增,激发现代法官的创新勇气、胆识和精神。具体而言,包括以下七点内容。一是在各诉讼领域普遍实行案件繁简分流。简单明了的案件适用简易程序、速裁程序,把有效的资源集中到重大、复杂案件上,兼顾公正与效率。

---

① 习近平:"加强党对全面依法治国的领导",载习近平:《论坚持党对一切工作的领导》,中央文献出版社 2019 年版,第 273 页。

② 马锡五审判方式的特点是:一切从实际出发,认真贯彻群众路线,坚持原则,实行简便利民的诉讼手续。参见张希坡:《马锡五与马锡五审判方式》,法律出版社 2012 年版,第 188 ~ 198 页。

③ 参见姜启波:"深入研究中国特色社会主义审判制度优越性 为世界法治文明建设贡献中国智慧",载中国法院网,https://www.chinacourt.org/article/detail/2019/12/id/4719125.shtml,2022 年 8 月 10 日访问。

在刑事诉讼领域，扩大简易程序的适用范围；在民事诉讼领域，建立小额速裁制度；在行政诉讼领域，开展行政诉讼简易程序试点工作。二是简化立案程序，建立人民法庭直接立案工作机制。对于案情简单且当事人住处较远的，采取邮寄立案、电话立案等方式，再按规定办理立案手续，解决了当事人立案不便的困难。三是建立诉讼与非诉讼相衔接的矛盾纠纷多元解决机制，加强诉源治理，形成调解、仲裁、诉讼等多层次、多渠道的矛盾化解机制，及时有效化解矛盾纠纷。四是规定了刑事和解制度，已经进入刑事诉讼的案件也可以和解。五是加强信息化建设，大力推行网上预约立案、信息查询、网上审批、网上办公，高效便捷地维护了群众的诉讼权益。① 六是通过程序整合，强化庭前会议功能，推行要素式审判和文书简化，科学压缩审理期限。七是通过绩效考核和通报制度，提升法定审限内结案率，严格控制延长审限，并定期清理长期未结案。②

（二）提高审判执行效率的具体要求

在审判活动中，法官要实现公正与效率的统一，必须做到如下三点。

1. 树立效率意识

法官树立效率意识，并不是停留在口头上，而是要落实到具体的行动上。一方面，要严格遵守法定办案时限，科学合理安排工作，在法定期限内及时履行职责。另一方面，在审判活动中应当监督当事人遵守诉讼程序和各种时限规定，避免因诉讼参与人的原因导致不合理或者不必要的延误。

《最高人民法院关于严格规范民商事案件延长审限和延期开庭问题的规定》（法释〔2019〕4号）明确要求如下。①人民法院审理民商事案件时，应当严格遵守法律及司法解释有关审限的规定。适用普通程序审理的第一审

---

① 参见"姜伟就《中国司法改革白皮书》答记者问"，载庭立方图书馆，https：//www. scxsls. com/knowledge/detail？id＝81283，2022年8月10日访问。
② 参见姜启波："深入研究中国特色社会主义审判制度优越性 为世界法治文明建设贡献中国智慧"，载中国法院网，https：//www. chinacourt. org/article/detail/2019/12/id/4719125. shtml，2022年8月10日访问。

案件，审限为六个月；适用简易程序审理的第一审案件，审限为三个月。审理对判决的上诉案件，审限为三个月；审理对裁定的上诉案件，审限为30日。法律规定有特殊情况需要延长审限的，独任审判员或合议庭应当在期限届满15日前向本院院长提出申请，并说明详细情况和理由。院长应当在期限届满五日前作出决定。经本院院长批准延长审限后尚不能结案，需要再次延长的，应当在期限届满15日前报请上级人民法院批准。上级人民法院应当在审限届满五日前作出决定。②人民法院应当严格限制延期开庭审理次数。适用普通程序审理民商事案件，延期开庭审理次数不超过两次；适用简易程序以及小额速裁程序审理民商事案件，延期开庭审理次数不超过一次。③适用简易程序审理的民商事案件的具体要求。基层人民法院及其派出的法庭审理事实清楚、权利义务关系明确、争议不大的简单民商事案件，适用简易程序。适用简易程序审理的民商事案件，证据交换、庭前会议等庭前准备程序与开庭程序一并进行，不再另行组织。适用简易程序的案件，不适用公告送达。④需要延期开庭审理的具体要求。人民法院开庭审理民商事案件后，认为需要延期开庭审理的，应当依法告知当事人下次开庭的时间。两次开庭间隔时间不得超过一个月，但因不可抗力或当事人同意的除外。独任审判员或者合议庭适用《中华人民共和国民事诉讼法》（2021年修正）第149条第4项规定决定延期开庭的，应当报本院院长批准。⑤相关信息公开及监督。人民法院应当将案件的立案时间、审理期限，扣除、延长、重新计算审限，延期开庭审理的情况及事由，按照《最高人民法院关于人民法院通过互联网公开审判流程信息的规定》及时向当事人及其法定代理人、诉讼代理人公开。当事人及其法定代理人、诉讼代理人有异议的，可以依法向受理案件的法院申请监督。

2. 努力提高办案效率

法官在审理案件过程中，不得无故拖延、贻误工作，浪费司法资源，必须杜绝玩忽职守、拖延办案等行为。同时，还应当精简会议活动，切实改进会风，把更多精力投入执法办案中；要精简文件简报，切实改进文风，大力推动办公自动化建设，提高工作效率。①

《最高人民法院关于严格规范民商事案件延长审限和延期开庭问题的规定》（法释〔2019〕4号）明确规定：法官故意违反法律、审判纪律、审判管理规定拖延办案，或者因过失延误办案，造成严重后果的，依照《人民法院工作人员处分条例》（法发〔2009〕61号）第47条的规定，给予警告、记过或者记大过处分；情节较重的，给予降级或者撤职处分；情节严重的，给予开除处分。

3. 坚持文明执行

法官在从事执行工作时，必须依法及时有效执行，严格遵守执行工作中的"十个严禁"：①严禁在办理执行案件过程中"冷硬横推"及消极执行、拖延执行、选择性执行；②严禁明显超标的额查封、扣押、冻结财产及违规执行案外人财产；③严禁违规评估、拍卖财产及违规以物抵债；④严禁隐瞒、截留、挪用执行款物及拖延发放执行案款；⑤严禁违规适用终结本次执行程序及对纳入终结本次执行程序案件不及时定期查询、司法救济、恢复执行；⑥严禁违规使用执行查控系统查询与案件无关的财产信息；⑦严禁违规纳入、删除、撤销失信被执行人名单；⑧严禁在办理执行案件过程中违规会见当事人、代理人、请托人或与其同吃、同住、同行；⑨严禁在办理执行案件过程中"吃拿卡要"或让当事人承担不应由其承担的费用；⑩严禁充当诉讼掮客、违规过问案件及泄露工作秘密。②

【案例3-8】内蒙古自治区各级人民法院将信息化建设与审判执行工作深度融合，各项工作取得显著成效。信息化、智能化、数字化在司法领域产生许

---

① 参见"最高人民法院制定进一步改进司法作风6方面措施"，载中华人民共和国中央人民政府官网，http：//www.gov.cn/jrzg/2012-12/12/content_2289178.htm，2022年8月10日访问。

② 参见最高人民法院办公厅《人民法院规范执行行为"十个严禁"》（法办〔2017〕54号）。

多令人惊喜的"化学反应"，大大提升了法院各项工作的效率。现在的办案系统还能够智能化地为法官进行类案推送，不仅能够帮助法官提高审判效率，还能有效避免"同案不同判"；"在线调解""云上法庭"打破空间壁垒，减少当事人奔波，在新冠肺炎疫情期间发挥了关键作用；执行工作实现了信息在线查询和在线查控，最短时间内把裁判文书变成了"真金白银"……在科技的助力下，法院的工作质效提升了，人民群众对法院的满意度也大大提升了。[①]

【案例3-9】浙江省高级人民法院出台《关于关联案件集中执行工作的指引（试行）》（以下简称《工作指引》），进一步提高执行办案质量和效率，防止程序空转。其他法院正在办理的案件系关联案件的，及时向上级法院或共同上级法院申请指定执行。《工作指引》强调规范案件流程衔接，明确集中执行时应当做好保全措施和执行措施的衔接；上级法院对下级法院关联案件执行情况进行监督管理，发现存在拖延立案、消极执行等行为的，及时予以纠正；下级法院不按照上级法院的裁定或指令执行，上级法院依规追究相关人员直接责任和领导责任。《工作指引》明确全省范围内除执行保全案件外，同一被执行人的金钱给付类执行实施案件系关联案件。对关联案件坚持执行集约、高效原则，同一法院受理的关联案件由同一承办人或执行团队负责执行；不同法院受理的关联案件按有利于执行原则，一般由正在办理关联案件中的最先受理法院或者主要财产所在地法院集中执行。[②]

【案例3-10】广西壮族自治区扶绥县人民法院积极推进繁案精审、简案快审，打造专业化的速裁审判团队，实行流水线办案，通过实施"门诊式"庭审、"要素式"庭审和远程视频庭审等庭审新方式，并强化"1+3+N+X"多元解决纠纷机制，借助信息化手段，优化司法资源，提高司法效率。2017

---

① 参见吉平："科技与司法领域的'化学反应'令人惊喜"，载《人民法院报》2022年3月6日，第6版。

② 参见余建华："浙江高院规范关联案件集中执行工作 进一步提高办案质量和效率，防止程序空转"，载《人民法院报》2022年2月8日，第1版。

年上半年，该院共受理民商事案件1098件，审结842件，结案率为76.69%，同比上升18.25个百分点，其中速裁案件661件，占审结案件的78.5%，案件平均审理周期24天，较同期缩短了20天。①

四、坚持司法公开

司法公开包括立案公开、庭审公开、执行公开、听证公开、文书公开和审务公开。人民法院推动司法公开工作，是以建设审判流程公开、庭审活动公开、裁判文书公开和执行信息公开四大平台为载体来实现的。

（一）司法公开的提出与相关文件内容

1999年10月20日，《最高人民法院关于印发〈人民法院五年改革纲要〉的通知》（法发〔1999〕28号）中明确要求：全面落实公开审判制度，逐步提高当庭宣判率；提高裁判文书的质量，公开裁判理由，使裁判文书成为向社会公众展示司法公正形象的载体，进行法制教育的生动教材。2009年12月，为进一步落实公开审判，扩大司法公开范围，拓宽司法公开渠道，保障人民群众对人民法院工作的知情权、参与权、表达权和监督权，维护当事人的合法权益，提高司法民主水平，规范司法行为，促进司法公正，根据有关诉讼法的规定和人民法院的工作实际，按照依法公开、及时公开、全面公开的原则，最高人民法院发布的《关于司法公开的六项规定》（法发〔2009〕58号），明确了司法公开的具体范围，即立案公开、庭审公开、执行公开、听证公开、文书公开、审务公开。

2013年11月12日，中国共产党第十八届中央委员会第三次全体会议通过的《中共中央关于全面深化改革若干重大问题的决定》对司法公开提出了进一步的要求：推进审判公开、检务公开，录制并保留全程庭审资料。增强法律文书说理性，推动公开法院生效裁判文书。为落实这一决定，2013年11

---

① 参见梁凯、李庆："扶绥'门诊式'庭审速裁民生案"，载《人民法院报》2017年9月3日，第7版。

月，《最高人民法院印发〈关于推进司法公开三大平台建设的若干意见〉的通知》（法发〔2013〕13 号）指出：建设司法公开三大平台，是人民法院适应信息化时代新要求，满足人民群众对司法公开新期待的重要战略举措。人民法院应当以促进社会公平正义、增加人民福祉为出发点和落脚点，全面推进司法公开三大平台建设。该意见明确了努力实现推进司法公开三大平台建设的基本目标。人民法院应当通过建设与公众相互沟通、彼此互动的信息化平台，全面实现审判流程、裁判文书、执行信息的公开透明，使司法公开三大平台成为展示现代法治文明的重要窗口，保障当事人诉讼权利的重要手段，履行人民法院社会责任的重要途径。通过全面推进司法公开三大平台建设，切实让人民群众在每一个司法案件中都感受到公平正义。

2014 年 10 月 23 日，中国共产党第十八届中央委员会第四次全体会议通过《中共中央关于全面推进依法治国若干重大问题的决定》提出：构建开放、动态、透明、便民的阳光司法机制，推进审判公开、检务公开、警务公开、狱务公开，依法及时公开执法司法依据、程序、流程、结果和生效法律文书，杜绝暗箱操作。加强法律文书释法说理，建立生效法律文书统一上网和公开查询制度。2015 年 2 月 4 日，《最高人民法院关于全面深化人民法院改革的意见——人民法院第四个五年改革纲要（2014—2018）》（法发〔2015〕3 号）扩大了法院改革的工作范围，加大了司法公开工作的力度，并进一步规定：建立中国特色社会主义审判权力运行体系，必须依托现代信息技术，构建开放、动态、透明、便民的阳光司法机制，增进公众对司法的了解、信赖和监督。到 2015 年年底，形成体系完备、信息齐全、使用便捷的人民法院审判流程公开、裁判文书公开和执行信息公开三大平台，建立覆盖全面、系统科学、便民利民的司法为民机制对比，还提出充分发挥司法公开三大平台的监督功能，使公众通过平台提出的意见和建议成为人民法院审判管理、审判监督和改进工作的重要参考依据。其具体举措主要有：①完善庭审公开制度，建立庭审公告和旁听席位信息的公示与预约制度；②完善审判流程公开平台，推动全国法院政务网站建设；③建立全国法院统一的诉讼公告网上办理平台和诉讼公告网站，推动实现全国法院在同一平台公开审判流程信息；④完善裁判文书公开平台，严格按照"以公开为原则，不公开为例外"的要求，实现四级人民法院依法应当公开的生效裁判文书统一在中国裁判文书网公布；⑤完善执行信息公开平台，推动实现全国法院在同一平台统一公开执行信息；⑥完善减刑、假释、暂予监外执行公开制度，确保相关案件公开、公正处理；⑦建立司法公开督导制度，强化公众对司法公开工作的监督。

2013 年 7 月 1 日，按照最高人民法院的工作部署，全国法院统一、权威的裁判文书公开平台——中国裁判文书网正式开通。同日，《最高人民法院裁判文书上网公布暂行办法》生效实施。按照该办法，除法律有特殊规定的以外，最高人民法院生效裁判文书全部在中国裁判文书网公布。同时，最高人民法院在该网站率先集中公布第一批裁判文书。① 2014 年 1 月 1 日，《最高人民法院关于人民法院在互联网公布裁判文书的规定》（法释〔2013〕26 号）生效实施。按照该规定，公开裁判文书应当贯彻"依法、及时、规范、真实"的原则，除四种特殊情形②外，人民法院作出的生效裁判文书均应在中国裁判文书网公布。2016 年 7 月 25 日，最高人民法院审判委员会第 1689 次会议通过了修订后的《最高人民法院关于人民法院在互联网公布裁判文书的规定》（法释〔2016〕19 号），并主要规定了四项举措。一是进一步扩大了应当公开的裁判文书范围，详细列举了应当公开的裁判文书类型，包括各种判决书、裁定书、决定书、驳回申诉通知书、支付令、行政调解书、民事公益诉讼调解书，以及其他有中止、终结诉讼程序作用或者对当事人实体权

---

① 参见"2016 年 8 月 30 日 10：00 关于举办人民法院裁判文书公开工作相关情况新闻发布会"，载中国法院网，https：//www.chinacourt.org/chat/chat/2016/08/id/45310.shtml，2022 年 8 月 10 日访问。

② 四种特殊情形是指：涉及国家秘密、个人隐私的；涉及未成年人违法犯罪的；以调解方式结案的；其他不宜在互联网公布的。

益有影响、对当事人程序权益有重大影响的裁判文书。要求"涉及个人隐私"的裁判文书也应当在隐去"涉及个人隐私的内容"后上网公开。此外，已上诉、抗诉的一审裁判文书也纳入公开范围，同时与二审裁判文书建立有机关联，以完整展现案件审理和裁判的全貌，实现社会各界对人民法院审判工作的全方位、全过程的知情与监督。二是进一步明确规定了裁判文书不公开的情形，要求"以调解方式结案或者确认人民调解协议效力"的裁判文书原则上不上网公开，但为保护国家利益、社会公共利益、他人合法权益确有必要公开的应当公开；明确要求离婚诉讼的裁判文书或者涉及未成年子女抚养、监护的裁判文书不上网公开；对于不公开的裁判文书，除可能泄露国家秘密的以外，要求在中国裁判文书网公布案号、审理法院、裁判日期及不公开的理由，充分接受社会各界对裁判文书公开工作的监督，确保应当公开的裁判文书全部公开。三是进一步健全裁判文书公开工作机制，将裁判文书公开工作模式由传统的专门机构集中公布模式，转变为办案法官在办案平台一键点击自动公布模式。四是进一步强化社会各界外部监督，要求各级人民法院建立裁判文书公开工作督导机制，由审判管理办公室等职能部门负责收集汇总、协调处理、研究分析社会公众对裁判文书公开的投诉、意见建议，确保外部监督渠道畅通。①

2018 年 2 月 12 日，最高人民法院审判委员会第 1733 次会议通过《最高人民法院关于人民法院通过互联网公开审判流程信息的规定》（法释〔2018〕7 号），该规定自 2018 年 9 月 1 日起施行。其主要内容如下文所述。一是规定了审判流程信息公开的基本原则。①以公开为原则、不公开为例外。明确了审判流程信息公开的范围、方式和程序，除涉及国家秘密以及法律、司法解释规定应当保密、限制获取的审判流程信息，不得通过互联网公开外，人民法院应当通过互联网向当事人公开一切依法应当公开的审判流程信息。

---

① 参见林平、曾雅青："最高法：不予公开的生效裁判文书应公布不公开理由"，载新华网，http://www.xinhuanet.com/politics/2016 - 08/30/c_129262849.htm，2022 年 8 月 10 日访问。

②切实满足人民群众多元司法需求。坚持以习近平新时代中国特色社会主义思想为指导，紧紧围绕"努力让人民群众在每一个司法案件中感受到公平正义"的目标，切实保障人民群众对审判活动的知情权、参与权和监督权。人民法院通过互联网公开审判流程信息，应当依法、规范、及时、便民。③立足审判工作实际。确定了应当公开的四大类20余小类重要审判流程信息，并结合当前司法实务，对以往公开过程中亟待明确的问题作出了回应。④强化统一管理，鼓励特色创新。既坚持统一标准、整体推进，又适当兼顾地方实际、留有余地，为地方法院运用创新思维、突出区域特色、发挥技术优势，深入拓展本辖区审判流程信息公开工作留下了空间。二是明确界定应当公开的审判流程信息的范围。应当公开的审判流程信息分为程序性信息、处理诉讼事项的流程信息、诉讼文书、诉讼活动笔录四大类。其中，程序性信息主要包括收案、立案信息，结案信息；检察机关、刑罚执行机关信息，当事人信息；审判组织信息；审判程序、审理期限、送达、上诉、抗诉、移送等信息；庭审、质证、证据交换、庭前会议、询问、宣判等诉讼活动的时间和地点；裁判文书在中国裁判文书网的公布情况；法律、司法解释规定应当公开，或者人民法院认为可以公开的其他程序性信息。处理诉讼事项的流程信息包括：回避、管辖争议、保全、先予执行、评估、鉴定等流程信息。诉讼文书包括起诉状、上诉状、再审申请书、申诉书、国家赔偿申请书、答辩状等诉讼文书；受理案件通知书、应诉通知书、参加诉讼通知书、出庭通知书、合议庭组成人员通知书、传票等诉讼文书；判决书、裁定书、决定书、调解书，以及其他有中止、终结诉讼程序作用，或者对当事人实体权利有影响、对当事人程序权利有重大影响的裁判文书；法律、司法解释规定应当公开，或者人民法院认为可以公开的其他诉讼文书。诉讼活动的笔录包括庭审、质证、证据交换、庭前会议、调查取证、勘验、询问、宣判等笔录。三是依托中国审判流程信息公开网开展电子送达。在严格采集、核对诉讼参与人身份信息以及受送达人知情、同意的前提下，允许各级人民法院依托中国审判流程信

息公开网向民事、行政案件的诉讼参与人"点对点"电子送达诉讼文书。四是进一步理顺审判流程信息公开工作机制。中国审判流程信息公开网是人民法院公开审判流程信息的统一平台。明确了不同层级人民法院、人民法院不同内设机构的职能定位和职责清单，层层压实责任，加强统筹协调，注重资源整合，扎实有序推进审判流程信息公开工作。[①]

2018年11月20日发布并施行的《最高人民法院关于进一步深化司法公开的意见》（法发〔2018〕20号）指出，加强司法公开是落实宪法法律原则、保障人民群众参与司法的重大举措，是深化司法体制综合配套改革、健全司法权力运行机制的重要内容，是推进全面依法治国、建设社会主义法治国家的必然要求。中国共产党第十九次全国代表大会明确提出深化依法治国实践、深化司法体制综合配套改革的重大任务，并对深化权力运行公开作出新的重大部署，强调"要加强对权力运行的制约和监督，让人民监督权力，让权力在阳光下运行，把权力关进制度的笼子"，为人民法院进一步深化司法公开指明了方向，提出了新的更高要求。为深入学习贯彻习近平新时代中国特色社会主义思想和党的二十大精神，贯彻落实党中央关于推进司法公开的一系列重大决策部署，总结司法公开工作经验，巩固党的十八大以来司法公开工作取得的成果，推动开放、动态、透明、便民的阳光司法机制更加成熟定型，实现审判体系和审判能力现代化，促进新时代人民法院工作实现新发展，从总体要求、司法公开的内容和范围、司法公开程序、司法公开平台载体建设管理、强化组织保障等五个方面，提出了进一步深化司法公开工作的具体意见。

2022年1月26日，最高人民法院发布《人民法院在线运行规则》（法发〔2022〕8号），其中《人民法院在线运行规则》第9条明确规定，司法公开

---

① 参见"最高法院审管办负责人对《最高人民法院关于人民法院通过互联网公开审判流程信息的规定》答记者问"，载中国法院网，http://www.chinacourt.org/article/detail/2018/03/id/3231258.shtml，2022年8月11日访问。

平台在互联网运行，为当事人及其他诉讼参与人、社会公众提供依法公开的审判流程信息、庭审活动信息、裁判文书信息、执行工作信息等在线公开服务，支撑构建开放、动态、透明、便民的阳光司法机制；还列举了司法公开平台主要包括中国审判流程信息公开网、中国庭审公开网、中国裁判文书网、中国执行信息公开网、全国企业破产重整案件信息网、全国法院减刑、假释、暂予监外执行信息网等。

此外，与司法公开有关的文件还有《最高人民法院关于严格执行公开审判制度的若干规定》（法发〔1999〕3号）、《最高人民法院关于人民法院执行公开的若干规定》（法发〔2006〕35号）、《最高人民法院印发〈关于全面加强接受监督工作的若干意见〉的通知》（法发〔2011〕14号）、《最高人民法院关于人民法院庭审录音录像的若干规定》（法释〔2017〕5号）等。

（二）司法公开的指导思想、基本原则和方式

坚持司法公开原则，既尊重人民群众的知情权，又加强了对法院工作的法律监督和社会监督；既有利于实现司法公正，又有利于全面展现法官风采。

1. 司法公开的指导思想①

坚持以习近平新时代中国特色社会主义思想为指导，全面贯彻党的十九大以来重要精神，紧紧围绕"努力让人民群众在每一个司法案件中感受到公平正义"的工作目标，高举新时代改革开放旗帜，进一步深化司法公开，不断拓展司法公开的广度和深度，健全完善司法公开制度机制体系，优化升级司法公开平台载体，大幅提升司法公开精细化、规范化、信息化水平，推进建设更加开放、动态、透明、便民的阳光司法机制，形成全面深化司法公开新格局，促进实现审判体系和审判能力现代化，大力弘扬社会主义核心价值观，促进增强全民法治意识，讲好中国法治故事，传播中国法治声音。

---

① 参见《最高人民法院关于进一步深化司法公开的意见》（法发〔2018〕20号）。

2. 司法公开的基本原则①

（1）坚持主动公开。深刻领会习近平总书记提出的"让暗箱操作没有空间，让司法腐败无法藏身"重要指示要求，充分认识深化司法公开工作的重大意义，进一步增强主动接受监督意识，真正变被动公开为主动公开，继续健全完善阳光司法机制，努力让正义不仅要实现，还要以看得见的方式实现。

（2）坚持依法公开。严格履行宪法法律规定的公开审判职责，切实保障人民群众参与司法、监督司法的权利。严格执行法律规定的公开范围，依法公开相关信息，同时要严守国家秘密、审判秘密，保护当事人信息安全。尊重司法规律，明确司法公开的内容、范围、方式和程序，确保司法公开工作规范有序开展。

（3）坚持及时公开。严格遵循司法公开的时效性要求，凡属于主动公开范围的，均应及时公开，不得无故延迟。有明确公开时限规定的，严格在规定时限内公开。没有明确公开时限要求的，根据相关信息性质特点，在合理时间内公开。

（4）坚持全面公开。以公开为原则、以不公开为例外，推动司法公开覆盖人民法院工作各领域、各环节。坚持程序事项公开与实体内容公开相结合、审判执行信息公开与司法行政信息公开相结合、通过传统方式公开与运用新媒体方式公开相结合，最大限度保障人民群众知情权、参与权、表达权和监督权。

（5）坚持实质公开。紧紧围绕人民群众司法需求，依法及时公开当事人和社会公众最关注、最希望了解的司法信息，切实将司法公开重心聚焦到服务群众需求和保障公众参与上来。不断完善司法公开平台的互动功能、服务功能和便民功能，主动回应社会关切，努力把深化司法公开变成人民法院和人民群众双向互动的过程，让司法公开成为密切联系群众的桥梁纽带。

---

① 参见《最高人民法院关于进一步深化司法公开的意见》（法发〔2018〕20号）。

3. 司法公开的形式①

司法公开形式应当因地制宜、因事而定、权威规范、注重实效，便于公众及时准确获取，坚决防止形式主义。最高人民法院就司法公开形式有统一要求的，应当按照相关要求进行公开。鼓励基层人民法院探索行之有效、群众喜闻乐见的司法公开形式。结合实际，可以通过以下载体进行公开：①报刊、广播、电视、网络等公共媒体；②依照《人民法院法庭规则》开放旁听或报道庭审活动；③人民法院公报、公告、规范性文件或其他正式出版物；④人民法院政务网站或其他权威网站平台；⑤新闻发布会、听证会、论证会等；⑥人民法院官方微博、微信公众号、新闻客户端等新媒体；⑦人民法院诉讼服务大厅、诉讼服务网、12368诉讼服务热线、移动微法院等诉讼服务平台；⑧其他便于及时准确获取的方式。

4. 司法公开的内容和具体要求②

司法公开的内容和具体要求与法官的职业道德密切相关，它的明确为社会公众监督司法活动提供了指引，对规范法官的言行，督促法官恪守职业道德和提高司法良知起到了提示和警醒作用。

（1）立案公开。立案阶段的相关信息应当通过便捷、有效的方式向当事人公开。各类案件的立案条件、立案流程、法律文书样式、诉讼费用标准、缓减免交诉讼费程序、当事人重要权利义务、诉讼和执行风险提示以及可选择的诉讼外纠纷解决方式等内容，应当通过适当的形式向社会和当事人公开。人民法院应当及时将案件受理情况通知当事人。对于不予受理的，应当将不予受理裁定书、不予受理再审申请通知书、驳回再审申请裁定书等相关法律文件依法及时送达当事人，并说明理由，告知当事人诉讼权利。

（2）庭审公开。建立健全有序开放、有效管理的旁听和报道庭审的规

---

① 参见《最高人民法院关于进一步深化司法公开的意见》（法发〔2018〕20号）。
② 参见最高人民法院《关于司法公开的六项规定》（法发〔2009〕58号）。

则，消除公众和媒体知情监督的障碍。依法公开审理的案件，旁听人员应当经过安全检查进入法庭旁听。因审判场所等客观因素所限，人民法院可以发放旁听证或者通过庭审视频、直播录播等方式满足公众和媒体了解庭审实况的需要。所有证据应当在法庭上公开，能够当庭认证的，应当当庭认证。除法律、司法解释规定可以不出庭的情形外，人民法院应当通知证人、鉴定人出庭作证。独任审判员、合议庭成员、审判委员会委员的基本情况应当公开，当事人依法有权申请回避。案件延长审限的情况应当告知当事人。人民法院对公开审理或者不公开审理的案件，一律在法庭内或者通过其他公开的方式公开宣告判决。

此外，应注意宣判时要符合司法礼仪，合议庭成员或者独任法官应当起立，宣读裁判文书声音要洪亮、清晰、准确无误；当庭宣判的，应当宣告裁判事项，简要说明裁判理由并告知裁判文书送达的法定期限；定期宣判的，应当在宣判后立即送达裁判文书。宣判后，对诉讼各方不能赞赏或者指责，对诉讼各方的质疑，应当耐心做好解释工作。[1]

人民法院开庭审判案件，应当对庭审活动进行全程录音录像。人民法院应当通过审判流程信息公开平台、诉讼服务平台以及其他便民诉讼服务平台，为当事人、辩护律师、诉讼代理人等依法查阅庭审录音录像提供便利。人民法院可以播放依法公开审理案件的庭审录音录像。涉及国家秘密、商业秘密、个人隐私等庭审活动的录制，以及对庭审录音录像的存储、查阅、复制、誊录等，应当符合保密管理等相关规定。[2]

（3）执行公开。人民法院将案件执行过程和执行程序通过通知、公告或者法院网络、新闻媒体等方式依法予以公开，其中执行的依据、标准、规范、程序以及执行全过程应当向社会和当事人公开，但涉及国家秘密、商业秘密、

---

① 参见《中华人民共和国法官职业道德基本准则》（2010 年修订）第 36 条相关内容。

② 参见《最高人民法院关于人民法院庭审录音录像的若干规定》（法释〔2017〕5 号）第 1 条、第 10 条、第 12 条、第 16 条相关内容。

个人隐私等法律禁止公开的信息除外。此外，根据《最高人民法院关于人民法院执行公开的若干规定》和《关于司法公开的六项规定》中的相关内容，可知关于执行公开，还应符合下列要求：①人民法院应当向社会公开执行费用的收费标准和根据，公开执行费减、缓、免交的基本条件和程序；②人民法院受理执行案件后，应当及时将案件承办人或合议庭成员及联系方式告知双方当事人；③人民法院对申请执行人提供的财产线索进行调查后，应当及时将调查结果告知申请执行人，对依职权调查的被执行人财产状况和被执行人申报的财产状况，应当主动告知申请执行人；④人民法院采取查封、扣押、冻结、划拨等执行措施后，应及时告知双方当事人或者以方便当事人查询的方式予以公开；⑤人民法院选择鉴定、评估、拍卖等机构的过程和结果向当事人公开；⑥执行款项的收取发放、执行标的物的保管、评估、拍卖、变卖的程序和结果等重点环节和重点事项应当及时告知当事人；⑦执行中的重大进展，应当通知当事人和利害关系人；⑧人民法院在办理参与分配的执行案件时，应当将被执行人财产的处理方案、分配原则和分配方案以及相关法律规定告知申请参与分配的债权人；⑨人民法院依职权对案件中止执行的，应当制作裁定书并送达当事人。裁定书应当说明中止执行的理由，并明确援引相应的法律依据。总之，人民法院对执行过程中形成的各种法律文书和相关材料，除涉及国家秘密、商业秘密等不宜公开的文书材料外，其他一般都应当予以公开。同时，人民法院还应当进一步健全和完善执行信息查询系统，扩大查询范围，为当事人查询执行案件信息提供方便。

（4）听证公开。人民法院对开庭审理程序之外的涉及当事人或者案外人重大权益的案件实行听证的，应当公开进行。人民法院对申请再审案件、涉法涉诉信访疑难案件、司法赔偿案件、执行异议案件以及对职务犯罪案件和有重大影响案件被告人的减刑、假释案件等，按照有关规定实行公开听证的，应当向社会发布听证公告。听证公开的范围、方式、程序等参照庭审公开的有关规定。

（5）文书公开。裁判文书应当充分表述当事人的诉辩意见、证据的采信理由、事实的认定、适用法律的推理与解释过程，做到说理公开。人民法院可以根据法制宣传、法学研究、案例指导、统一裁判标准的需要，集中编印、刊登各类裁判文书。除涉及国家秘密、未成年人犯罪、个人隐私以及其他不适宜公开的案件和调解结案的案件外，人民法院的裁判文书可以在互联网上公开发布。当事人对于在互联网上公开裁判文书提出异议并有正当理由的，人民法院可以决定不在互联网上发布。为保护裁判文书所涉及的公民、法人和其他组织的正当权利，可以对拟公开发布的裁判文书中的相关信息进行必要的技术处理。人民法院应当注意收集社会各界对裁判文书的意见和建议，作为改进工作的参考。

对此，法官在制作裁判文书必须严格遵守格式和规范，确保裁判文书质量。具体要求如下文所述。一是防止低级错误出现。所谓低级错误，是指依照法官的学历水平和专业水平不应当出现的错误，如标点符号使用不正确、当事人信息有错误、制作法院名称错误、诉讼程序、表述错误、上下文相关内容矛盾等。2018年5月，最高人民法院发布《关于全面提升裁判文书质量切实防止低级错误反复发生的紧急通知》，要求各级人民法院要建立完善裁判文书质量管控长效机制，法官也要牢固树立责任意识，从根本上解决个别裁判文书质量不高问题，最大限度减少裁判文书各种低级错误反复发生。[①]二是符合基本制作规范。根据《法官行为规范》及其相关规定，制作裁判文书必须符合基本要求：普通程序案件的裁判文书应当内容全面、说理透彻、逻辑严密、用语规范、文字精练；简易程序案件的裁判文书应当简练、准确、规范；准确简述审判程序及审判全过程；以公平、合理的篇幅归纳诉讼各方

[①] 参见周斌："最高法发出通知要求：切实防止裁判文书低级错误反复发生"，载人民网，http://legal.people.com.cn/n1/2018/0510/c42510-29978389.html，2022年8月11日访问。

诉、辩主张；简述证据交换和质证过程并准确概括双方当事人争议焦点；对事实认定部分的叙述要表述客观，逻辑严密，用词准确，避免使用明显的褒贬词汇；说理应当准确、客观、简练，并对答辩意见、辩护意见、代理意见等是否采纳要阐述理由；裁判理由部分，应严格按照有关规定引用法律条文，引用时应当准确完整，写明规范性法律文件的名称、条款序号，需要引用具体条文的，应当整条引用。三是要注意裁判文书的释法说理。裁判文书释法说理，要立场正确、内容合法、程序正当，符合社会主义核心价值观的精神和要求；要围绕证据审查判断、事实认定、法律适用进行说理，反映推理过程，做到层次分明；要针对诉讼主张和诉讼争点、结合庭审情况进行说理，做到有的放矢；要根据案件社会影响、审判程序、诉讼阶段等不同情况进行繁简适度的说理，简案略说，繁案精说，力求恰到好处。裁判文书释法说理，就是要阐明事理，说明裁判所认定的案件事实及其根据和理由，展示案件事实认定的客观性、公正性和准确性；要释明法理，说明裁判所依据的法律规范以及适用法律规范的理由；要讲明情理，体现法理情相协调，符合社会主流价值观；要讲究文理，语言规范，表达准确，逻辑清晰，合理运用说理技巧，增强说理效果；将社会主义核心价值观融入裁判文书释法说理，应坚持法治与德治相结合，以人民为中心，政治效果、法律效果和社会效果的有机统一等基本原则。①

（6）审务公开。人民法院的审判管理工作以及与审判工作有关的其他管理活动应当向社会公开。各级人民法院应当逐步建立和完善互联网站和其他信息公开平台。探索建立各类案件运转流程的网络查询系统，方便当事人及时查询案件进展情况。通过便捷、有效的方式及时向社会公开关于法院工作的方针政策、各种规范性文件和审判指导意见以及非涉密司法统计数据及分析报告，公开重大案件的审判情况、重要研究成果、活动部署等。建立健全

---

① 参见《最高人民法院关于加强和规范裁判文书释法说理的指导意见》（法发〔2018〕10号）。

过问案件登记、说情干扰警示、监督情况通报等制度，向社会和当事人公开违反规定程序过问案件的情况和人民法院接受监督的情况，切实保护公众的知情监督权和当事人的诉讼权利。

（7）其他信息公开。对涉及当事人合法权益、社会公共利益，需要社会广泛知晓的司法信息，应当纳入司法公开范围，根据其性质特点，区分向当事人公开或向社会公众公开。对于人民法院基本情况、审判执行、诉讼服务、司法改革、司法行政事务、国际司法交流合作、队伍建设等方面信息，除依照法律法规、司法解释不予公开以及其他不宜公开的外，应当采取适当形式主动公开。具体公开信息主要包括以下几项内容。

一是人民法院基本信息公开。人民法院应当主动公开以下基本信息，坚持动态更新，保证准确、清晰、易获取，方便人民群众及时、准确了解掌握：机构设置，司法解释，指导性案例，规范性文件，向同级人民代表大会所作的工作报告，重要会议、重大活动和重要工作等动态信息，其他需要社会广泛知晓的基本信息。

二是审判执行信息公开。除前文提到的主动应公开的审判执行流程信息，公开开庭审理案件的庭审活动，裁判文书，重大案件审判情况，执行工作信息，减刑、假释、暂予监外执行信息等信息，人民法院还应当主动公开以下审判执行信息，以逐步推进公开范围覆盖审判执行各领域，健全完善审判执行信息公开制度规范，促进统一公开流程标准，确保审判执行权力始终在阳光下运行：司法统计信息，企业破产重整案件信息，各审判执行领域年度工作情况和典型案例，司法大数据研究报告，审判执行理论研究、司法案例研究成果，其他涉及当事人合法权益、社会公共利益或需要社会广泛知晓的审判执行信息。

三是诉讼服务信息公开。人民法院应当主动公开以下诉讼服务信息，着力提升诉讼服务信息获取的便捷性，提高诉讼服务水平，切实方便当事人诉讼：诉讼指南，人民法院公告，司法拍卖和确定财产处置参考价相关信息，司法鉴定、评估、检验、审计等专业机构、专业人员信息，破产管理人信息，暂予监外执行组织诊断工作信息，专家库信息，特邀调解员、特邀调解组织、驻点值班律师、参与诉讼服务的专家志愿者等信息，申诉信访渠道，其他涉及当事人合法权益、社会公共利益或需要社会广泛知晓的诉讼服务信息。

四是司法改革信息公开。人民法院应当主动公开以下司法改革信息，提高司法改革工作透明度，增强人民群众对司法改革的获得感：人民法院司法改革文件、人民法院重大司法改革任务进展情况、人民法院司法改革典型案例、其他需要社会广泛知晓的司法改革信息。

五是司法行政事务信息公开。人民法院应当主动公开以下司法行政事务信息，及时回应社会关切，自觉接受社会监督，切实提高司法行政事务办理的透明度和规范化水平：涉及社会公共利益或社会关切的人大代表议案建议和政协提案办理情况，部门预算、决算公开说明，人民法院信息化技术标准，其他需要社会广泛知晓的司法行政事务信息。

六是国际司法交流合作信息公开。人民法院应当主动公开以下国际司法交流合作信息，加强司法文明交流互鉴，充分展示中国法院良好国际形象，促进提升我国司法的国际竞争力、影响力和公信力：人民法院开展的重要国际司法交流合作活动情况、人民法院举办和参与重要国际司法会议情况、其他需要社会广泛知晓的国际司法交流合作信息。

七是队伍建设信息公开。人民法院应当主动公开以下队伍建设信息，为社会公众知晓、参与和监督人民法院队伍建设工作提供便利：党的建设情况、人事工作情况、纪检监察信息、先进典型信息、教育培训工作情况、司法警察工作情况、法院文化建设情况、其他需要社会广泛知晓的队伍建设情况。

【案例3－11】近年来，河北省高级人民法院高度重视官方政务网站建设管理工作，加强对系统门户网站建设的指导，将官网与官微、官博、客户端等法院自媒体平台"无缝对接"，打造河北省各级人民法院政务宣传矩阵。2021年5月26日，河北省秦皇岛市北戴河新区人民法院政务网站正式迁移入驻中国法院政务网站群平台，这标志着河北190家法院政务网站全部完成迁移入驻，全省法院政务网站群建设完成。这是河北省高级人民法院加强官方政务网站管理、助推司法公开，践行司法为民、司法便民的又一重要举措。①

【案例3-12】江苏省高级人民法院组织召开全省法院第二批队伍教育整顿执行领域顽瘴痼疾整治推进视频会。会议要求进一步巩固深化执行领域第一批教育整顿成果，有序衔接第二批队伍教育整顿查纠整改环节，持续整治违法违规执行行为，确保全省法院执行领域顽瘴痼疾整治取得实效。一是要加强法院执行队伍自身建设。二是要坚持问题导向，完善监督管理，约束执行权力。严格落实防止干预司法相关规定，凡是干预过问案件必须录入管理系统；严肃开展"一案双查"，针对司法执行领域仍然存在的顽瘴痼疾，将查人查事关口前移，切实防范执行工作廉政风险。三是改进执行方式，推进精准执行。改变执行案件由"一人包案到底"的传统模式，大力推进案件分段办理、分工负责、共同监管的办案模式。四是规范司法人员与律师的关系，确保司法公正。在司法人员与律师之间建立常态化、规范化的互动交流平台，构建相互支持、相互监督、正当交往、良性互动的协作关系。同时，严格司法执行人员相关报告制度，督促其自觉汇报、记录内外部人员插手过问案件情况。五是加大公开力度，促进司法执行透明。积极拓展司法公开的广度和深度，既要公开执行操作规范，又要公开执行过程。推进司法执行信息化平台建设，借助信息化手段强化执行公开与监督管理，晒出各类案件办理流程、各项环节的执行信息，使社会公众成为司法执行过程中的监督者，以信息公开促进司法透明规范。②

---

① 参见马红娟："河北190家法院全部入驻中国法院政务网站群平台"，载《人民法院报》2021年6月3日，第4版。

② 参见扬凡："改进执行方式 整治顽瘴痼疾"，载《人民法院报》2021年9月26日，第2版。

【案例 3 - 13】 庭审直播是阳光司法的最高形态，也是司法公开"最集中最彻底的方式"，我们有必要将这一最好的方式利用得更充分、更完善。最高人民法院院长周强指出，"庭审视频公开是互联网时代司法公开最集中最彻底的方式，也是阳光司法的更高形态"。这深刻论述了庭审直播的本质和特征。2013 年 12 月 11 日，中国法院庭审直播网开通；2020 年 12 月 4 日上午 9 时，全国法院庭审直播数量累计突破 1000 万场，这是在司法公开方面创造的中国奇迹，是司法公正与司法人权事业的中国样本。庭审直播是旁听场所的无限有序开放，是庭审档案公开的重要方式，庭审直播是实现诉讼监督的中国模式。①

【案例 3 - 14】 福建省上杭县人民法院举办"法院开放日"活动。部分人大代表、政协委员、群众代表走进法院，"零距离"接触法院的日常工作，亲身体验法院文化。在该院院长的引领下，分别参观了诉讼服务中心、执行指挥中心等场所，现场观看了诉讼风险评估、自助立案查询等智能设备的功能演示，并参加了旁听庭审、座谈交流及赠送《民法典》仪式。此次活动加强了法院同人大代表、政协委员和人民群众的密切联系，让公众深入了解便民措施，感受司法公开。②

【案例 3 - 15】 2016 年 9 月 28 日，全新改造的中国庭审公开网开通上线，标志着第四大司法公开平台正式建成。至此，诉讼链条上的所有重要环节——审判流程、庭审、裁判文书和执行，均已实现了上网公开，我国的司法公开工作向深度和广度迈出了关键一步，司法公开成为"法治新常态"。2016 年 7 月 1 日起，最高人民法院所有公开开庭的案件庭审活动都通过互联网直播，庭审直播迈入常态化，对全国法院的庭审直播起到积极的引领示范作用。截

---

① 参见高一飞："庭审直播是最彻底的司法公开"，载《人民法院报》2020 年 12 月 16 日，第 2 版。

② 参见陈立烽、李开钦："上杭举办'法院开放日'活动"，载《人民法院报》2020 年 12 月 15 日，第 7 版。

至同年 10 月 16 日，最高人民法院共直播庭审 143 次，点击观看量 6.3 亿人次，受到社会各界的广泛关注和高度评价。中国庭审公开网正式上线运行后，已联通起近 600 家地方法院。截至同年 10 月 16 日，地方各级法院通过互联网直播庭审 43.2 万件，点击观看量高达 11.3 亿人次。

近年来，全国各级法院以信息化技术为支撑，加强诉讼服务中心建设，构建以诉讼服务大厅、诉讼服务网、移动客户端、12368 热线为主要内容的立体化诉讼服务网络，积极为当事人提供一站式、综合性、低成本的诉讼服务。许多法院建立电子法院、网上法庭等智能服务平台，方便群众诉讼，切实减轻群众诉累。以西部案件大省四川为例，截至 2015 年年底，全省 198 个法院建成诉讼服务中心，141 个法院开通网上诉讼服务中心，149 个法院同步建设微信、App 客户端，156 个法院设立远程视频接访。

以诉讼服务大厅为平台，全国法院构建多元服务体系，建立人大代表、政协委员调解室和律师工作室，引进妇联、交管、劳动、工商、银行、邮政等部门驻点服务。推进诉讼档案电子化，为当事人查阅电子卷宗、网上阅卷提供便利。大力推进网上申诉和视频接访工作，方便群众申诉，最高人民法院通过远程视频直接接谈各地群众申诉案件 9638 件。开通律师服务平台，为律师提供网上立案、网上阅卷、案件信息查询、电子送达及联系法官等服务，方便律师依法履职。

全国各级法院定期发布人民法院工作报告、公报和审判工作白皮书，建立健全人民法院新闻发布制度，向社会及时全面准确发布司法信息，增进群众对法院工作的了解。2013 年以来，最高人民法院共召开新闻发布会 77 场；江苏省各级人民法院全面推进新闻发布例会制度，2015 年 5 月—2016 年 5 月，共举办新闻发布会 460 余场。

为贯彻中央关于进一步深化司法体制改革的总体部署，推进阳光司法，最高人民法院提出建立完善审判流程公开、庭审活动公开、裁判文书公开、执行信息公开四大平台。这是人民法院深化司法公开的一项重大举措。截至

2016 年 10 月 16 日，各级法院共公开审判流程信息 25.5 亿项，推送短信 3473.6 万条。2014 年 11 月 13 日，中国审判流程信息公开网开通。通过网站、短信、微信等多种渠道推送案件流程信息，变当事人千方百计打听案件进展为法院主动向当事人告知。裁判文书是人民法院审判工作的最终"产品"，是承载全部诉讼活动的重要载体。2013 年 7 月 1 日，最高人民法院公布第一批裁判文书，标志着中国裁判文书网正式上线。中国裁判文书网不断完善功能，增加公开蒙古、藏、维吾尔、朝鲜和哈萨克等 5 种民族语言裁判文书。截至 2016 年 6 月 8 日，西藏自治区各级法院向中国裁判文书网上传 9209 份裁判文书，其中公开藏文裁判文书 142 份。不仅在国内，中国裁判文书网也受到了海外的关注。据统计，截至 2016 年 10 月 16 日，中国裁判文书网访问量突破 31 亿人次，其中超过 8 亿人次的访问量来自海外，覆盖 200 多个国家和地区，成为全球最大的裁判文书网。

2014 年 11 月，中国执行信息公开网正式开通，最高人民法院将全国法院失信被执行人名单信息公布与查询、被执行人信息查询、执行案件流程信息公开、执行裁判文书公开等信息平台进行了有机整合。通过中国执行信息公开网提供的搜索功能，社会各界人士通过输入失信被执行人姓名或法人单位名称，就可以查询案件执行情况的相关信息。网络查控系统连通了 3000 多家金融机构，并与有关部门联网共享被执行人信息，实现网络查控、远程指挥等功能。

最高人民法院英文网站，全国法院减刑、假释、暂予监外执行信息网，全国企业破产重整案件信息网，最高人民法院微博、微信和新闻客户端，中国法院手机电视 App……这是人民法院在创新司法公开载体方面的一系列大动作。如今，全国 90% 以上的法院开通了门户网站，3200 多个法院开通官方微博、微信。司法公开的形式和内容取得新进步，在深入拓展司法公开广度和深度上，充分运用和发挥互联网思维和现代信息技术，不断满足人民群众多样性的司法需求。①

【案例 3 - 16】2013 年 7 月 1 日，中国裁判文书网正式开通。4 年半来，最高人民法院逐步扩大裁判文书上网范围，明确裁判文书上网的督导机制，紧紧抓住规范、质量、数据、服务、技术等五个关键环节，保障了裁判文书公开工作在高标准、高速度的轨道上平稳运行。截至目前，中国裁判文书网已累计公开裁判文书超过 4131 万篇，包含 11 100 余篇民族语言文书，日均访问量达 1581 万人次，单日最高访问量达 5000 多万人次。中国裁判文书网自开通以来，在国际上也产生了广泛影响，据统计，访问者来自全球 210 多个国家和地区，在近 125 亿次的访问总量中，超过 18 亿次的访问量来自国外，其中来自亚洲地区的最多。在国家访问排名中，韩国高居榜首，其次是印度、菲律宾、澳大利亚、日本等国。截至 2018 年 1 月 2 日，中国裁判文书网的访问总量近 125 亿次，继 2017 年 8 月 23 日访问总量突破 100 亿次之后，这个全球最大的裁判文书公开平台又上了一个新台阶。②

五、依法独立行使审判权

依法独立行使审判权，是宪法赋予人民法院的一项权利。在司法实践中，坚持依法独立行使审判权，是人民法院落实宪法精神的具体表现。人民法院依法独立行使审判权，主要是通过法官在审判活动中的具体行为规范来体现的。

（一）独立思考、自主判断，敢于坚持原则

这是人民法院代表国家依法独立行使审判权的基础，也是法官实现司法公正的保障。法官要在思想上和言行上，应符合下列要求。

---

① 参见荆龙："司法公开成为'法治新常态'"载《人民法院报》2016 年 11 月 6 日，第 4 版；又见王俏："'指尖上的法院'是如何建成的？"，载《人民法院报》2016 年 11 月 6 日，第 4 版。

② 参见罗书臻："中国裁判文书网访问总量近 125 亿次"，载《人民法院报》2018 年 1 月 3 日，第 1 版。

1. 坚持党对政法工作的绝对领导

坚持中国共产党对政法工作的绝对领导，是中国特色社会主义司法制度的显著特征，也是中国特色社会主义司法制度的优势所在。坚持党对政法工作的绝对领导，是贯彻落实依法独立行使审判权宪法精神的前提条件。《新时代政法干警"十个严禁"》明确规定："严禁放任错误思潮侵蚀影响。决不允许在大是大非问题上认识模糊、立场摇摆，对西方'宪政''三权分立''司法独立'等态度暧昧、不敢发声亮剑。"

2. 严禁与律师不正当接触交往行为

法官与律师不正当接触交往行为破坏了人民法院依法独立行使审判权，严重影响人民法院的司法公信力。《新时代政法干警"十个严禁"》："严禁不当交往、干预执法司法。决不允许违反'三个规定'，请托说情打招呼，不如实记录报告，不正当接触交往，充当司法掮客。"根据2021年最高人民法院、最高人民检察院、司法部发布的《关于建立健全禁止法官、检察官与律师不正当接触交往制度机制的意见》（司发通〔2021〕60号）第3条规定，严禁法官与律师有下列接触交往行为：在案件办理过程中，非因办案需要且未经批准在非工作场所、非工作时间与辩护、代理律师接触；接受律师或者律师事务所请托，过问、干预或者插手其他法官、检察官正在办理的案件，为律师或者律师事务所请托说情、打探案情、通风报信；为案件承办法官、检察官私下会见案件辩护、代理律师牵线搭桥；非因工作需要，为律师或者律师事务所转递涉案材料；向律师泄露案情、办案工作秘密或者其他依法依规不得泄露的情况；违规为律师或律师事务所出具与案件有关的各类专家意见。

3. 尊重其他法官对审判职权的依法行使

法官除履行工作职责或者通过正当程序外，不过问、不干预、不评论其他法官正在审理的案件，也不得探询其他法官承办案件的审理情况和有关信息。参加对外业务交流、接受采访或通过微博、微信等新媒体公开发表言论，不得批评已经生效的法院裁判，避免评论正在处理过程中的各类矛盾纠纷、诉讼案件，不得涉及未公开发表的讲话、信息和文件资料，不得发布违反法律法规、违背社会公德、侵害他人合法权益和公共利益、有损法院形象的信息。不披露在工作中获得的国家秘密、商业秘密、个人隐私及其他非公开信息。

法官不得向当事人或者其代理人、辩护人泄露或者提供有关案件的审理情况、承办案件法官的联系方式和其他有关信息；不得为当事人或者其代理人、辩护人联系和介绍承办案件的法官；法官不得擅自过问或者干预下级人民法院正在审理的案件；法官不得向上级人民法院就二审案件提出个人的处理建议和意见。

此外，根据 2015 年 3 月 29 日由中央政法委发布并施行的《司法机关内部人员过问案件的记录和责任追究规定》（中政委〔2015〕10 号）第 13 条规定可知，"司法机关内部人员"包括在法院、检察院、公安机关、国家安全机关、司法行政机关依法履行审判、执行、检察、侦查、监管等职责的人员。司法机关办案人员应当恪守法律，公正司法，不徇私情，予以拒绝；对于不依正当程序转递涉案材料或者提出其他要求的，应当告知其依照程序办理。对司法机关内部人员过问案件的情况，办案人员应当全面、如实记录，做到全程留痕，有据可查。司法机关领导干部和上级司法机关工作人员因履行领导、监督职责，需要对正在办理的案件提出指导性意见的，应当依照程序以书面形式提出，口头提出的，由办案人员记录在案。其他司法机关的工作人员因履行法定职责需要，向办案人员了解正在办理的案件有关情况的，应当依照法律程序或者工作程序进行。

（二）排除人情、关系对案件裁判的影响

人情案、关系案、金钱案，简称"三案"，给司法工作带来很大的困扰，也是社会民众对司法公信力质疑的重要原因。

1. 严禁办理人情案、关系案、金钱案

早在 20 世纪 90 年代，人情案、关系案、金钱案就引起了社会的广泛重视。有人认为，"三案""是当前社会上存在的不正之风和党内某些腐败现象在人民法院系统内的行业表现，是困扰人民法院严肃执法、秉公办案的重要因素之一。它的存在和发展，直接损害法制的统一、法律的尊严，败坏了法院的形象，破坏了党与人民群众的血肉关系，阻碍了人民法院职能作用的发挥，已经成为社会各界和人民群众关注的一个热点，必须引起充分重视和注意。"①

2011年9月，《最高人民法院关于在审判工作中防止法院内部人员干扰办案的若干规定》（法发〔2011〕6号），明确要求为防止法院内部人员干扰办案工作，保证公正廉洁司法，人民法院工作人员不得私下接触本人审理案件的案件当事人及其亲属、代理人、辩护人或者其他关系人。因不明情况或者其他原因接触上述人员并可能引起社会公众及该案其他当事人合理怀疑的，应当自行申请回避；人民法院工作人员及退休人员不得违反规定为案件当事人及其亲属、代理人、辩护人或者其他关系人转递涉案材料；不得违反规定打听正在办理的案件情况；不得以任何理由为案件当事人说情打招呼；人民法院工作人员及退休人员在职责范围之外收到案件当事人及其亲属、代理人、辩护人或者其他关系人转交、邮寄的涉案材料，应当送交本院立案信访部门处理；不得直接转交案件承办法院、案件承办部分及相关审判组织或者审判人员，也不得在涉案材料上签批任何意见。

2013年9月6日，《最高人民法院关于切实践行司法为民大力加强公正司法不断提高司法公信力的若干意见》（法发〔2013〕9号）提出：坚决贯彻人民法院依法独立行使审判权的宪法原则，坚决抵制各种形式的地方和部门保护主义，坚决排除权力、金钱、人情、关系等一切法外因素的干扰，不断健全保障人民法院依法独立公正行使审判权的制度机制，坚决维护宪法法律的尊严和权威。

---

① 吉林省高级人民法院："析审判工作中的人情案关系案金钱案问题"，载《当代法学》1995年第4期，第22页。

2015 年 3 月 29 日，中央政法委员会发布并施行《司法机关内部人员过问案件的记录和责任追究规定》，要求司法机关内部人员应当依法履行职责，严格遵守纪律，不得违反规定过问和干预其他人员正在办理的案件，不得违反规定为案件当事人转递涉案材料或者打探案情，不得以任何方式为案件当事人说情打招呼。对司法机关内部人员过问案件的情况，办案人员应当全面、如实记录，做到全程留痕，有据可查。

2022 年 2 月，中央政法委等六部委联合发布的《新时代政法干警"十个严禁"》规定："严禁玩忽职守、徇私枉法。决不允许办'关系案''人情案''金钱案'，有案不立、压案不查、有罪不究，违规违法办理减刑、假释、暂予监外执行。"

2. 不为当事人介绍律师

法官为当事人介绍律师，属于法官与律师不正当接触交往的行为，也是法官与律师利益输送和利益勾连的主要方式之一。《法官行为规范》第 4 条明确规定："……不得利用法官职务和身份谋取不正当利益，不得为当事人介绍代理人、辩护人以及中介机构，不得为律师、其他人员介绍案源或者给予其他不当协助。"2021 年，最高人民法院、最高人民检察院、司法部发布的《关于建立健全禁止法官、检察官与律师不正当接触交往制度机制的意见》要求严禁法官、检察官为律师介绍案件；为当事人推荐、介绍律师作为诉讼代理人、辩护人；要求、建议或者暗示当事人更换符合代理条件的律师；索取或者收受案件代理费用或者其他利益。

【案例 3－17】2020 年 12 月 4 日，海南省第一中级人民法院公开宣判海南省高级人民法院原副院长张某慧受贿、行政枉法裁判、诈骗案，对被告人张某慧以受贿罪判处有期徒刑 15 年，并处罚金 350 万元人民币；以行政枉法裁判罪判处有期徒刑 5 年；以诈骗罪判处有期徒刑 10 年，并处罚金 50 万元人民币，决定执行有期徒刑 18 年，并处罚金 400 万元人民币。对张某慧犯罪所得财物及孳息予以追缴，上缴国库。审理查明：2006—2019 年，被告人张某慧利用担任海南省高级人民法院民事审判第一庭庭长、审判委员会委员、党组成员、副院长等职务上的便利，通过打招呼等方式，为相关单位和个人在案件审理中谋取利益，直接或通过他人非法收受财物共计 4375 万元人民币。2015—2016 年，被告人张某慧身为司法工作人员，为使其丈夫刘某生实际控制的海南迪纳斯投资有限公司少缴或不缴增容费，在行政审判活动中指使、授意他人故意违背事实和法律作枉法裁判，致使该公司少缴纳增容费 4621 万余元人民币。2001 年 6 月，被告人张某慧夫妇虚构帮助他人疏通关系减轻刑事处罚，骗取相关人员价值 143 万余元人民币的财物。海南省第一中级人民法院认为，被告人张某慧的行为分别构成受贿罪、行政枉法裁判罪、诈骗罪，应依法数罪并罚。张某慧受贿和诈骗数额均属特别巨大，行政枉法裁判情节特别严重，应依法惩处。鉴于张某慧到案后，能够如实供述自己的罪行，主动交代办案机关尚未掌握的大部分受贿事实，有坦白情节，积极退赃，要求亲属以个人和公司资产全额退缴受贿、诈骗所得及行政枉法裁判给国家造成的增容费损失，自愿认罪认罚，具有法定、酌定从轻处罚情节，依法可对其从轻处罚。①

【案例 3－18】潘某山系浙江省高级人民法院（以下简称浙江省高院）立案第一庭原副庭长。潘某山于 2008 年 5 月担任浙江省高院审理的由钱某魁任法定代表人的安徽省肥东县某汽车运输有限责任公司诉湖州市某客运服务公司联营合同纠纷申请再审一案的审判长。在办理此案过程中，潘某山多次违纪私下接触钱某魁。其间，钱某魁许诺，如申诉成功，将按 30 万元申诉标的的 10% 给予好处费。2009 年 12 月，因该申请再审案件仍无结果，钱某魁来杭州找潘某山，扬言要予以告发。2010 年 1 月 8 日，钱某魁如约来杭州与潘某山见面。潘某山将钱某魁带至位于杭州市某小区的自己家中，采用石块猛击、

---

① 参见"海南省高院原副院长张家慧，被判 18 年"，载中央纪委国家监委网，http://www.ccdi.gov.cn/yaowenn/202012/t20201204_83553.html，2022 年 8 月 11 日访问。

扼颈等方法致钱某魁当场死亡。之后，潘某山将钱某魁尸体肢解，并将尸块弃于杭州至安徽高速公路两侧的河流、山地之中。杭州市中级人民法院一审判决潘某山犯故意杀人罪，判处死刑，剥夺政治权利终身。2010 年 9 月 26 日，浙江省第十一届人大常委会第 20 次会议决定撤销潘某山的浙江省高院立案第一庭副庭长、审判员职务。潘某山不服一审判决，上诉至浙江省高院而被驳回，于 2010 年 11 月 25 日被执行死刑。①

【案例 3 – 19】张某系安徽省高级人民法院原院长。1995—2019 年，张某利用担任湖北省监狱管理局副局长、局长，湖北省司法厅副厅长、厅长，湖北省高级人民法院副院长，安徽省高级人民法院院长等职务上的便利以及职权和地位形成的便利条件，为他人在工程承揽、人事调动、案件审理等事项上谋取利益，非法收受他人财物共计折合 7179 万余元人民币，其中 2403 万余元尚未实际取得，属犯罪未遂。福建省厦门市中级人民法院认为，被告人张某的行为构成受贿罪，数额特别巨大，应依法惩处。鉴于张某收受部分财物系犯罪未遂，到案后能够如实供述自己的罪行，主动交代办案机关尚未掌握的大部分受贿犯罪事实，认罪悔罪，积极退赃，涉案赃款赃物大部分已追缴到案，具有法定、酌定从轻处罚情节，依法可对其从轻处罚。2021 年 9 月 14 日，福建省厦门市中级人民法院公开宣判张某受贿案，对被告人张某以受贿罪判处有期徒刑 15 年，并处罚金 500 万元人民币；对张某受贿所得财物及孳息予以追缴，上缴国库。张某当庭表示服从判决，不上诉。②

【案例 3 – 20】2008 年 7 月 2 日，由甘肃省白银市会宁县人民检察院立案侦查的会宁县粮食局漫湾粮管所原所长张某贪污一案向会宁县人民法院提起公诉。该案在一审期间，时任会宁县人民法院院长的孙某文经他人介绍认识了张某

---

① 参见："中国法官犯罪十大典型案例"，载今日头条，https：//www. toutiao. com/article/6627988949388231182/，2022 年 8 月 11 日访问。

② 参见"受贿 7179 万余元！安徽高院原院长张坚一审被判 15 年"，载凤凰网安徽，https：//ah. ifeng. com/c/89XBWrt2Bi9，2022 年 8 月 11 日访问。

之子张某 1，张某 1 遂通过介绍人向孙某文明确提出对其父贪污一案予以关照。同年 8 月 19 日，会宁县人民法院以贪污罪，一审判处张某有期徒刑 10 年。宣判后，张某不服，提出上诉。该案上诉期间，孙某文意识到张某案有可能被发回重审，遂通过电话向张某之子张某 1 提出借款 10 万元，张某 1 当即表示同意，后分两次将 10 万元交给孙某文。2008 年 12 月 19 日，张某案发回会宁县人民法院重审。2009 年 11 月的一天，孙某文与张某 1 见面后，张某 1 在询问了案件相关情况后，便将孙某文亲笔书写的借条拿出当场烧毁。

此后，在张某案重审期间，孙某文在审委会上发表了应判张某无罪的意见。2008 年 8 月 22 日，张某贪污案在白银市中级人民法院上诉期间，时任白银市中级人民法院刑二庭审判员的何某明接受张某之子张某 1 的吃请时，张某 1 曾提出让何某明给其父帮忙。2008 年 12 月 19 日，白银市中级人民法院作出张某贪污一案原审判决事实不清、证据不足撤销原判，发回会宁县人民法院重审的裁定。2009 年年初，在张某贪污案发回会宁县人民法院审监庭重审期间，何某明受张某 1 委托，出面与张某 1 两次宴请时任会宁县人民法院审监庭庭长的蔺某彬。同年 3 月，蔺某彬担任张某案重审的主审法官。之后，何某明受张某 1 委托，多次与蔺某彬见面，并在电话里向蔺某彬讲该案应判张某无罪的意见，被告人蔺某彬被动同意。2009 年 12 月 3 日，蔺某彬在对张某贪污案重审合议时提出该案因事实不清、证据不足，指控的贪污罪名不能成立，应判张某无罪的意见，并经合议庭其他成员同意成为合议庭评议意见。

2010 年 2 月 18 日，何某明与张某之子张某 1 一同到蔺某彬家中向其送烟酒，蔺某彬告知张某 1 其父案件拟判无罪，判决即将由院长孙某文签发。同年 4 月 16 日，会宁县人民法院对于张某贪污一案重审后一审判决被告人张某无罪。同年 4 月 22 日，会宁县人民检察院就该案重审判决向白银中院提出抗诉。同月 26 日，何某明向张某之子张某 1 借款 5 万元至案发前一直未还。何某明又循情接受张某 1 的请求，出面宴请白银市中级人民法院办理张某贪污抗诉案二审合议庭部分法官及该案部分审委会委员，多次提出让被宴请者对于张某案多帮忙，力求维持张某无罪的判决结果。

2010年8月27日，白银市中级人民法院对张某贪污抗诉案作出终审判决，以张某犯贪污罪判处有期徒刑10年。2011年6月16日，天水市麦积区人民法院作出一审判决：以受贿罪判处会宁县人民法院原院长孙某文有期徒刑10年3个月，以贪污罪判处有期徒刑2年，合并有期徒刑12年3个月；对追缴的46 000元涉案赃款依法予以没收，剩余84 000元赃款依法继续追缴。以徇私枉法罪分别判处会宁县人民法院审监庭原庭长蔺某彬、白银市中级人民法院刑二庭原审判员何某明有期徒刑1年6个月和有期徒刑1年。①

---

① 参见马震坤："白银三名法官腐败案宣判"，载《甘肃法制报》2011年6月20日，第1版。

第四章　廉洁：法官职业道德及
行为规范典型案例

人民法院在实现全面依法治国的治国方略中具有重要地位。公正是法治的生命线，能否实现司法公正，关键在于保持司法廉洁。司法廉洁是司法公正的基本保证。法官要真正做到为民、务实、清廉，就要做到"打铁还需自身硬"，就"要始终保持高尚的精神追求和道德情操，坚持严于律己、清正廉洁，老老实实做人、干干净净做事，时刻警惕权力、金钱、美色的诱惑，坚决同一切腐败行为作斗争，用实际行动推进反腐倡廉建设"。[①]

第一节　司法廉洁基本问题

廉洁与腐败是两个相对应的词，两者共生共存。确保司法廉洁与严惩司法腐败是一个问题的两个方面。确保司法廉洁，就需要把握严惩司法腐败的现实意义和历史发展，深化司法廉洁教育，更好地在司法实践中坚持廉洁司法作风，筑牢拒腐防变思想防线，切实保证司法公正。

一、反腐倡廉，永远在路上

廉洁是一个古老而现实的话题。伴随着私有制的产生，腐败现象出现，

---

① 参见"胡锦涛：干部要警惕权钱色诱惑"，载搜狐网，http://news.sohu.com/20100407/n271341612.shtml，2022年5月2日访问。

保持廉洁就提到了国家管理的层面。因此，了解反腐倡廉的现实意义，掌握历史和当代对贪腐行为的惩处，可以更好地做到确保司法廉洁。

（一）反腐败斗争关系党和国家的生死存亡

腐败是社会毒瘤。如果任凭腐败问题愈演愈烈，最终必然亡党亡国。我们党把党风廉政建设和反腐败斗争提到关系党和国家生死存亡的高度来认识，是深刻总结了古今中外的历史教训的。①

（1）党风廉政建设和反腐败斗争是新时代全面从严治党的重要方略。党的十八大以来，党中央把全面从严治党纳入"四个全面"战略布局，以前所未有的勇气和定力推进党风廉政建设和反腐败斗争。这是因为腐败是危害党的生命力和战斗力的最大毒瘤，反腐败是最彻底的自我革命。只要存在腐败问题产生的土壤和条件，反腐败斗争就一刻不能停，以零容忍态度反腐惩恶。全面从严治党是新时代党的自我革命的伟大实践，开辟了百年大党自我革命的新境界。

（2）反对腐败、建设廉洁政治，保持党的肌体健康，始终是我们党一贯坚持的鲜明政治立场。② 腐败问题对我们党的伤害最大，严惩腐败分子是党心民心所向，党内决不允许有腐败分子藏身之地。这是保持党同人民群众血肉联系的必然要求，也是巩固党的执政基础和执政地位的必然要求。③

（3）中国共产党要始终紧紧依靠人民，始终保持同人民群众的血肉联系，一刻也不脱离群众。要做到这一点，就必须坚定不移地把党风廉政建设和反腐败斗争深入进行下去。人民群众最痛恨各种消极腐败现象，最痛恨各

---

① 参见习近平："在第十八届中央纪委检查委员会第二次全体会议上的讲话（2013 年 1 月 22 日）"，载中共中央纪委检查委员会、中共中央文献研究室：《习近平关于党风廉政建设和反腐败斗争论述摘编》，中央文献出版社、中国方正出版社 2015 年版，第 5 页。

② 参见习近平："在十八届中央政治局第一次集体学习时的讲话（2012 年 11 月 17 日）"，载中央文献研究室编：《十八大以来重要文献选编》（上），中央文献出版社 2014 年版，第 81 页。

③ 参见习近平："在十八届中央政治局第五次集体学习时的讲话（2013 年 4 月 19 日）"，载中共中央纪委检查委员会、中共中央文献研究室编：《习近平关于党风廉政建设和反腐败斗争论述摘编》，中央文献出版社、中国方正出版社 2015 年版，第 6~7 页。

种特权现象，这些现象对党同人民群众的血肉联系最具杀伤力。一个政党，一个政权，其前途和命运最终取决于人心向背。我们必须下最大气力解决好消极腐败问题，确保党始终同人民心连心、同呼吸、共命运。①

（4）人民法院是党和人民手中掌握的"刀把子"，必须坚持不懈把全面从严治党、从严治院向纵深推进，锻造绝对忠诚、绝对纯洁、绝对可靠的法院铁军，为人民法院工作高质量发展提供坚强有力的纪律作风保障。②"公生明，廉生威。"执法司法是否具有公信力，主要看两点：一是公正不公正；二是廉洁不廉洁。③ 每位法官都要深刻认识当前党风廉政建设和反腐败斗争面临的形势任务，坚持以雷霆之势反腐惩恶，以钉钉子精神加强作风建设，坚持刀刃向内、刮骨疗毒，打好自我革命攻坚战、持久战。要坚持以党的政治建设为统领，不断增强人民法院各级党组织政治功能和组织力、凝聚力，突出组织功能，强化政治引领，完善各项制度机制，做到自我净化、自我完善、自我革新、自我提高，锻造善于斗争、勇于自我革命的人民法院队伍。

（二）确保司法廉洁、反对贪腐的主要文件介绍

确保司法廉洁、反对贪腐，是人民群众关心关注的问题，也是中央政法委和司法机关重点解决的问题。从 21 世纪开始，中央政法委、最高人民法院、最高人民检察院、司法部联合颁布了一系列文件，把权力送进制度的笼子，增强了确保司法廉洁的力度。

1.《关于规范法官和律师相互关系维护司法公正的若干规定》

2004 年 3 月，为了加强对法官和律师在诉讼活动中的职业纪律约束，规范法官和律师的相互关系，维护司法公正，根据《中华人民共和国法官法》

---

① 参见中共中央党史和文献研究院编：《习近平关于全面从严治党论述摘编（2021 年版）》，中央文献出版社 2021 年版，第 360 页。

② 参见谭斌："锲而不舍推进新时代全面从严治院"，载《人民法院报》2022 年 3 月 28 日，第 2 版。

③ 参见习近平："严格执法，公正司法（2014 年 1 月 7 日）"，载"学习强国"学习平台，2021 年 2 月 15 日。

《中华人民共和国律师法》等有关法律、法规，最高人民法院、司法部制定了该规定。它明确了法官和律师在诉讼活动中应当忠实于宪法和法律，依法履行职责，共同维护法律尊严和司法权威；法官应当严格依法办案，不受当事人及其委托的律师利用各种关系、以不正当方式对案件审判进行干涉或者施加影响。

2.《关于"五个严禁"的规定》和《关于违反"五个严禁"规定的处理办法》

2009年1月，最高人民法院为了严肃人民法院工作纪律，发布了《关于"五个严禁"的规定》。该文件要求：严禁接受案件当事人及相关人员的请客送礼；严禁违反规定与律师进行不正当交往；严禁插手过问他人办理的案件；严禁在委托评估、拍卖等活动中徇私舞弊；严禁泄露审判工作秘密。

为了确保"五个严禁"规定落到实处，最高人民法院同时还发布了《关于违反"五个严禁"规定的处理办法》，对"五个严禁"的内涵作出了解释。

3.《最高人民法院关于对配偶父母子女从事律师职业的法院领导干部和审判执行人员实行任职回避的规定》

为维护司法公正和司法廉洁，防止法院领导干部及审判执行人员私人利益与公共利益发生冲突，依照《中华人民共和国公务员法》《中华人民共和国法官法》等法律法规，结合人民法院实际，最高人民法院于2020年4月17日发布该规定，并于2020年5月6日起施行。该规定指出：人民法院工作人员的配偶、父母、子女、兄弟姐妹、配偶的父母、配偶的兄弟姐妹、子女的配偶、子女配偶的父母具有律师身份的，该工作人员应当主动向所在人民法院组织（人事）部门报告。人民法院领导干部和审判执行人员的配偶、父母、子女有下列情形之一的，法院领导干部和审判执行人员应当实行任职回避：①担任该领导干部和审判执行人员所任职人民法院辖区内律师事务所的合伙人或者设立人的；②在该领导干部和审判执行人员所任职人民法院辖区内以律师身份担任诉讼代理人、辩护人，或者为诉讼案件当事人提供其他有偿法律服务的。此外，最高人民法院在2011年就制定过相关规定，即《关于对配偶子女从事律师职业的法院领导干部和审判执行岗位法官实行任职回避的规定（试行）》，2020年新发布之规定是对2011年规定的补充和完善。

4.《关于人民法院落实廉政准则防止利益冲突的若干规定》

为进一步规范人民法院工作人员的行为，促进人民法院工作人员公正廉洁执法，根据《中华人民共和国法官法》，并参照《中国共产党党员领导干部廉洁从政若干准则》，最高人民法院于2012年2月发布该规定，明确了人民法院工作人员，即各级人民法院行政编制和事业编制内的工作人员，不可利用职权和影响进行的行为和活动。

5.《关于纠正节日不正之风的"十个不准"规定》

2013年12月，最高人民法院发布该规定，要求各级人民法院深入贯彻落实中央八项规定精神，不准以过节名义滥发实物、现金及支付凭证，不准从事与法院工作人员身份不相符的活动，或者涉足与法院工作人员身份不相符的场所，坚决刹住节日期间的奢靡浪费之风，构建节日纠风工作长效机制。①

6.《司法机关内部人员过问案件的记录和责任追究规定》

2015年3月，为贯彻落实《中共中央关于全面推进依法治国若干重大问题的决定》有关要求，防止司法机关内部人员干预办案，确保公正廉洁司法，根据宪法法律规定，结合司法工作实际，中央政法委发布该规定，并明确要求：司法机关内部人员应当依法履行职责，严格遵守纪律，不得违反规定过问和干预其他人员正在办理的案件，不得违反规定为案件当事人转递涉案材料或者打探案情，不得以任何方式为案件当事人说情打招呼。

7.《最高人民法院、最高人民检察院、公安部、国家安全部、司法部关于进一步规范司法人员与当事人、律师、特殊关系人、中介组织接触交往行为的若干规定》

2015年9月，最高人民法院、最高人民检察院、公安部、国家安全部、

---

① 参见张先明："最高法院发布节日期间'十个不准'规定"，载《人民法院报》2013年12月3日，第1版。

司法部联合发布该规定，目的是规范司法人员与当事人、律师、特殊关系人、中介组织的接触交往行为，防止当事人、律师、特殊关系人、中介组织以不正当方式对案件办理进行干涉或者施加影响，保障案件当事人合法权益，维护社会公平正义。

8. 《人民法院规范执行行为"十个严禁"》

为解决人民法院系统"灯下黑"问题，让人民群众切实感受到执行工作的新气象，最高人民法院于 2017 年 4 月发布该规定，对在办理执行案件过程中"冷硬横推"及消极执行、拖延执行、选择性执行等失范行为及处理办法作出了具体的规定。

9. 《关于建立健全禁止法官、检察官与律师不正当接触交往制度机制的意见》

2021 年 9 月，最高人民法院、最高人民检察院、司法部根据《中华人民共和国法官法》《中华人民共和国检察官法》《中华人民共和国律师法》等有关规定，结合实际情况制定该意见，目的是深入贯彻习近平法治思想，认真贯彻落实防止干预司法"三个规定"，建立健全禁止法官、检察官与律师不正当接触交往制度机制，防止利益输送和利益勾连，切实维护司法廉洁和司法公正。该意见适用于各级人民法院、人民检察院依法履行审判、执行、检察职责的人员和司法行政人员，对严禁法官、检察官与律师的接触交往行为作出了明确具体的规定。

10. 《关于进一步规范法院、检察院离任人员从事律师职业的意见》

2021 年 9 月，最高人民法院、最高人民检察院、司法部依据《中华人民共和国公务员法》《中华人民共和国法官法》《中华人民共和国检察官法》《中华人民共和国律师法》等有关规定，结合实际情况制定该意见。其目的是深入贯彻习近平法治思想，认真贯彻落实防止干预司法"三个规定"，进一步规范法院、检察院离任人员从事律师职业，防止利益输送和利益勾连，切实维护司法廉洁和司法公正。该意见适用于从各级人民法院、人民检察院离任且在离任时具有公务员身份的工作人员。离任包括退休、辞去公职、开除、辞退、调离等。

11. 《新时代政法干警"十个严禁"》

2022 年 2 月，该文件由中央政法委、最高人民法院、最高人民检察院、公安部、国家安全部、司法部联合发布。该文件坚持以习近平新时代中国特色社会主义思想为指导，深入贯彻习近平法治思想，认真贯彻落实以习近平同志为核心的党中央对新时代政法队伍建设的部署要求，体现严的主基调、"越往后越严"的要求。《新时代政法干警"十个严禁"》围绕人民群众反映强烈的突出问题，针对全国政法队伍教育整顿中发现的问题，特别是查处政法干警违纪违法和整治执法司法顽瘴痼疾暴露出的重点问题，制定禁止性规定。其起草过程严格依据党章、《中国共产党廉洁自律准则》《中国共产党纪律处分条例》《中华人民共和国公职人员政务处分法》以及政法机关的纪律条令等相关规定，做到了于法有据。该文件中规定的"十个严禁"划定了政法干警的思想"红线"和行为"底线"，是政法队伍的铁规禁令：①突出政治属性，必须做到绝对忠诚、绝对纯洁、绝对可靠，始终坚持党的绝对领导，坚决做到"两个维护"；②突出政法特性，必须做到严格执法、公正司法，决不允许违规执法、执法犯法；③突出制度刚性，必须做到令行禁止，决不允许搞变通、打折扣，对违反"十个严禁"的，依规依纪依法严肃处理。①《新时代政法干警"十个严禁"》深入贯彻习近平法治思想，深入贯彻习近平总书记关于加强政法队伍建设的重要指示和训词精神，是巩固深化全国政法队伍教育整顿成果、推进全面从严管党治警的重要举措，是全国政法队伍教育整顿的重要制度成果。②

---

① 参见李阳："中央政法委负责人就《新时代政法干警'十个严禁'》答记者问"，载《人民法院报》2022 年 3 月 1 日，第 2 版。

② 参见元玉昆："中央政法委、最高法、最高检、公安部、国家安全部、司法部联合印发《新时代政法干警'十个严禁'》"，载人民网，http://hb.people.com.cn/BIG5/n2/2022/0301/c194063-35153694.html，2022 年 8 月 11 日访问。

二、我国刑法中与法官贪腐行为有关的罪名及相关规定

与法官贪腐行为有关的罪名在我国刑法中主要分为以下几类。

(一) 贪污受贿罪

《中华人民共和国刑法》（以下简称《刑法》）第八章中规定了贪污受贿罪，并包括以下几个罪名：贪污罪、挪用公款罪、受贿罪、巨额财产来源不明罪、隐瞒境外存款罪、私分罚没财物罪。

1. 贪污罪

我国《刑法》第382条规定，贪污罪是指国家工作人员利用职务上的便利，侵吞、窃取、骗取或者以其他手段非法占有公共财物的行为。受国家机关、国有公司、企业、事业单位、人民团体委托管理、经营国有财产的人员，利用职务上的便利，侵吞、窃取、骗取或者以其他手段非法占有国有财物的，以贪污论。与上述所列人员勾结，伙同贪污的，以共犯论处。

法官适用这个罪名的行为主要包括贪污收缴的罚金、缓刑保证金、赔偿款以及罚没的物品。

2. 挪用公款罪

我国《刑法》第384条规定，挪用公款罪是指国家工作人员利用职务上的便利，挪用公款归个人使用，进行非法活动的，或者挪用公款数额较大、进行营利活动的，或者挪用公款数额较大、超过三个月未还的，是挪用公款罪。挪用用于救灾、抢险、防汛、优抚、扶贫、移民、救济款物归个人使用的，从重处罚。

法官适用该罪名的行为主要包括挪用收缴的罚金、缓刑保证金、赔偿款等。

3. 受贿罪

我国《刑法》第385条规定，受贿罪是指国家工作人员利用职务上的便利，索取他人财物的，或者非法收受他人财物，为他人谋取利益的行为。

法官构成受贿罪的行为有：①在经济往来中，违反国家规定，收受各种名义的回扣、手续费，归个人所有的；②利用本人职权或者地位形成的便利条件，通过其他国家工作人员职务上的行为，为请托人谋取不正当利益，索取请托人财物或者收受请托人财物的；③其近亲属或者其他与其关系密切的人，通过其职务上的行为，或者利用其职权或者地位形成的便利条件，通过其他国家工作人员职务上的行为，为请托人谋取不正当利益，索取请托人财物或者收受请托人财物，数额较大或者有其他较重情节的；④离职的法官或者其近亲属以及其他与其关系密切的人，利用该离职的法官原职权或者地位形成的便利条件实施第③种行为的。

4. 巨额财产来源不明罪

我国《刑法》第395条第1款规定，巨额财产来源不明罪是指国家工作人员的财产、支出明显超过合法收入，差额巨大且不能说明来源的行为。对于差额部分以非法所得论，应予以追缴。

5. 隐瞒境外存款罪

我国《刑法》第395条第2款规定，国家工作人员在境外的存款，应当依照国家规定申报。数额较大、隐瞒不报的，构成隐瞒境外存款罪。情节较轻时，由其所在单位或者上级主管机关酌情给予行政处分。

6. 私分罚没财物罪

该罪是单位犯罪，犯罪的主体是特定的。根据我国《刑法》规定，司法机关、行政执法机关违反国家规定，将应当上缴国家的罚没财物，以单位名义集体私分给个人的，构成私分罚没财物罪。

（二）渎职罪

我国《刑法》第九章中规定了渎职罪，其罪名主要有以下几个：滥用职权罪，玩忽职守罪，徇私枉法罪，民事、行政枉法裁判罪，执行判决、裁定失职罪，执行判决、裁定滥用职权罪，徇私舞弊减刑、假释、暂予监外执行罪。

1. 滥用职权罪和玩忽职守罪

我国《刑法》第397条规定，国家机关工作人员滥用职权或者玩忽职守，致使公共财产、国家和人民利益遭受重大损失的行为，以滥用职权罪或玩忽职守罪论。

2. 徇私枉法罪

我国《刑法》第 399 条第 1 款规定，司法工作人员徇私枉法、徇情枉法，对明知是无罪的人而使他受追诉、对明知是有罪的人而故意包庇不使他受追诉，或者在刑事审判活动中故意违背事实和法律作枉法裁判的行为，以徇私枉法罪论。

3. 民事、行政枉法裁判罪

我国《刑法》第 399 条第 2 款规定，在民事、行政审判活动中故意违背事实和法律作枉法裁判，情节严重的行为，以民事、行政枉法裁判罪论。

4. 执行判决、裁定失职罪和执行判决、裁定滥用职权罪

我国《刑法》第 399 条第 3 款规定，在执行判决、裁定活动中，严重不负责任或者滥用职权，不依法采取诉讼保全措施、不履行法定执行职责，或者违法采取诉讼保全措施、强制执行措施，致使当事人或者其他人的利益遭受重大损失的行为，以执行判决、裁定失职罪或执行判决、裁定滥用职权罪论。

司法工作人员收受贿赂，有徇私枉法，民事、行政枉法裁判，执行判决、裁定失职，执行判决、裁定滥用职权等犯罪行为，同时又构成受贿罪的，依照处罚较重的规定定罪处罚。

5. 徇私舞弊减刑、假释、暂予监外执行罪

我国《刑法》第 401 条规定，司法工作人员徇私舞弊，对不符合减刑、假释、暂予监外执行条件的罪犯，予以减刑、假释或者暂予监外执行的行为，以徇私舞弊减刑、假释、暂予监外执行罪论。

三、我国古代惩处司法官员贪腐行为的法律规定

廉洁问题是一个古老又常见的问题，我国古代相关法律规定足以证明，廉洁问题是伴随着私有制、阶级和国家的产生而出现的。

（一）典章古籍中记载了对包括司法官员在内的官吏的贪腐行为的惩处

无论是在远古时期，还是在奴隶社会，现存的典章古籍中都有关于惩治贪腐的记载。

1. 惩处腐败源于远古时期

尽管远古时期已无文字可考，但前人留下的史料中还能找到一些残存的遗迹。据《左传》中记载："昏、墨、贼，杀，皋陶之刑也。"[1] 这里的昏、墨、贼分别是原始社会末期的三个罪名，按照《左传》中的解释，"恶而掠美为昏，贪以败官为墨，杀人不忌为贼"，我们可以看出其中的"墨"就是贪污腐败，即后世所谓的"贪墨"。

2. 惩治腐败成为西周治国措施

据《尚书》记载，西周时期制定官刑，对官吏的行为进行规范，官吏若为"三风十愆"[2] 的恶行，要被处以黥刑。其中，"敢有殉于货色"就是指的官吏求财货、美色。

《尚书》同时还载有，西周时期还制定吕刑，对官员特别是司法官员的行为进行规范。官员及其中的司法官员有"五过之疵"的，要受到法律的制裁。"五过之疵"是指惟官、惟反、惟内、惟货、惟来，即或因旧僚而祖护，因报恩而翻案，因亲属而包庇，因受贿而开脱，因旧交而留情。只有出现这五种行为，官员即与其免处的罪犯同罪。[3]

（二）封建社会时期对惩治贪腐行为作出明确的规定

中国封建社会时期，立法技术较为完备，立法内容也相对丰富，对贪腐行为的处罚也比较明确具体。

---

[1] 《左传·昭公十四年》，载《十三经注疏》（下），中华书局1980年版，第2076页。
[2] "三风十愆"指的是三种恶劣风气，所滋生的十种恶行。其中，舞、歌，为巫风二；货、色、游、畋，为淫风四；侮圣言、逆忠直、远耆德、比顽童，为乱风四。参见《尚书·伊训》，载《十三经注疏》（上），中华书局1980年版，第163页。
[3] 参见蒲坚编著：《中国法制史大辞典》，北京大学出版社2015年版，第1220页；又见《尚书·吕刑》，载《十三经注疏》（上），中华书局1980年版，第249页。

1. 秦汉时期，对司法不公的惩处规定

秦始皇建立统一的专制的中央集权封建制国家后，更加重视对官吏的管理，以保证国家机器的正常运行。秦朝法律文件中明确指出："吏有五失：一曰夸以迣，二曰贵以大（泰），三曰擅裴割，四曰犯上弗智（知）害，五曰贱士而贵货贝。一曰见民□（倨）敖（傲），二曰不安其□（朝），三曰居官善取，四曰受令不偻，五曰安家室忘官府。一曰不察所亲，不察所亲则怨数至；二曰不智（知）所使，不智（知）所使则以权衡求利；三曰兴事不当，兴事不当则民伤指；四曰善言隋（惰）行，则士毋所比；五曰非上，身及于死。"①其中，"贵货贝"则指的是官吏喜爱钱财。

具体到司法领域，秦律中对司法官吏涉及司法不公、司法不廉洁的罪名有：不直罪、纵囚罪和失刑罪。不直罪是指"罪当重而端轻之，当轻而端重之"。②纵囚罪是指"当论而端弗论，及伤其狱，端令不致，论出之"。③失刑罪是指司法官吏因过失而量刑不当的行为。④

汉朝严禁官吏贪赃受贿，官吏以非法手段取得财物便构成贪赃罪，并为此制定法律对犯此种罪者加以惩处，并规定了贪赃罪的最低数额。⑤

2. 唐朝时期对司法官吏贪腐行为的规定

唐朝对司法官吏贪腐行为的惩处是相对完备而具体的，主要体现在中国古代封建成文法典的集大成者——《唐律疏议》中。《唐律疏议》对官吏在司法领域的贪腐行为作出如下规定。

（1）贪赃罪。包括受财枉法、不枉法、受所监临三种行为，即官员以权

---

① 《睡虎地秦墓竹简·为吏之道》，文物出版社1978年版，第284页。
② 《睡虎地秦墓竹简·法律答问》，文物出版社1978年版，第191页。
③ 《睡虎地秦墓竹简·法律答问》，文物出版社1978年版，第191页。
④ 此罪名的原文为："以乞鞫及为人乞鞫者，狱已断乃听，且未断犹听殹（也）？狱断乃听之。失鉴足，论可（何）殹（也）？如失刑罪。"参见《睡虎地秦墓竹简·法律答问》，文物出版社1978年版，第200~201页。
⑤ 参见蒲坚编著：《中国古代法制丛钞》（一），光明日报出版社2001年版，第412页。

谋私、收取他人财物、接受下属或其辖区人员的财物的行为。①

（2）不依状鞫狱。"诸鞫狱者，皆须依所告状鞫之。若于本状之外，别求他罪者，以故入人罪论。"②

（3）不依法刑讯。"诸讯囚非亲典主司，皆不得至囚所听闻消息。其拷囚及行罚者，皆不得中易人。""诸应讯囚者，必先以情，审察辞理，反覆参验；犹未能决，事须讯问者，立案同判，然后拷讯。违者，杖六十。""若拷过三度及杖外以他法拷掠者，杖一百；杖数过者，反坐所剩；以故致死者，徒二年。""即有疮病，不待差而拷者，亦杖一百；若决杖笞者，笞五十；以故致死者，徒一年半。"③

（4）引用律令不准确具体。"诸断罪皆须具引律、令、格、式正文，违者笞三十。"④

（5）官司出入人罪。"官司入人罪者，谓或虚立证据，或妄构异端，舍法用情，锻炼成罪。""若入全罪，以全罪论。"⑤

（6）不依法上报。"诸断罪应言上而不言上，应待报而不待报，辄自决断者，各减故失三等。"⑥

（7）决罚不如法。"诸决罚不如法者，笞三十；以故致死者，徒一年。"⑦

（8）执行死刑违时。"诸立春以后、秋分以前决死刑者，徒一年。其所犯虽不待时，若于断屠月及禁杀日而决者，各杖六十。待时而违者，加二等。"⑧"诸妇人犯死罪，怀孕，当决者，听产后一百日乃行刑。若未产而决者，徒二年；产讫，限未满而决者，徒一年。失者，各减二等。"⑨

---

① 参见（唐）长孙无忌等撰：《唐律疏议·名例》，中华书局1985年版，第75页。
② （唐）长孙无忌等撰：《唐律疏议·名例》，中华书局1985年版，第705页。
③ （唐）长孙无忌等撰：《唐律疏议·名例》，中华书局1985年版，第702～704页。
④ （唐）长孙无忌等撰：《唐律疏议·名例》，中华书局1985年版，第710页。
⑤ （唐）长孙无忌等撰：《唐律疏议·名例》，中华书局1985年版，第711页。
⑥ （唐）长孙无忌等撰：《唐律疏议·名例》，中华书局1985年版，第710页。
⑦ （唐）长孙无忌等撰：《唐律疏议·名例》，中华书局1985年版，第707页。
⑧ （唐）长孙无忌等撰：《唐律疏议·名例》，中华书局1985年版，第718页。
⑨ （唐）长孙无忌等撰：《唐律疏议·名例》，中华书局1985年版，第717页。

（9）违反死刑覆奏制度。"诸死罪囚，不待覆奏报下而决者，流二千里。即奏报应决者，听三日乃行刑，若限未满而行刑者，徒一年；即过限，违一日杖一百，二日加一等。"①

（10）狱官接受囚犯贿赂。"诸主守受囚财物，导令翻异；及与通传言语，有所增减者，以枉法论。"②

3. 明清时期，进一步加大对贪官污吏的惩处力度

明朝在开国之初就进行了非常严厉的反贪大行动，其株连人数之多、刑罚之严酷，都是我国几千年来封建社会中最为突出、最为严酷的。明太祖朱元璋在登基之初，亲自指导编撰了《明大诰》，这部刑法最为显著的特点就是对吏民进行严刑惩罚，其对于贪腐的惩治力度明显比前面朝代更加严酷，对吏治的整治力度明显加大。

清朝顺治年间，在"安民之本，首在惩贪"思想指导下，对当时的贪官都进行了非常严厉的惩处。康熙年间，更加重视吏治，并将其视为封建生产关系有效调节的关键环节。康熙在对官吏进行考核的过程中，最为主要的目的不是考察官员是否对君主尽忠职守，而是考察官员是否能够正确地处理其与民众之间的关系。

【案例4-1】中国古代关于廉洁的名人警句。《周礼》："以听官府之六计，弊群吏之治。一曰廉善，二曰廉能，三曰廉敬，四曰廉正，五曰廉法，六曰廉辩。"③ 欧阳修："礼义廉耻，国之四维，四维不张，国乃灭亡"④ "忧劳可以兴国，逸豫可以亡身"⑤。李商隐："历览前贤国与家，成由勤俭破由奢。"⑥

---

① （唐）长孙无忌等撰：《唐律疏议·名例》，中华书局1985年版，第719页。

② （唐）长孙无忌等撰：《唐律疏议·名例》，中华书局1985年版，第700页。

③ 《十三经注疏·周礼注疏·天官·小宰》，中华书局1980年版，第654页。

④ 《资治通鉴卷二百九十一·后周纪二》，中华书局1956年版，第9510页。

⑤ （宋）欧阳修：《新五代史卷三十七·伶官传》，中华书局1974年版，第397页。

⑥ （唐）李商隐：《咏史》，载（清）彭定求等编：《全唐诗》（四），延边人民出版社1999年版，第3354页。

岳飞：“文臣不爱钱，武臣不惜死，天下太平矣!”① 包拯：“廉者，民之表也；贪者，民之贼也。”② 左丘明：“政在去私，私不去，则公道亡。”③

【案例4-2】相国张延赏将判度支。知有一大狱，颇有冤屈，每甚扼腕。及判使，即召狱吏，严诫之，且曰：“此狱已久，旬日须了。”明日视事，案上有一小帖子，曰：“钱三万贯，乞不问此狱。”公大怒，更促之。明日复见一帖子来曰：“钱五万贯。”公益怒，命两日须毕。明日复见帖子，曰：“钱十万贯。”公遂止不问。子弟乘间侦之，公曰：“钱至十万贯，可通神矣，无不可回之事。吾惧及祸，不得不受也。”④

【案例4-3】晋邢侯与雍子争鄐田，久而无成。士景伯如楚，叔鱼摄理。韩宣子命断旧狱，罪在雍子。雍子纳其女于叔鱼，叔鱼蔽罪邢侯。邢侯怒，杀叔鱼与雍子于朝。宣子问其罪于叔向。叔向曰：“三人同罪，施生戮死可也。雍子自知其罪，而赂以买直，鲋也鬻狱，邢侯专杀，其罪一也。己恶而掠美为昏，贪以败官为墨，杀人不忌为贼。《夏书》曰：‘昏、墨、贼，杀。’皋陶之刑也。请从之。”乃施邢侯而尸雍子与叔鱼于市。仲尼曰：“叔向，古之遗直也。治国制刑，不隐于亲，三数叔鱼之恶，不为末减。曰义也夫，可谓直矣。平丘之会，数其贿也，以宽卫国，晋不为暴。归鲁季孙，称其诈也，以宽鲁国，晋不为虐。邢侯之狱，言其贪也，以正刑书，晋不为颇。三言而除三恶，加三利，杀亲益荣，犹义也夫?”⑤

【案例4-4】邑有大贾王可久，转货江、湖间。值庞勋乱，盖亡其赀，

---

① 《宋史卷三百六十五·列传第一百二十四·岳飞传》，中华书局1985年版，第11394页。

② （宋）包拯：《包孝肃奏议集》（卷三），载《文津阁四库全书（影印本）》第425册，商务印书馆2006年版，第103页。

③ “左传·昭公十四年”，载《十三经注疏》（下），中华书局1980年版，第2076页。

④ （唐）张固：《幽闲鼓吹》，载《文津阁四库全书（影印本）》第1039册，商务印书馆2006年版，第538页。

⑤ “左传·昭公十四年”，载《十三经注疏》（下），中华书局1980年版，第2076页。

不得归。妻诣卜者杨乾夫咨亡。乾夫名善数，而内悦妻色，且利其富。既占，阳惊曰："乃夫殆不还矣！"即阴以百金谢媒者，诱聘之，妻乃嫁乾夫，遂为富人。它年徐州平，可久困甚，丐衣食归闾里，往见妻。乾夫大怒，诟逐之。妻诣吏自言，乾夫厚纳贿，可久反得罪。再诉，复坐诬。可久恨叹，遂失明。碣之来，可久陈冤，碣得其情，即敕吏掩乾夫并前狱史下狱，悉发赇奸，一日杀之，以妻还可久。时淫潦，狱决而霁，都民相语，歌舞于道。①

【案例4-5】黄某有系最高人民法院原副院长。2005—2008年，黄某有利用担任最高人民法院副院长的职务便利和职权、地位形成的便利条件，在有关案件的审判、执行等方面为广东某律师事务所律师陈某伦等五人谋取利益，先后收受上述人员钱款共计折合390万余元人民币。此外，黄某有于1997年利用担任广东省湛江市中级人民法院院长的职务便利，伙同他人骗取本单位公款308万元人民币，其个人从中分得120万元。案发后，已追缴赃款578万元人民币。河北省廊坊市中级人民法院认为，黄某有身为国家工作人员，利用职务便利为他人谋取利益，利用职权、地位形成的便利条件为他人谋取不正当利益，收受他人贿赂的行为构成受贿罪；黄某有利用职务便利，伙同他人共同骗取本单位公款的行为构成贪污罪。黄某有受贿数额巨大，虽具有在被调查期间主动坦白有关部门不掌握的部分受贿犯罪事实，认罪悔罪，且案发后大部分赃款已追缴等酌定从轻处罚情节，但其身为最高人民法院大法官，知法犯法，进行权钱交易，收受巨额贿赂，社会影响恶劣，应依法从严惩处。黄某有与他人共同贪污数额巨大，情节严重，且系主犯，亦应依法惩处，故一审判决：黄某有犯受贿罪，判处无期徒刑，剥夺政治权利终身，没收个人全部财产；犯贪污罪，判处有期徒刑15年，没收个人财产50万元人民币，两罪并罚，决定执行无期徒刑，剥夺政治权利终身，没收个人全部财

---

① 《新唐书卷一百二十·列传第四十五》，中华书局1975年版，第4320页。

产。2010 年 3 月 17 日上午，河北省高级人民法院对最高人民法院原副院长黄某有贪污、受贿案终审宣判：驳回上诉，维持原判。①

【案例 4－6】 王某某系××人民法院民一庭原审判长。××市××区人民法院审理被告人王某某犯受贿罪一案，于 2017 年 12 月 22 日作出（2017）京 0101 刑初 248 号刑事判决，认定：王某某于 2005 年，利用担任××人民法院民二庭审判员的职务便利，接受他人请托，介绍孙某担任山东省某农村信用合作社联合社在该人民法院进行二审案件的代理律师，并在案件审议过程中为孙某一方提供帮助。王某某通过与孙某约定按比例分配代理费的方式，收受孙某给予的 4.4 万元人民币。于 2006 年，利用担任××人民法院民二庭审判员的职权和便利条件，接受他人请托，介绍孙某担任某集团股份有限公司在该人民法院进行二审案件的代理律师，并在案件审议过程中为孙某代理一方提供帮助。王某某与孙某约定按比例分配代理费。相关款项暂由孙某保管控制。于 2009—2012 年，利用担任××人民法院立案二庭审判长的职务便利，接受他人请托，为山东省某农村合作银行在该人民法院进行再审的案件提供帮助，收受山东省某农村合作银行副行长陈某给予的 1 万元人民币。于 2012 年，利用担任××人民法院立案二庭审判长的职务便利，接受孙某的请托，为山东某有限公司在该人民法院申请再审的案件提供帮助，欲收受孙某给予的 10 万元人民币；该款暂由孙某保管控制。于 2007 年，利用担任××人民法院立案庭审判长的职务便利，接受于某的请托，为于某同学代理的在该人民法院申请再审的案件提供帮助，收受于某给予的 20 万元人民币。该款案发前已退还于某。于 2012 年，利用担任××人民法院立案二庭审判长的职权和便利条件，接受贵州某房地产开发有限公司董事长包某的请托，为其公

---

① 参见杨维汉、朱峰："最高人民法院原副院长黄松有一审被判无期徒刑"，载中国日报网，https：//www. chinadaily. com. cn/dfpd/2010 - 01/19/content_9343356. htm；又见"最高法院副院长黄松有终审被判无期"，载中国日报网，https：//www. chinadaily. com. cn/dfpd/2010 - 03/17/content_9604559. htm，2019 年 6 月 18 日访问。

司在该人民法院进行再审的案件提供帮助，收受包某给予的 45 万元人民币。

××市××区人民法院认为，被告人王某某身为国家工作人员，利用职务上的便利收受他人财物，为他人谋取利益，或利用本人职权和便利条件，通过其他国家工作人员职务上的行为，为请托人谋取不正当利益，收受请托人财物，其行为违反了国家工作人员的职务廉洁性，损害了法院审判的独立性及公正性，已构成受贿罪且属数额特别巨大，依法应予惩处。考虑到相应"代理费"确实在孙某实际控制下，并未最终全额交付，因此扣除证据中双方认可的由被告人王某某提走的部分，其余应按犯罪未遂处理较为妥当。鉴于王某某具有未遂情节，且到案后坦白部分犯罪事实，在家属的配合下积极退赃，确有悔罪表示，可对其减轻处罚。故判决：一、被告人王某某犯受贿罪，判处有期徒刑 6 年，并处罚金 30 万元人民币。二、在案扣押的退缴赃款 120 万元人民币依法予以没收。剩余赃款 26 万元人民币，继续向被告人王某某追缴后予以没收。

王某某不服，提出上诉。××市第二中级人民法院经审理认为：上诉人（原审被告人）王某某身为国家工作人员，利用职务上的便利，为他人谋取利益，非法收受他人财物，或利用本人职权、地位形成的便利条件，通过其他国家工作人员职务上的行为，为请托人谋取不正当利益，其行为已构成受贿罪，且受贿数额特别巨大。一审法院认定王某某犯受贿罪的事实清楚，证据确实、充分，在认定王某某具有部分未遂情节的基础上，根据其犯罪的事实、犯罪的性质、情节及对于社会的危害程度所作的判决，定罪及适用法律正确，量刑适当，判令继续追缴王某某的违法所得予以没收及对扣押钱款处理无误，审判程序合法，应予维持。王某某所提上诉理由及其辩护人的辩护意见均不能成立，本院不予采纳，依照《中华人民共和国刑事诉讼法》（2012 年修正）第 225 条第 1 款第 1 项之规定，裁定如下：驳回王某某的上诉，维持原判。①

---

① 参见北京市第二中级人民法院（2018）京 02 刑终 87 号刑事裁定书。

【案例4-7】江苏省首次公布查办司法工作人员相关职务犯罪案件情况。数据显示，2019年以来，全省检察机关，共立案侦查司法工作人员相关职务犯罪案件56件66人。其中，2020年1—9月共立案侦查31件35人，与去年同期相比，件数增长55%，人数增长34.62%。56件案件中，从主体身份看，公安民警（辅警）48人，占比72.72%；审判人员14人，占比21.21%；监狱民警3人，占比4.55%；检察人员1人，占比1.52%；从职务职级看，副处级（含相当层次职级，下同）干部2人，占比3.03%；正科级干部6人，占比9.09%；副科级干部10人，占比15.15%；其余均为科员级以下人员。从涉嫌罪名看，徇私枉法、玩忽职守、民事枉法裁判较多，分别为27件、9件、5件，占总件数的73.21%；其他为滥用职权、徇私舞弊减刑、刑讯逼供等罪名。从涉案地域看，徐州、无锡、淮安、泰州立案人数相对较多，分别为14人、12人、9人和8人，占总人数的65.15%，其余各设区市也均有立案。①

第二节　确保司法廉洁的要求

司法廉洁是实现司法公正的前提和基础，也是法官职业道德必须遵循的重要内容。因此，根据《中华人民共和国法官职业道德基本准则》及其相关规范性文件，要确保司法廉洁，应符合如下要求。

一、确保司法廉洁总要求

树立正确的权力观、地位观、利益观，是法官职业道德对法官确保司法

---

① 参见"56件66人！江苏首次公布查办司法工作人员相关职务犯罪案件情况"，载中国江苏网，http://www.jsnews.jschina.com.cn/shms/202010/t20201022_2651016.shtml，2022年8月11日访问。

廉洁提出的总要求。具体而言，法官要坚持自重、自省、自警、自励，坚守廉洁底线，依法正确行使审判权、执行权，杜绝以权谋私、贪赃枉法行为。

（一）加强政治理论学习

学习是一种追求、一种爱好、一种健康的生活方式。乐于学习，善于学习，是中华民族的传统美德。中国古人给我们留下了许多关于学习的名句，如"学而不思则罔，思而不学则殆""读书破万卷，下笔如有神""立身以立学为先，立学以读书为本""书山有路勤为径，学海无涯苦作舟""书到用时方恨少，事非经过不知难"。学习马克思主义理论，用马克思主义理论武装头脑，指导工作，这是党在革命战争时期形成的优良传统，也是党领导人民取得革命和建设胜利的政治优势，更是一条重要的历史经验。通过学习正确的理论，树立正确的世界观、人生观、价值观，才能正确地看待权力、地位和利益等问题，才能确立正确的政治方向，进一步提高政治站位。因此，加强思想理论学习，是增强法官拒腐防变的有效方法。

（1）要把握正确的学习方向。正确的学习方向就是马克思主义、毛泽东思想和习近平新时代中国特色社会主义理论体系所指引的方向。习近平总书记指出："忽视了马克思主义所指引的方向，学习就容易陷入盲目状态甚至误入歧途，就容易在错综复杂的形势中无所适从，就难以抵御各种错误思潮。没有正确方向，不仅学不到有益的知识，还很容易被一些天花乱坠、脱离实际甚至荒唐可笑、极其错误的东西所迷惑、所俘虏。"[①]

（2）要坚持问题导向。习近平总书记指出："要把研究和解决重大现实问题作为学习的根本出发点，使认认真真学习成为理论联系实际、学以致用，不断提高工作原则性、系统性、预见性和创造性的过程。"[②]"要坚持实事求是、求真务实，从实际出发谋划事业和工作，使提出的点子、政策、方案符

---

① 习近平："依靠学习走向未来"，载《习近平谈治国理政》，外文出版社2014年版，第406页。
② 习近平："领导干部要认认真真学习"，载中国共产党新闻网，http://theory.people.com.cn/n/2013/0428/c40531-21322009.html，2022年8月20日访问。

合实际情况、符合客观规律、符合科学精神，以创造性工作把党中央决策部署落到实处。要坚持真抓实干、狠抓落实，一切工作都要往实里做、做出实效，不好高骛远、不脱离实际，力戒形式主义、官僚主义。"①

（3）要认真学习马克思主义理论。"马克思主义立场、观点、方法是做好工作的看家本领，是指导我们认识世界、改造世界的强大思想武器。"② 只有学懂了马克思列宁主义、毛泽东思想、邓小平理论、"三个代表"重要思想、科学发展观、习近平新时代中国特色社会主义思想，特别是领会了贯穿其中的马克思主义立场、观点、方法，才能深刻认识和准确把握中国共产党执政规律、社会主义建设规律、人类社会发展规律，坚定理想信念，才能把中国特色社会主义不断推向前进。

（4）以科学的方法来指导学习。一是要坚持读原著、学原文、悟原理。这是学习理论最基本的方法。学习掌握马克思主义基本原理，学会用马克思主义立场观点方法分析问题、解决问题；积极主动地学习马克思主义中国化最新成果——习近平新时代中国特色社会主义思想，深入、全面系统地学习这一思想的丰富内涵、核心要义、根本立场、重大意义，自觉用它武装头脑、指导实践、推动工作，做到学、思、用贯通，知、信、行合一。二是要做到理论联系实际。达到这一目标的前提是学懂弄通理论、掌握思想真谛。要刻苦钻研马克思主义基本原理特别是新时代党的创新理论成果，努力掌握蕴含其中的立场观点方法、道理学理哲理，做到知其言更知其义、知其然更知其所以然。三是要深入学习党的理论创新成果，前后贯通学、及时跟进学，运用党的科学理论优化思想方法，解决思想困惑，检视自身思想作风和精神状态，牢固树立正确的世界观、人生观、价值观和权力观、政绩观、事业观，

---

① "实事求是、求真实务"，载搜狐网，https：//www.sohu.com/a/460876889_120737603，2022 年 8 月 20 日访问。

② "在新时代新征程留下无悔的奋斗足迹——论学习贯彻习近平总书记在中青年干部培训班开班式上重要讲话"，载新华网，http：//www.xinhuanet.com/2022-03/04/c_1128438895.htm，2022 年 8 月 20 日访问。

使自己的思维方式和精神世界更好地适应事业发展需要。①

(二) 加强自身修养

中国古人历来重视个人修养的养成，将个人修养与国家治理紧密结合起来，"自天子以至于庶人，壹是皆以修身为本"②。于是，便有了修身齐家治国平天下之说。加强自身修养，是做人、做事的基础和基本条件。

1. 坚定理想信念

坚定理想信念是加强自身修养的重要内容，也是确保司法廉洁的必备条件，只有这样才能拧紧世界观、人生观、价值观的"总开关"。《关于新形势下党内政治生活的若干准则》指出："理想信念动摇是最危险的动摇，理想信念滑坡是最危险的滑坡。"习近平总书记强调："理想信念就是共产党人精神上的'钙'，没有理想信念，理想信念不坚定，精神上就会'缺钙'，就会得'软骨病'。现实生活中，一些党员、干部出这样那样的问题，说到底是信仰迷茫、精神迷失。"③"有了坚定的理想信念，站位就高了，眼界就宽了，心胸就开阔了，就能坚持正确政治方向，在胜利和顺境时不骄傲不急躁，在困难和逆境时不消沉不动摇，经受住各种风险和困难考验，自觉抵御各种腐朽思想的侵蚀。"④

2. 强化廉洁自律

严以修身，才能严以律己。⑤ 修身最基本的要求是自律，自律也是确保司法廉洁的必要内容。习近平总书记指出："一个人能否廉洁自律，最大的

---

① 参见"习近平在中央党校中青班开班式上的六次重要讲话（截至 2022 年 3 月 1 日）"，载共产党员网，https：//www. 12371. cn/2021/03/02/ARTI1614642877595605. shtml，2022 年 8 月 20 日访问。
② 陈晓芬、徐儒宗译注：《论语 大学 中庸》，中华书局 2015 年版，第 250 页。
③ 中共中央纪委检查委员会、中共中央文献研究室编：《习近平关于党风廉政建设和反腐败斗争论述摘编》，中央文献出版社、中国方正出版社 2015 年版，第 137 页。
④ 中共中央纪委检查委员会、中共中央文献研究室编：《习近平关于党风廉政建设和反腐败斗争论述摘编》，中央文献出版社、中国方正出版社 2015 年版，第 138 页。
⑤ 参见"习近平在中央党校中青班开班式上的六次重要讲话（截至 2022 年 3 月 1 日）"，载共产党员网，https：//www. 12371. cn/2021/03/02/ARTI1614642877595605. shtml，2022 年 8 月 20 日访问。

诱惑是自己，最难战胜的敌人也是自己。一个人战胜不了自己，制度设计得再缜密，也会'法令滋彰，盗贼多有'。希望同志们，'吾日三省吾身'，做到严以修身、严以用权、严以律己，谋事要实、创业要实、做人要实。"①

廉洁自律的关键是守住底线。只要能守住做人、处事、用权、交友的底线，就能守住党和人民交给自己的政治责任，守住自己的政治生命线，守住正确的人生价值观。② 这就要求法官要时时牢记清廉是福、贪欲是祸的道理，经常对照党的理论和路线方针政策、对照党章党规党纪、对照初心使命，看清一些事情该不该做、能不能干，时刻自重自省，严守纪法规矩。守住拒腐防变防线，最紧要的是守住内心，从小事小节上守起，正心明道、怀德自重，勤掸"思想尘"、多思"贪欲害"、常破"心中贼"，以内无妄思保证外无妄动。③

廉洁自律就要把强化公正廉洁的职业道德作为必修课。职业良知来源于职业道德，要自觉用职业道德约束自己，认识到不公不廉是最大耻辱，做到对群众深恶痛绝的事零容忍、对群众急需急盼的事零懈怠，树立惩恶扬善、执法如山的浩然正气。④

廉洁自律还必须守住权力关、交往关和亲情关。要守住权力关，始终保持对权力的敬畏感，坚持公正用权、依法用权、为民用权、廉洁用权。要守住交往关，交往必须有原则、有规矩，不断净化社交圈、生活圈、朋友圈。要守住生活关，培养健康情趣，崇尚简朴生活，保持共产党人本色。要守住亲情关，严格家教家风，既要自己以身作则，又要对亲属子女看得紧一点、

---

① 中共中央纪委检查委员会、中共中央文献研究室编：《习近平关于党风廉政建设和反腐败斗争论述摘编》，中央文献出版社、中国方正出版社2015年版，第145页。

② 参见中共中央纪委检查委员会、中共中央文献研究室编：《习近平关于党风廉政建设和反腐败斗争论述摘编》，中央文献出版社、中国方正出版社2015年版，第139页。

③ 参见"筑牢理想信念根基 守住拒腐防变防线——谈认真学习贯彻习近平主席在中青年干部培训班开班式上重要讲话"，载人民网，http://theory.people.com.cn/n1/2022/0303/c40531-32364261.html，2022年8月20日访问。

④ 参见中共中央文献研究室编：《习近平关于全面依法治国论述摘编》，中央文献出版社2015年版，第97页。

管得勤一点。① 要把家风建设摆在重要位置，廉洁修身、廉洁齐家，在管好自己的同时，严格要求配偶、子女和身边工作人员。②

【案例4－8】"古之欲明明德于天下者，先治其国；欲治其国者，先齐其家；欲齐其家者，先修其身；欲修其身者，先正其心；欲正其心者，先诚其意；欲诚其意者，先致其知，致知在格物。物格而后知至，知至而后意诚，意诚而后心正，心正而后身修，身修而后家齐，家齐而后国治，国治而后天下平。"③

【案例4－9】2013年8月7日，最高人民法院发布《关于上海市高级人民法院赵某华、陈某明等法官违纪违法案件的情况通报》（以下简称《通报》），要求各级人民法院整顿作风，严肃纪律，坚决清除队伍中的腐败分子和害群之马，坚决防止类似事件再次发生。《通报》指出，近日网络曝光了上海市高级人民法院四名法官在夜总会涉嫌违纪违法的事件后，上海市纪律检查委员会、上海市高级人民法院联合对四名法官的违纪违法行为进行了严肃查处。《通报》指出，四名法官的违法违纪行为在社会上产生了恶劣的影响，抹黑了人民法院队伍的整体形象，对司法公信力造成了严重的损害。各高级人民法院要组织广大干警以本次事件为反面典型，从中吸取深刻教训，举一反三，引以为戒。同时，要深入剖析问题产生的根由，进一步增强法院工作人员的法纪观念，增强责任感和使命感，坚定理想信念，筑牢思想防线，自觉抵制各种诱惑，确保法官清正、法院清廉、司法清明。④

---

① 参见"守住拒腐防变防线——二论深入学习习近平总书记在中央党校（国家行政学院）中青年干部培训班开班式上的重要讲话精神"，载《光明日报》2022年3月4日，第1版。

② 参见习近平：《习近平谈治国理政》（第二卷），外文出版社2017年版，第165页。

③ 陈晓芬、徐儒宗译注：《论语 大学 中庸》，中华书局2015年版，第250页。

④ 参见张先明："最高法院通报赵明华陈雪明等法官违纪违法案件"，载《人民法院报》2013年8月8日，第1版。

【案例4-10】奚某明系最高人民法院原副院长。1996—2015年，被告人奚某明先后担任最高人民法院经济审判庭副庭长、民事审判第二庭庭长、审判委员会委员、副院长期间，利用职务上的便利或者职务和工作中形成的便利条件，为相关单位和个人在案件处理、公司上市等事项上提供帮助，认可其亲属收受以及本人直接收受相关人员给予的财物共计折合114 596 934元人民币。天津市第二中级人民法院认为，被告人奚某明的行为构成受贿罪。鉴于奚某明为他人谋利的行为绝大部分基于亲属接受行贿人请托，贿赂款项亦为亲属收受使用，其本人系事后知情；到案后能够如实供述自己的罪行，并主动交代办案机关尚未掌握的部分受贿犯罪事实；认罪悔罪，积极退赃，赃款赃物已全部追缴，具有法定、酌定从轻处罚情节，依法可以对其从轻处罚。2017年2月16日，天津市第二中级人民法院公开宣判受贿案，对被告人奚某明以受贿罪判处无期徒刑，剥夺政治权利终身，并处没收个人全部财产；对奚某明受贿所得财物及其孳息予以追缴，上缴国库。奚某明当庭表示服判，不上诉。①

【案例4-11】2022年5月7日，北京市第二中级人民法院一审公开宣判被告人王某清受贿、非法获取国家秘密案。审理查明：2008—2018年，被告人王某清利用担任最高人民法院民一庭助理审判员职务上的便利或职权、地位形成的便利条件，单独或伙同他人，为相关单位和个人在案件审理等事项上提供帮助，非法收受榆林市某投资有限公司（以下简称某公司）等两个单位和律师程某、律师杨某等11名个人给予的财物共计折合2190万余元人民币。其中，2011—2018年，为某公司在案件审理、执行等事项上提供帮助，收受该公司法定代表人赵某琦给予的美元5万元和价值5万元人民币的购物卡，共计折合35万余元人民币。2018年6—8月，被告人王某清在赵某琦的唆使下，并商定由王某清获取某公司与陕西省某地质矿产勘查开发院合作勘查合

---

① 参见"奚晓明受贿案一审宣判"，载《人民法院报》2017年2月17日，第1版。

同纠纷一案的卷宗材料。王某清先后采用借阅、骗取案卷材料后偷拍等方式，非法获取某公司案件的大量卷宗材料，通过手机微信或者电子邮件等方式将所拍摄材料提供给赵某琦。经国家保密局鉴定，王某清伙同赵某琦非法获取的材料中有五份属机密级国家秘密。北京市第二中级人民法院认为，被告人王某清身为国家工作人员，利用职务上的便利，为他人谋取利益，或者利用职权、地位形成的便利条件，通过其他国家工作人员职务上的行为，为他人谋取不正当利益，非法收受他人财物，数额特别巨大，其行为构成受贿罪；以窃取方法非法获取国家秘密，情节严重，其行为构成非法获取国家秘密罪。王某清作为司法工作人员，知法犯法，受贿数额特别巨大，严重侵害了司法行为的廉洁性，破坏了司法公信力；其非法获取国家秘密，交由赵某琦后被扩散，造成了恶劣的社会影响，应依法惩处。鉴于其因涉嫌非法获取国家秘密被抓获后，主动交代了办案机关尚未掌握的全部受贿犯罪事实，具有自首情节；对被控受贿罪认罪悔罪，受贿赃款赃物已全部追缴，具有法定、酌定从轻处罚情节，依法可以对其受贿罪从轻处罚，故判决：对被告人王某清以受贿罪判处有期徒刑 10 年，并处罚金 100 万元人民币，以非法获取国家秘密罪判处有期徒刑 5 年，决定执行有期徒刑 14 年，并处罚金 100 万元人民币；对其受贿所得财物及其孳息依法予以追缴，上缴国库。①

【案例 4 – 12】2022 年 3 月 21 日，中央纪委国家监委网站发布消息称，原第十三届全国政协常委、社会和法制委员会主任沈某咏涉嫌严重违纪违法，目前正在接受中央纪委国家监委纪律审查和监察调查。沈某咏曾任最高人民法院党组副书记（正部长级）、常务副院长，2018 年 6 月卸任。此番"落马"，使他成为 2022 年首个被查的正部级官员。② 2022 年 3 月 21 日下午，时任最高人

---

① 参见孙航："被告人王林清受贿、非法获取国家秘密案一审宣判"，载《人民法院报》2022 年 5 月 8 日，第 4 版。

② 参见"最高法原常务副院长沈德咏被查 系 2022 年首个'落马'的正部级官员"，载中国新闻网，http://www.chinanews.com.cn/gn/2022/03 – 21/9707985.shtml，2022 年 8 月 20 日访问。

民法院党组书记、院长周强主持召开党组扩大会议。党组成员一致认为，中央纪委国家监委对沈某咏进行纪律审查和监察调查，充分表明了以习近平同志为核心的党中央坚持全面从严治党、坚决惩治腐败的坚定决心和鲜明态度。党组成员一致表示，坚决拥护、坚决支持对沈某咏涉嫌严重违纪违法进行纪律审查和监察调查，要深刻汲取沈某咏严重违纪违法教训，坚定理想信念，筑牢政治忠诚之魂，发扬自我革命精神，坚决管好自己、管好家属和身边工作人员，严格落实全面从严治党主体责任，坚定不移推进党风廉政建设和反腐败斗争，推动建设忠诚干净担当的过硬法院队伍，确保公正廉洁司法。①

二、确保司法廉洁具体要求

《中共中央关于全面推进依法治国若干重大问题的决定》明确指出：坚决破除各种潜规则，绝不允许法外开恩，绝不允许办关系案、人情案、金钱案。法官要达到确保司法廉洁的要求，具体应做到：

（一）严格遵守《新时代政法干警"十个严禁"》和最高人民法院的"五个严禁"

2022 年 2 月，中央政法委、最高人民法院、最高人民检察院、公安部、国家安全部、司法部等六部委出台《新时代政法干警"十个严禁"》。其中，与确保司法廉洁具体要求有关的规定是："四、严禁不当交往、干预执法司法。决不允许违反'三个规定'，请托说情打招呼，不如实记录报告，不正当接触交往，充当司法掮客。五、严禁玩忽职守、徇私枉法。决不允许办'关系案''人情案''金钱案'，有案不立、压案不查、有罪不究，违规违法办理减刑、假释、暂予监外执行。六、严禁违规参与营利活动。决不允许违规经商办企业、违规参股借贷，纵容默许配偶、子女及其配偶违规从事经营活动，利用职权或影响力谋取私利。七、严禁包庇纵容黑恶势力。决不允

---

① 参见孙航："坚决拥护对沈德咏涉嫌严重违纪违法进行纪律审查和监察调查"，载《人民法院报》2022 年 3 月 22 日，第 1 版。

许对黑恶行为视而不见、听之任之，纵容涉黑涉恶活动，充当'保护伞'。八、严禁滥用执法司法权。决不允许逐利执法、越权执法、过度执法，滥用侦查措施、强制措施、自由裁量权，插手经济纠纷。"

2009 年 1 月，最高人民法院发布《最高人民法院关于"五个严禁"的规定》。其中明确规定："一、严禁接受案件当事人及相关人员的请客送礼；二、严禁违反规定与律师进行不正当交往；三、严禁插手过问他人办理的案件；四、严禁在委托评估、拍卖等活动中徇私舞弊；五、严禁泄露审判工作秘密。"

这两个文件的相关内容是法官达到确保司法廉洁具体要求所遵循的主要依据，其他文件的规定基本上是对这些内容的细化和解读。

（二）不利用职务便利或者法官身份谋取不正当利益

这个要求不仅适用于法官，而且适用于其他人民法院工作人员，即各级人民法院行政编制和事业编制内的工作人员。其具体包括以下几种行为。

1. 不接受案件当事人及相关人员的请客送礼

（1）人民法院工作人员不得接受可能影响公正执行公务的礼金、礼品、宴请以及旅游、健身、娱乐等活动安排，特别是不得有接受案件当事人、辩护人、代理人以及受委托从事审计、评估、拍卖、变卖、鉴定或者破产管理等单位人员的钱物、请吃、娱乐、旅游以及其他利益的行为。

（2）人民法院工作人员不得利用职权和职务上的影响，为本人的配偶、子女及其配偶，以及其他特定关系人支付、报销学习、培训、旅游等费用。

（3）人民法院工作人员不得利用职权和职务上的影响，为本人的配偶、子女及其配偶，以及其他特定关系人出国（境）定居、留学、探亲等向他人索取资助，或者让他人支付、报销上述费用。

2. 不从事或者参与营利性的经营活动

（1）人民法院工作人员不得为他人的经济活动提供担保。

（2）人民法院工作人员应当规范个人投资理财行为：不得参与非法集

资、高息放贷；工作时间不得炒股；不得利用职权和职务上的影响，买卖股票或者认股权证；不得利用在办案工作中获取的内幕信息，直接或者间接买卖股票和证券投资基金或者其他有价证券谋取利益，或者向他人提出买卖股票和证券投资基金的建议。

（3）人民法院工作人员不得违反规定干扰妨碍有关机关对建设工程招投标、经营性土地使用权出让、房地产开发与经营等市场经济活动进行正常监管和案件查处。

（4）人民法院工作人员不得违反规定干预和插手市场经济活动，从中收受财物或者为本人的配偶、子女及其配偶以及其他特定关系人谋取利益。

（5）人民法院工作人员不得从事下列营利性活动：本人独资或者与他人合资、合股经办商业或者其他企业；以他人名义入股经办企业；以承包、租赁、受聘等方式从事经营活动；违反规定拥有非上市公司（企业）的股份或者证券；本人或者与他人合伙在国（境）外注册公司或者投资入股；以本人或者他人名义从事以营利为目的的民间借贷活动；以本人或者他人名义从事可能与公共利益发生冲突的其他营利性活动。

3. 不得兼任律师或法律顾问等职务

人民法院工作人员不得兼任律师，不在企业及其他营利性组织中兼任法律顾问等职务，不就未决案件或者二审再审案件给当事人及其他诉讼参与人提供咨询意见。

人民法院工作人员不得违反规定在律师事务所、中介机构及其他经济实体、社会团体中兼职，不得违反规定从事为案件当事人或者其他市场主体提供信息、介绍业务、开展咨询等有偿中介活动。

（三）规范与律师、当事人、特殊关系人、中介组织的行为

1. 主要概念的界定

律师，是指在律师事务所执业的专兼职律师（包括从事非诉讼法律事务的律师）和公职律师、公司律师。

律师事务所"法律顾问"，是指不以律师名义执业，但就相关业务领域或者个案提供法律咨询、法律论证，或者代表律师事务所开展协调、业务拓展等活动的人员。

律师事务所行政人员，是指律师事务所聘用的从事秘书、财务、行政、人力资源、信息技术风险管控等工作的人员。[①]

"特殊关系人"，是指当事人的父母、配偶、子女、同胞兄弟姐妹和与案件有利害关系或可能影响案件公正处理的其他人。

"中介组织"，是指依法通过专业知识和技术服务，向委托人提供代理性、信息技术服务性等中介服务的机构，主要包括受案件当事人委托从事审计、评估、拍卖、变卖、检验或者破产管理等服务的中介机构。公证机构、司法鉴定机构的概念参照"中介组织"。

2. 《关于规范法官和律师相互关系维护司法公正的若干规定》的相关内容

（1）法官和律师在诉讼活动中应当忠实于宪法和法律，依法履行职责，共同维护法律尊严和司法权威。

（2）法官应当严格依法办案，不受当事人及其委托的律师利用各种关系、以不正当方式对案件审判进行的干涉或者施加的影响。律师在代理案件之前及其代理过程中，不得向当事人宣称自己与受理案件法院的法官具有亲朋、同学、师生、曾经同事等关系，并不得利用这种关系或者以法律禁止的其他形式干涉或者影响案件的审判。

（3）法官不得私自单方面会见当事人及其委托的律师。律师不得违反规定单方面会见法官。

（4）法官应当严格执行回避制度，如果与本案当事人委托的律师有亲朋、同学、师生、曾经同事等关系，可能影响案件公正处理的，应当自行申

---

① 参见最高人民法院、最高人民检察院、司法部《关于建立健全禁止法官、检察官与律师不正当接触交往制度机制的意见》（司发通〔2021〕60号）。

请回避，是否回避由本院院长或者审判委员会决定。律师因法定事由或者根据相关规定不得担任诉讼代理人或者辩护人的，应当谢绝当事人的委托，或者解除委托代理合同。

（5）法官应当严格执行公开审判制度，依法告知当事人及其委托的律师本案审判的相关情况，但是不得泄露审判秘密。律师不得以各种非法手段打听案情，不得违法误导当事人的诉讼行为。

（6）法官不得为当事人推荐、介绍律师作为其代理人、辩护人，或者暗示更换承办律师，或者为律师介绍代理、辩护等法律服务业务，并且不得违反规定向当事人及其委托的律师提供咨询意见或者法律意见。律师不得明示或者暗示法官为其介绍代理、辩护等法律服务业务。

（7）法官不得向当事人及其委托律师索取或者收取礼品、金钱、有价证券等；不得借婚丧喜庆事宜向律师索取或者收取礼品、礼金；不得接受当事人及其委托律师的宴请；不得要求或者接受当事人及其委托律师出资装修住宅、购买商品或者进行各种娱乐、旅游活动；不得要求当事人及其委托的律师报销任何费用；不得向当事人及其委托的律师借用交通工具、通信工具或者其他物品。当事人委托的律师不得借法官或者其近亲属婚丧喜庆事宜馈赠礼品、金钱、有价证券等；不得向法官请客送礼、行贿或者指使、诱导当事人送礼、行贿；不得为法官装修住宅、购买商品或者出资邀请法官进行娱乐、旅游活动；不得为法官报销任何费用；不得向法官出借交通工具、通信工具或者其他物品。

（8）法官不得要求或者暗示律师向当事人索取财物或者其他利益。当事人委托的律师不得假借法官的名义或者以联络、酬谢法官为由，向当事人索取财物或者其他利益。

3.《关于建立健全禁止法官、检察官与律师不正当接触交往制度机制的意见》的相关内容

严禁法官与律师的不正当接触交往行为包括以下内容。

（1）在案件办理过程中，非因办案需要且未经批准在非工作场所、非工作时间与辩护、代理律师接触。

（2）接受律师或者律师事务所请托，过问、干预或者插手其他法官、检察官正在办理的案件，为律师或者律师事务所请托说情、打探案情、通风报信；为案件承办法官、检察官私下会见案件辩护、代理律师牵线搭桥；非因工作需要，为律师或者律师事务所转递涉案材料；向律师泄露案情、办案工作秘密或者其他依法依规不得泄露的情况；违规为律师或律师事务所出具与案件有关的各类专家意见。

（3）为律师介绍案件；为当事人推荐、介绍律师作为诉讼代理人、辩护人；要求、建议或者暗示当事人更换符合代理条件的律师；索取或者收受案件代理费用或者其他利益。

（4）向律师或者其当事人索贿，接受律师或者其当事人行贿；索取或者收受律师借礼尚往来、婚丧嫁娶等赠送的礼金、礼品、消费卡和有价证券、股权、其他金融产品等财物；向律师借款、租借房屋、借用交通工具、通信工具或者其他物品；接受律师吃请、娱乐等可能影响公正履行职务的安排。

（5）非因工作需要且未经批准，擅自参加律师事务所或者律师举办的讲座、座谈、研讨、培训、论坛、学术交流、开业庆典等活动；以提供法律咨询、法律服务等名义接受律师事务所或者律师输送的相关利益。

（6）与律师以合作、合资、代持等方式，经商办企业或者从事其他营利性活动；本人配偶、子女及其配偶在律师事务所担任"隐名合伙人"；本人配偶、子女及其配偶显名或者隐名与律师"合作"开办企业或者"合作"投资；默许、纵容、包庇配偶、子女及其配偶或者其他特定关系人在律师事务所违规取酬；向律师或律师事务所放贷收取高额利息。

（7）其他可能影响司法公正和司法权威的不正当接触交往行为。

4.《最高人民法院、最高人民检察院、公安部、国家安全部、司法部关于进一步规范司法人员与当事人、律师、特殊关系人、中介组织接触交往行为的若干规定》的相关内容

严禁法官与当事人、律师、特殊关系人、中介组织接触交往行为如下所述。

（1）泄露司法机关办案工作秘密或者其他依法依规不得泄露的情况。

（2）为当事人推荐、介绍诉讼代理人、辩护人，或者为律师、中介组织介绍案件，要求、建议或者暗示当事人更换符合代理条件的律师。

（3）接受当事人、律师、特殊关系人、中介组织请客送礼或者其他利益。

（4）向当事人、律师、特殊关系人、中介组织借款、租借房屋，借用交通工具、通信工具或者其他物品。

（5）在委托评估、拍卖等活动中徇私舞弊，与相关中介组织和人员恶意串通、弄虚作假、违规操作等行为。

（6）与当事人、律师、特殊关系人、中介组织的其他不正当接触交往行为。

（四）约束业外活动的具体要求

业外活动是指法官从事审判工作以外的活动，同样要受到法官职业道德、法官行为规范以及其他相关规定的约束。

1. 与法律有关的业外活动

（1）谨慎对待各类邀请。对收到的会议、授课等各类邀请，要区分情况分别对待：对与案件有利害关系的机关、企事业单位、律师事务所、中介机构等的邀请应当谢绝；对与案件无利害关系的党、政、军机关，学术团体，群众组织的邀请，经向单位请示获准后方可参加。

（2）业务交流活动必须经单位审批。参加法院系统外组织的业务性授课、研讨、论坛等交流活动，应当报经所在单位审批同意。不得参加与案件有利害关系的机关、企事业单位、律师事务所、中介机构等单位组织的交流活动。

（3）在写作、授课过程中，要注意把握尺度。一是在不影响审判工作的前提下，可以利用业余时间从事写作、授课活动；二是在写作、授课过程中，应当避免对具体案件和有关当事人进行评论，不披露或者使用在工作中获得的国家秘密、商业秘密、个人隐私及其他非公开信息；三是以职务身份编写、出版图书或发表文章等作品，应当报经所在单位审批同意，并按照有关规定出版、发行或发表。非以职务身份编写图书或发表文章的，不得在相关图书及文章中标注所在单位名称及职务。

（4）依法纳税义务。对于参加司法职务外活动获得的合法报酬，应当依法纳税。

2. 社会交往的活动准则

法官要管好自己的"生活圈""社交圈""娱乐圈"，参加社交活动要自觉维护法官形象，自觉做倡导社会道德风尚的引领者、遵守社会公序良俗的示范者。这就需要切实做到以下六点要求。

（1）约束业外言行，杜绝与法官形象不相称、可能影响公正履行职责的不良嗜好和行为。

（2）不得违反规定与当事人、律师接触交往，不得违反规定组织、参加自发成立的老乡会、校友会、战友会，不得接受可能影响司法公正的宴请或者旅游、健身、娱乐等活动安排。

（3）纯洁同事交往关系，不得搞团团伙伙、拉帮结派、利益交换，不得违反规定过问、干预和影响其他法官正在审理的案件。

（4）应当在公共场合自觉维护法官形象，不得身着制服从事与职务无关的活动，不得违反规定使用公车警车，不得在公共场所耍特权、逞威风。严禁乘警车、穿制服出入营业性娱乐场所。

（5）因私出国（境）探亲、旅游，应按规定如实向所在单位申报并经有关部门批准，准时返回工作岗位。自觉遵守当地法律，尊重当地民风民俗和宗教习惯。注意个人形象，维护党和国家尊严、利益，不得在国（境）外发表政治性有害言论，不得携带有害出版物入境。

（6）崇尚节俭、健康、绿色的消费生活方式，避免出入豪华奢侈的高消费场所，不违反规定取得、持有和实际使用运动健身卡、会员卡、高尔夫球卡等消费卡，不得出入私人会所和提供异性陪侍服务的场所，不得参与涉及色情、赌博、毒品等不健康内容的活动。操办婚丧喜庆事宜，应当严格履行相关审批程序，不得铺张浪费，不得借机敛财。

3. 参加政治活动或社会组织要符合规定

法官参加政治活动或社会组织应符合的具体要求，包括以下三项内容。

（1）法官不得参加邪教组织或者封建迷信活动。法官不得接受家人或者朋友约请参与封建迷信活动或者参加邪教组织，要向家人和朋友宣传科学，引导他们相信科学、反对封建迷信；对利用封建迷信活动违法犯罪的，应当立即向有关组织和公安部门反映。

（2）法官参加政治活动要符合规定。参加集会、游行、示威等活动，应当报经所在单位审批同意。不得组织、参加与法官身份不相符的集会、游行、示威等活动。

（3）参加社会组织要符合规定。确需参加在各级民政部门登记注册的社团组织的，及时报告并由所在法院按照法官管理权限审批；不参加营利性社会组织；兼任社会团体职务或教学、研究单位专业技术职务，应当严格履行相关审批程序，并报人事部门备案。未经批准，不得从事社会兼职。

4. 妥善处理个人和家庭事务

法官应当倡导良好家风，妥善处理个人和家庭事务，严格落实配偶、子女从业管理有关规定。加强对家人及近亲属的教育引导、约束规范，不得鼓励、纵容、默许家人及近亲属利用本人职务身份谋取不正当利益。其具体要求包括以下六项内容。

（1）应当妥善处理本人或亲友和他人发生的矛盾冲突，尽量保持冷静克制，避免激化矛盾，通过正当、合法途径解决，不得利用法官身份寻求特殊照顾，不得妨碍有关部门开展调查处理。

（2）对本人的案件或以直系亲属代理人身份参加的案件，应当遵守法律规定，依法平等参与诉讼，不得以法官身份获取特殊照顾，不得利用职权调查收取所需证据。法官作为生效法律文书的被执行人时，应当积极履行法律文书确定的义务，不得利用职务身份拒绝、妨碍、对抗执行。

（3）不得利用职权和职务上的影响，指使他人提拔本人的配偶、子女及其配偶，以及其他特定关系人。人民法院工作人员不得利用职权和职务上的影响妨碍有关机关对涉及本人的配偶、子女及其配偶，以及其他特定关系人案件的调查处理。

（4）不得利用职权和职务上的影响进行下列活动：放任本人的配偶、子女及其配偶，以及其他特定关系人收受案件当事人及其亲属、代理人、辩护人、执行中介机构人员以及其他关系人的财物；为本人的配偶、子女及其配偶，以及其他特定关系人经商、办企业提供便利条件；放任本人的配偶、子女及其配偶，以及其他特定关系人以本人名义谋取私利。

（5）人民法院领导干部和审判执行岗位法官不得违反规定放任配偶、子女在其任职辖区内开办律师事务所、为案件当事人提供诉讼代理或者其他有偿法律服务。

（6）人民法院领导干部和综合行政岗位人员不得放任配偶、子女在其职权和业务范围内从事可能与公共利益发生冲突的经商、办企业、有偿中介服务等活动。

5. 离职退休后的限制

法官在离职退休后应遵守以下要求。

（1）遵守国家相关规定，不利用自己的原有身份和便利条件过问、干预执法办案，避免因个人不当言行对法官职业形象造成不良影响。

（2）人民法院工作人员在离职或者退休后的规定年限内，不得具有下列行为：接受与本人原所办案件和其他业务相关的企业、律师事务所、中介机构的聘任；担任原任职法院所办案件的诉讼代理人或者辩护人；以律师身份担任诉讼代理人、辩护人。其中，最高人民法院法官辞去公职后从业限制的时间规定为三年，其他人民法院法官从业限制的时间规定为两年，禁止辞职人员在限制期内受聘于律师事务所；法官及审判辅助人员辞去公职后，终身不得担任原任职法院所审理案件的诉讼代理人或者辩护人，但是作为当事人的监护人或者近亲属代理诉讼或者进行辩护的除外。

2021年9月30日，最高人民法院、最高人民检察院、司法部联合发布的《关于进一步规范法院、检察院离任人员从事律师职业的意见》（司发通〔2021〕61号）有如下明确规定。①辞去公职或者退休的人民法院领导班子成员，四级高级及以上法官、四级高级法官助理以上及相当职级层次的审判辅助人员在离职三年内，其他辞去公职或退休的人民法院工作人员在离职两年内，不得到原任职人民法院管辖地区内的律师事务所从事律师职业或者担任"法律顾问"、行政人员等，不得以律师身份从事与原任职人民法院相关的有偿法律服务活动。②人民法院退休人员在不违反前项从业限制规定的情况下，确因工作需要从事律师职业或者担任律师事务所"法律顾问"、行政人员的，应当严格执行中共中央组织部《关于进一步规范党政领导干部在企业兼职（任职）问题的意见》规定和审批程序，并及时将行政、工资等关系转出人民法院，不再保留机关的各种待遇。③各级人民法院离任人员不得以任何形式，为法官与律师不正当接触交往牵线搭桥，充当司法掮客；不得采用隐名代理等方式，规避从业限制规定，违规提供法律服务。④人民法院工作人员拟在离任后从事律师职业或者担任律师事务所"法律顾问"、行政人员的，应当在离任时向所在人民法院如实报告从业去向，签署承诺书，对遵守从业限制规定、在从业限制期内主动报告从业变动情况等作出承诺。⑤人民法院离任人员向律师协会申请律师实习登记时，应当主动报告曾在人民法院工作的情况，并作出遵守从业限制的承诺。

【案例4-13】2009年5月6日，最高人民法院通报六起法官违纪违法案例：福建省安溪县人民法院民事审判第一庭审判员陈某某利用职务便利，在承办23起民事案件过程中，先后36次收受案件当事人或委托人的财物，共计5.9万余元人民币的受贿案；河南省高级人民法院聘用法警孟某某和李某，利用案件当事人请托其找人关照自己案件的机会，多次以法官和领导的名义向案件当事人索要6万余元的诈骗案；江西省全南县人民法院审判员李某某接受当事人吃请案；贵州省都匀市人民法院审判委员会委员、刑事审判庭庭长李某某插手过问他人办案；吉林省白山市中级人民法院民事审判第二庭副庭长、审判员李某某和助理审判员高某某违规鉴定案。①

【案例4—14】 马某系×区人民法院审判委员会专职委员，曾任该院刑事审判第一庭庭长。2001年7月15日晚，陈某受他人之邀在樊城区某饭店吃饭，席间王某因敬酒与陈某发生争执，陈某持仿六四式手枪先朝地面开一枪，见未能震慑他人，又朝王某腹部开一枪，随后离开现场。王某经抢救无效死亡。2008年10月下旬，陈某被抓获后，×公安分局以"涉嫌故意杀人罪"提请逮捕。但在该案进入审查起诉和审判阶段后，时任×城检察院起诉科内勤的夏某受他人请托，通过贿赂被告人马某及多名司法人员，致使×城法院最终以犯过失致人死亡罪判处陈某有期徒刑5年6个月，从而导致重罪轻判。2012年，陈某刑满释放后，又纠集多人实施黑社会性质组织犯罪，严重危害社会。2018年，××市公安局指定×市公安局对陈某等人立案侦查。2018年12月25日，××检察院认为×城法院原判决书认定事实错误、适用法律不当、程序错误、审判人员收受贿赂，应当以故意杀人罪追究陈某刑事责任，决定向××中级人民法院提出抗诉，人民法院已再审该案。2018年8月21日，马某被监察机关留置后，如实供述了自己罪行，并向监察机关退缴赃款5万元人民币。法院经审理认为，被告人马某身为司法工作人员，为徇私情、私利，在刑事审判活动中故意违背事实和法律枉法裁判，情节严重，其行为已构成徇私枉法罪，故一审判决被告人马某犯徇私枉法罪，判处有期徒刑6

---

① 参见袁祥："最高法院通报六起法官违法违纪案例"，载光明网，https://www.gmw.cn/olgmrb/2009-05/07/content_917657.htm，2022年8月20日访问。

年6个月，扣押违法所得，上缴国库。①

【**案例4－15**】2021年4月14日，北京市昌平区人民法院对被告人延庆法院执行局原局长、审判委员会原委员于某文，延庆区人民法院刑事审判庭原二级法官宋某，延庆区人民检察院第二检察部原四级高级检察官贺某宽，延庆区人民检察院第一检察部原四级高级检察官赵某雨，延庆公安分局延庆派出所原二级高级警长程某清，延庆公安分局法制支队原副支队长韩某林等六名政法干警徇私枉法、滥用职权、受贿案作出一审判决。昌平区人民法院经审理认为，上述六名国家公职人员徇私枉法、滥用职权、非法收受财物，为黑恶势力充当"保护伞"，严重损害了执法司法公信力，行为分别构成徇私枉法罪、滥用职权罪、受贿罪。法院根据各被告人的罪行，分别以一罪或数罪判处有期徒刑7年至有期徒刑3年6个月不等的刑罚，部分被告人还被判处30万元至10万元不等的罚金刑。②

【**案例4－16**】江某于1990年12月到××市人民法院工作，2009年1月任××市人民法院助理审判员；2011年5月任××市人民法院审判员，2010年至2016年8月负责该院刑事审判庭内勤工作，2016年3月任该院员额法官；同年8月至案发前任××市人民法院××法庭副庭长。江某多次供述，其作为××市人民法院刑事审判庭内勤期间，手中保管有刑事审判庭收入的罚没款、缓刑保证金、赔偿款，用于返还被害人赔偿款、庭内其他事项支出等。2014年1月，在××市人民法院要求内部机构财物上交到院财务部门管理后。其明知上述款项均属于公款的前提下，只上交部分款项，将余款99 608.55元仍留存自己手中。2016年8月，其调任至××市人民法院××法庭工作，仍未将余款交给××市人民法院财务部门，也未移交给刑事审判庭，

---

① 参见郑奇："湖北襄阳一法官'徇私枉法''重罪轻判'被判刑"，载中国新闻网，https://www.chinanews.com.cn/gn/2019/12－25/9042937.shtml，2022年8月20日访问。

② 参见"昌平法院集中宣判多名政法干警职务犯罪案件"，载北京日报客户端，2021年4月17日发布，2022年4月16日访问。

而是据为己有。2011—2016 年，江某在担任××市人民法院刑事审判庭审判员期间，利用其承办案件的职务便利，在审理案件过程中为案件当事人谋取利益，收受案件当事人财物共计 31 000 元。2018 年 9 月 5 日，江某主动到××市监察委员会投案，并如实供述自己的犯罪事实。案发后，涉案赃款全部退回。公诉机关认为，被告人江某身为国家工作人员，利用职务上的便利，采取侵吞的方式，非法占有公共财物，数额较大；非法收受他人财物，为他人谋取利益，数额较大，其行为已分别构成贪污罪、受贿罪，请依法判处。辩护人辩称，被告人有自首情节，积极退还全部赃款，有悔罪表现，可从轻、减轻处罚。

一审人民法院认为，被告人江某身为国家工作人员，利用职务上的便利，采取侵吞的方式，非法占有公共财物，数额较大；其行为已构成贪污罪；非法收受他人财物，为他人谋取利益，数额较大，其行为已构成受贿罪。公诉机关指控其犯贪污罪、受贿罪罪名成立。案发后，被告人有自首情节，且积极退还全部赃款，可从轻处罚。辩护人辩称的被告人有自首情节，积极退还赃款，对其可以从轻处罚的意见符合本案实际，本院予以支持。被告人江某犯贪污罪、受贿罪，应依法数罪并罚。依照《刑法》第 382 条第 1 款、第 385 条第 1 款、第 386 条、第 383 条第 1 款第 1 项、第 64 条、第 67 条第 1 款、第 69 条，以及《最高人民法院、最高人民检察院关于办理贪污贿赂刑事案件适用法律若干问题的解释》第 1 条、第 15 条、第 19 条规定，判决如下：一、被告人江某犯贪污罪，判处有期徒刑 8 个月，并处罚金 10 万元人民币；犯受贿罪，判处拘役 3 个月，并处罚金 10 万元人民币；决定执行有期徒刑 8 个月，并处罚金 20 万元人民币。二、被告人江某贪污赃款 99 608.55 元，受贿赃款 31 000 元予以没收，上交国库。①

【案例 4-17】旨在聚焦整治顽瘴痼疾、清除害群之马，严惩司法工作人员相关职务犯罪的"司法工作人员职务犯罪侦查百日攻坚"行动期间，检方

---

① 参见湖北省枣阳市人民法院（2019）鄂 0683 刑初 163 号刑事判决书。

共立案侦查司法工作人员相关职务犯罪案件 999 件 1285 人，同比分别上升 28.6% 和 24.5%。分析数据可知，在此期间，检方立案侦查县处级以上司法工作人员相关职务犯罪要案 119 人，同比上升 72.5%；查处涉嫌徇私舞弊减刑、假释、暂予监外执行犯罪案件 138 件 166 人，查处人数是去年同期的 4.26 倍。最高人民检察院第五检察厅直接对西藏"5·13"系列案件、辽宁"4·06"专案进行实地督办。目前，西藏自治区检察机关以涉嫌徇私舞弊减刑、徇私舞弊暂予监外执行等犯罪，共计立案侦查 28 人；辽宁检察机关以黑恶势力"保护伞"渎职犯罪为切入点，一举立案侦查了阜新地区司法工作人员涉嫌滥用职权犯罪案件 12 件 12 人。①

【案例 4-18】2021 年 1—11 月，受理审查起诉检察机关直接立案侦查的司法工作人员相关职务犯罪案件数量比 2020 年、2019 年同期分别提高 74.7% 和 90.1%。最高人民检察院第三检察厅厅长史卫忠表示，办案数量的大幅增加充分体现出政法队伍教育整顿的积极成效，检察机关依法履行诉讼监督职能，严肃查处办理司法工作人员职务犯罪的力度和决心。②

【案例 4-19】张某，中国社会科学院博士、博士后。1997 年 7 月，张某参加"博士生服务团"赴重庆市挂职。2002 年 7 月，任重庆市高级法院副院长、审判委员会委员，二级高级法官。遵义市中级人民法院审理查明，1999—2009 年，张某在担任重庆市第一中级人民法院副院长、重庆市高级人民法院副院长期间，利用职务便利，为他人谋取利益，先后索取或收受他人财物共计折合 902 万余元人民币。此外，自 2005 年起，张某明知岳某（黑社会性质组织领导者，已判刑）经营的"白宫"夜总会等系从事违法犯罪活动组织，仍长期到"白宫"夜总会娱乐、赌博并入股经营，又通过岳某对外发放高利贷，纵容该黑社会性质组织进行违法犯罪活动。遵义市中级人民法院认为，

---

① 参见张素："百日攻坚行动：检方立案侦查司法工作人员相关职务犯罪案件 999 件"，载中国新闻网，http://www.chinanews.com.cn/gn/2021/12-19/9633332.shtml，2022 年 8 月 20 日访问。

② 参见刘硕："最高检：司法工作人员相关职务犯罪案件数量上升"，载新华网，http://www.news.cn/2022-02/14/c_1128370412.htm，2022 年 8 月 20 日访问。

张某身为国家工作人员，利用职务便利，为他人谋取利益，索取、非法收受他人财物，其行为已构成受贿罪。张某受贿金额特别巨大，情节特别严重，论罪应当判处死刑，鉴于其归案后认罪态度较好，并积极退赃，对其判处死刑，可不立即执行。张某身为负有查禁黑社会性质组织犯罪职责的国家机关工作人员，纵容黑社会性质组织进行违法犯罪活动，其行为还构成纵容黑社会性质组织罪，亦应依法惩处，遂判决：张某犯受贿罪，判处死刑，缓期2年执行，剥夺政治权利终身，并处没收个人全部财产；犯纵容黑社会性质组织罪，判处有期徒刑3年；决定执行死刑，缓期2年执行，剥夺政治权利终身，并处没收个人全部财产。①

【案例4-20】2010年1—7月，河南省法院共查处违法违纪干警62人，其中受到党纪政纪处分的有61人，被追究刑事责任的有1人。其中，河南省伊川县人民法院院长张某庆、项城市人民法院院长李某鹏、平舆县人民法院院长刘某山近期先后被检察机关采取刑事强制措施。据调查，2009年5月1日，伊川县国民煤业公司发生2人死亡的矿难事故。伊川县人民法院在办理该矿法定代表人王某政重大责任事故案中，院长张某庆先后3次收受王某政贿赂，致使对矿难责任人打击惩处不力，最终导致该矿今年发生死亡44人、失踪4人、受伤2人的"3·31"矿难。2010年7月19日，张某庆因涉嫌受贿被检察机关逮捕。项城市人民法院院长李某鹏因涉嫌接受案件当事人贿赂，于6月12日被周口市人民检察院逮捕。平舆县人民法院院长刘某山在担任驻马店中级人民法院刑二庭庭长期间，因涉嫌滥用职权为黑社会性质犯罪分子违法减刑，于2010年5月11日被检察机关逮捕。从8月6日起，河南在全省法院系统开展2007年以来涉及煤矿安全生产犯罪的案件全部评查，法院干警投资入股煤矿、经商办企业清查，彻底清理私设在法院和部门的"小金库"三项工作。②

---

① 参见李忠将："重庆市高级法院原副院长张弢异地受审 被判死缓"，载中国新闻网，https：//www.chinanews.com.cn/fz/2011/01-26/2813939.shtml，2022年8月20日访问。

② 参见李丽静："河南3名法院院长涉嫌犯罪被逮捕"，载《洛阳日报》2010年8月7日，第3版。

【案例4-21】唐某系贵州省高级人民法院审判委员会原专职委员。经贵州省委批准，贵州省纪委监委对唐某严重违纪违法问题进行了立案审查调查。经查，唐某背弃初心使命，丧失理想信念，知法犯法，妄图利用民间借贷等方式为其违法犯罪行为披上合法外衣，处心积虑对抗组织审查，搞封建迷信活动；违反中央八项规定精神，收受可能影响公正执行公务的礼品，接受可能影响公正执行公务的宴请、旅游安排；毫无组织观念，不按规定报告个人有关事项，跑官要官，违规选拔任用干部，违规为他人工作调动提供帮助；"亲""清"关系不分，违规放贷获取大额回报；执法违法，违规干预和插手司法活动；将审判权变为谋取私利的工具，与不法商人结为"利益共同体"，与不良律师相互勾结，利用职务上的便利为他人谋取利益，非法收受他人巨额财物。唐某严重违反党的政治纪律、组织纪律、廉洁纪律、工作纪律，违反国家法律法规并涉嫌受贿犯罪，且在党的十八大后不收敛、不收手、不知止，性质严重，影响恶劣，应予严肃处理。依据《中国共产党纪律处分条例》《中华人民共和国监察法》《中华人民共和国公职人员政务处分法》等有关规定，经省纪委常委会会议研究并报省委批准，决定给予唐某开除党籍处分；由省监委给予其开除公职处分；收缴其违纪违法所得；将其涉嫌犯罪问题移送检察机关依法审查起诉，所涉财物随案移送。①

【案例4-22】为进一步抓好党风廉政建设和反腐败斗争，全面深化司法责任制综合配套改革，保定市中级人民法院（以下简称保定中院）敢于刀刃向内，找准改革切入点，于2021年1月29日在河北省率先上线"法官负面行为预警系统"，加强对审判权力运行的制约监督。

法官负面行为预警系统紧盯法官办案过程中可能存在的负面行为，对法官上诉改判、发回重审、抗诉改判、再审改判、办理瑕疵案件、超审限、长

---

① 参见贵州省纪委监委："贵州省高级人民法院审判委员会原专职委员唐宏被开除党籍和公职"，载中央纪委国家监委网，https：//www.ccdi.gov.cn/scdcn/sggb/djcf/202204/t20220413_185869.html，2022年8月20日访问。

期未结、流程节点违规、被纪检督察处罚等负向指标进行智能监管，为法官打分并根据分值进行自动预警。系统变传统的盯人盯案、人力监管为动态监测、智能监管，大大加强了数据的准确度和权威性，为管理者进行精准分析、科学决策提供依据，用科技手段为司法监督管理赋能。

保定中院依托智慧法院建设成果创新研发的法官负面行为预警系统，是与新时代审判权力运行相适应的信息化监管手段，打破了以往"干好干坏一个样"的顽瘴痼疾，通过法官负面行为预警系统，自动采集、如实记录法官负面行为和违规操作的真实情况，为执法办案划定了不可逾越的"高压线"，主动引导法官引为镜鉴、知错知止。同时，将法官负面得分情况直接纳入其个人业绩档案和绩效考核，按规定采取批评教育、约谈警示、扣发绩效奖金、限制法官文书签批权、中止法官职权、暂停晋升法官等级和公务员职务职级晋升、责令退出法官员额等创新措施，让内部监督"长出牙齿"，确保打造一支绝对忠诚、绝对纯洁、绝对可靠的政法队伍。

保定中院严格落实"放权不放任、用权受监督"，依托法官负面行为预警系统，一方面将立案、分案、送达、庭审、宣判、执行到结案、归档等全过程节点均纳入自动管控范围；另一方面牢牢锁定执法办案过程中易出漏洞、风险频发的关键环节，在做实日常监督的同时，更加抓好重点监督，将审判权力运行关进"数据铁笼"。通过实现对法官的司法活动全程记录、负面行为自动留痕、违规操作主动预警，并将每名法官的得分排名情况按照"绿色合格、黄色预警、红色异常"的不同级别进行直观展示，切实解决了院庭长不愿管、不敢管、不会管问题，不断提升与全面落实司法责任制相适应的监督制约水平，推动审判权力运行监督制约机制改革取得突破性进展，实现司法权力与责任的平衡、放权与监督的结合、公正与效率的统一。[1]

---

[1] 参见保定市中级人民法院信息化处："【两会·法院说】加强法官负面行为管控 提升审判权力运行监督"，载微信公众号"保定市中级人民法院"，2021年1月29日。

第五章 为民：法官职业道德及行为规范典型案例

马克思、恩格斯在《共产党宣言》中曾指出，"无产阶级的运动是绝大多数人的、为绝大多数人谋利益的独立的运动"，[①] 始终站在人民大众的立场上是马克思主义的基本立场，全心全意为人民服务是中国共产党作为马克思主义政党的根本宗旨，也是我们党自成立以来始终为之奋斗的目标。江山就是人民，人民就是江山，打江山、守江山，守的是人民的心。[②] 习近平法治思想的核心要义之一就是坚持以人民为中心，彰显了中国特色社会主义法治思想的鲜明政治属性，充分诠释了中国特色社会主义法治的本质要求及其区别于西方资本主义国家法治的根本所在。这一宗旨和目标反映在司法工作中，就是坚持司法为民。

第一节 坚持司法为民是对优秀革命司法传统的继承和发扬

为什么人的问题，是检验一个政党、一个政权性质的试金石，体现了历史唯物主义的根本原理，反映了社会历史发展的规律，蕴含着共产主义运动

[①] 中共中央马克思恩格斯列宁斯大林著作编译局编译：《马克思恩格斯选集》（第二卷），人民出版社 1995 年版，第 262 页。

[②] 参见习近平："在主持中共十九届中央政治局第三十一次集体学习时的讲话（2021 年 6 月 25 日）"，载习近平：《习近平谈治国理政》（第四卷），外文出版社 2022 年版，第 63 页。

最本质的内容。中国共产党成立之初，就将"为中国人民谋幸福，为中华民族谋复兴"作为首要任务，并伴随着党的路线、方针、政策的制定而发展，司法工作从一开始就凸显了人民性的属性。

一、司法为民是在革命战争年代形成的优秀革命司法传统

早在"省港大罢工"时成立的军法处、会审处、特别法庭，湖南、湖北农民运动时成立的审判土豪劣绅委员会，就都采取吸收群众参与审判的工作方式，实行公开审判制度，在一定程度上显现了人民司法、司法为民的特点。中华苏维埃共和国成立后，在成立的审判机构中遵循公开审判、民主集中制、人民群众参加诉讼等基本原则，形成了人民司法制度，使司法为民的理念得到进一步巩固和确立。抗日战争时期，司法为民的理念在司法实践中得到了进一步的发展。其中，"两便"原则和"马锡五审判方式"是司法为民的典型代表。

（一）"两便"原则——司法为民的典型代表之一

便利人民群众诉讼，便利人民法院审判，是我国现行诉讼法中的"两便"原则。该原则早在抗日战争时期就已经确立，其目的是及时解决纠纷、保障当事人合法权益。便利人民群众诉讼，是新民主主义司法制度在司法实践中的具体体现，是人民司法制度的一大特色。便利人民群众诉讼的具体措施，主要包括如下三项内容。

（1）司法机关不得收受任何费用。[1] 根据当时当地人民群众的生活状况，陕甘宁边区作出了免受诉讼费用的规定，这为便利人民群众诉讼提供了法律保障。《陕甘宁边区民事诉讼条例草案》第8条进一步规定："司法机关对于人民诉讼，不收讼费，不收送达费及草录费。"[2]

---

[1] 参见《陕甘宁边区保障人权财权条例》第14条，载韩延龙、常兆儒编：《革命根据地法制文献选编》（上卷），中国社会科学出版社2013年版，第65页。

[2] 艾绍润主编：《陕甘宁边区法律法规汇编》，陕西人民出版社2007年版，第67页。

（2）起诉的形式没有任何限制。"法庭对诉讼当事人无任何限制，诉讼状词，不拘形式，不能以不合格而不受理，不能书写的，口头申诉，由书记记录，即为有效。"①《陕甘宁边区刑事诉讼条例草案》第6条规定："诉讼当事人或关系人均得以书面或口头为陈诉，如以口头陈诉者，应取具供词并签名盖章或指印。"② 第12条规定："当事人之声诉，得以书面或口头为之。以口头声诉者，法庭应作讯问笔记，由当事人签名盖章或指印。"③

（3）实行巡回审判。"某件特殊案子，当地群众很注意，倘在司法机关审判，当地群众难以参加，不能了解法庭的处理。因此，举行巡回审判，更能实地考察案情，倾听人民意见，而给人民影响也更深刻。"④《陕甘宁边区民事诉讼条例草案》第4条规定："司法机关得派审判人员流动赴事件发生之乡、市，就地审理。流动审理时，审判人员应注意当地群众对于案情意见之反映为处理之参考。"⑤

（二）马锡五审判方式——司法为民的典型代表之二

马锡五同志在抗日战争时期，任陕甘宁边区陇东专区专员兼任陕甘宁边区高等法院陇东分庭庭长。他在审理案件过程中，创造了群众路线的审判方式，被称为"马锡五审判方式"。它是中国共产党的群众路线在司法审判工作中的具体运用，是马克思主义法学理论与中国革命实践相结合的产物，是新民主主义司法制度人民性的显著体现。

马锡五审判方式的特点是：一切从实际出发，客观、全面、深入进行调查研究，反对主观主义的审判作风，重证据不轻信口供，将审判工作牢牢建立在科学的基础上；认真贯彻群众路线，依靠群众讲理说法，实行审判与调

---

① 西南政法学院函授部编："司法工作——陕甘宁边区第一届政府工作报告节录"，载《中国新民主主义革命时期法制建设资料选编》（第三册），西南政法学院函授部1982年版，第322页。
② 艾绍润主编：《陕甘宁边区法律法规汇编》，陕西人民出版社2007年版，第61页。
③ 艾绍润主编：《陕甘宁边区法律法规汇编》，陕西人民出版社2007年版，第67页。
④ 西南政法学院函授部编："司法工作——陕甘宁边区第一届政府工作报告节录"，载《中国新民主主义革命时期法制建设资料选编》（第三册），西南政法学院函授部1982年版，第322页。
⑤ 艾绍润主编：《陕甘宁边区法律法规汇编》，陕西人民出版社2007年版，第67页。

解相结合，在审判工作中贯彻民主的精神；坚持原则，严格依法办事，在审判工作中始终坚持法制的原则；实行简便利民的诉讼手续，在审判工作中执行便民的方针。①

二、司法为民是为人民服务宗旨在司法工作中的具体要求和体现

理论联系实际、密切联系群众、批评与自我批评，是中国共产党在长期的革命斗争实践中形成的三大优良传统和作风，也是中国共产党取得革命胜利的法宝。密切联系群众，坚持群众路线，体现在司法工作中就是司法为民。在革命战争年代，虽然当时法官还未形成专门的职业，被笼统地称为"司法工作者"或"司法人员"，但对从事司法审判工作人员坚持司法为民的职业道德要求，对当下法官职业道德的养成，仍有巨大的时代价值。

（一）要树立司法为民的理念

司法工作者对于人民司法工作的若干基本问题有了一致的认识，才能把人民司法的意义逐步地向人民普及，否则想要在人民中有一致的认识也是不可能的。② 这就要求法官在从事审判工作时，必须做到从人民群众的角度出发。司法工作方针是要团结人民，教育人民，保护人民的正当权益。越是能使老百姓邻里和睦，守望相助，少打官司，不花钱，不误工，安心生产，这个司法工作就算越做得好。③

1. 不当"官"和"老爷"

"司法工作者，既是为老百姓服务，就应该站在老百姓中间，万不能站在老百姓头上。中国这个社会，老百姓怕'官'，怕'老爷'，是见惯了的（'官'和'老爷'也喜欢老百姓怕他们）。但在我们这里，假如有一个司法人员，仍然是'断官司''过堂'板起面孔，摆起架子，叫人家一看他，是

---

① 参见张希坡：《马锡五与马锡五审判方式》，法律出版社 2013 年版，第 188～198 页。
② 参见董必武："要重视司法工作"，载《董必武法学文集》，法律出版社 2001 年版，第 41 页。
③ 参见习仲勋："贯彻司法工作的正确方向"，载中共中央党史研究室编：《习仲勋文集》（上），中共党史出版社 2013 年版，第 29 页。

个'官'，是个'老爷'，那就很糟糕。如果说，要怕的话，就只能是对于敌人汉奸是如此的，对于一般老百姓，我们是用和蔼的态度耐心地说服。当一方有意见，有冤屈向你上诉时，应该细心地听，等到他讲完了，然后根据实际的情况，慢慢地向他解释。绝不能未调查，未研究，在主观上首先对于某一方面，就存有了一种成见。这种存有成见的做法，往往只看到表面，看不到实质，会把案情搞错。所谓秉公处理，不仅限制于观点上，尤应孜孜讲求于对人的态度。"①

2. 要站稳人民的立场

"司法工作是人民政权中的一项重要建设，和其他行政工作一样，是替老百姓服务的。这样，就要一心一意老老实实把屁股放在老百姓这一方面，坐得端端的。"② "人民司法工作者必须站稳人民的立场，全心全意地运用人民司法这个武器；尽可能采取最便利于人民的方法解决人民要求我们解决的问题。一切这样办了的，人民就拥护我们，不然人民就反对我们。"③

（二）贯彻群众路线

群众路线是中国共产党的三大优良传统之一，司法工作也必须贯彻群众路线，才能切实保证人民司法制度的本质特征。因此，司法人员在审判案件时，必须贯彻群众路线，把对人民群众的感情融入具体的司法实践中，体现红色政权依靠人民、信任人民、服务人民的宗旨。

1. 要树立群众观点，为人民服务

人民司法基本观点之一是群众观点，与群众联系，为人民服务，保障社会秩序，维护人民的正当权益。④ 司法工作"就是不要专以听断为能事，而

---

① 习仲勋："贯彻司法工作的正确方向"，载中共中央党史研究室编：《习仲勋文集》（上），中共党史出版社 2013 年版，第 28 页。
② 习仲勋："贯彻司法工作的正确方向"，载中共中央党史研究室编：《习仲勋文集》（上），中共党史出版社 2013 年版，第 28 页。
③ 董必武："对参加全国司法会议的党员干部的讲话"，载《董必武法学文集》，法律出版社 2001 年版，第 154～155 页。
④ 参见董必武："对参加全国司法会议的党员干部的讲话"，载《董必武法学文集》，法律出版社 2001 年版，第 45 页。

是要以能替诉讼人解决实际纠纷问题，从事调解。使得双方当事人平气息争。减少讼累为主要任务"。①

2. 坚持实行人民陪审员制度和合议制度

早在中华苏维埃共和国时期，为吸引和依靠广大人民群众参与案件的审理过程，实行了人民陪审员制度和合议制度，这是人民司法与其他政权在司法制度上的显著区别。

人民陪审员制度的实行是法官职业道德建设中贯彻群众路线在司法审判实践中的具体体现之一。《中华苏维埃共和国裁判部的暂行组织及裁判条例》第 13 条、第 14 条、第 15 条规定：法庭须由三人组织而成，裁判部长或裁判员为主审，其余二人为陪审。人民陪审员由职工会、雇农工会及其他群众团体选举出来，每审判一次得调换二人。主审与人民陪审员在决定判决书时，以多数的意见为标准，倘若争执不决时，应当以主审的意见来决定判决书的内容。如人民陪审员之某一人有特别意见，而坚决保留自己的意见，可以用信封封起，报到上级裁判部去，作为上级裁判部对于该案件的参考。② 人民陪审员制度在抗日战争时期，进一步得到了发展和完善，为当下人民陪审员制度的形成提供了宝贵的经验。

同人民陪审员制度类似，讨论案件的处理时，实行合议制度，有不同意见时，要坚持民主集中制原则。民主集中制是指民主基础上的集中和集中指导下的民主相结合的制度，是党的根本组织制度和领导制度，也是马克思主义认识论和群众路线在党的生活和组织建设中的运用。将民主集中制运用到审判实践中去，实行合议制，也是法官职业道德中贯彻群众路线的具体体现之一。在第一次国内革命战争时期，中国共产党领导的农民运

---

① "陕甘宁边区高等法院指示信——令各高等分庭及各地方法院、县司法处实行调解办法改进司法工作作风减少人民讼累由"（字第三号），载艾绍润主编：《陕甘宁边区法律法规汇编》，陕西人民出版社 2006 年版，第 339 页。

② 参见张希坡编著：《革命根据地法律文献选辑》（第一辑），中国人民大学出版社 2017 年版，第 1037 页。

动遭到土豪劣绅和反革命分子的仇视和破坏，破坏农民运动和屠杀农会干部的事情时有发生。为了惩治土豪劣绅和其他反革命分子，保障农民的生命安全和合法权益，许多地区成立了惩治土豪劣绅和其他反革命分子的机构，其中，以湖北省和湖南省惩治土豪劣绅委员会影响最大。这两个委员会都颁布了相关法律，明确审判过程中要坚持实行民主集中制原则：县、省审判委员会之公开审判须有过半数委员出席，其审判结果须有过半数出席委员同意，始得判决之。① 各委员会之审判，第一审须委员二人（共三人），第二审须委员四人（共五人）之同意，始得判决之。② 合议制度保留至今，《中华人民共和国人民法院组织法》第29条第1款明确规定：人民法院审理案件，由合议庭或者法官一人独任审理。同样，民主集中制在之后的人民民主政权中也一直作为司法审判的基本原则存在，且至今仍然发挥着应有的作用。我国法院的合议庭在讨论案件的处理有不同意见时，仍然实行少数服从多数的民主集中制原则。《中华人民共和国人民法院组织法》第31条规定：合议庭评议案件应当按照多数人的意见作出决定，少数人的意见应当记入笔录。评议案件笔录由合议庭全体组成人员签名。

（三）密切联系群众，不拘形式进行审判，教育群众

司法工作的开展要重视群众意见。司法人员在解决任何案件，要注意多数群众对该案件的意见。这样，既能够加强对群众的宣传教育，也可以通过多种形式解决纠纷，实现诉源治理。

1. 加强对群众的宣传教育

《中华苏维埃共和国裁判部的暂行组织及裁判条例》第12条规定："各级裁判部可以组织巡回法庭，到出事地点去审判，比较有重要意义的案件，

---

① 参见《湖北省审判土豪劣绅委员会暂行条例》第6条，载张希坡编著：《革命根据地法律文献选辑》（第一辑），中国人民大学出版社2017年版，第162页。

② 参见张希坡编著：《革命根据地法律文献选辑》（第一辑），中国人民大学出版社2017年版，第160页。

可以吸收广大的群众来场旁听。"① 中华苏维埃共和国的巡回法庭"是流动的，是到出事地点或群众聚焦的地方审判案件，使广大的群众来参加旁听审判，借某种案件以教育群众，在群众面前揭破反革命的各种阴谋，这是在司法工作中教育群众的一种方式"。②"在审判案件之先，必须广泛地贴出审判日程，使群众知道某日审判某某案件，吸引广大群众来参加旁听审判。既审之后，应多贴布告，多印判决书，以宣布案件的经过，使群众明了该案件的内容。裁判部应时常派代表到各种群众会议上去做报告，引起群众对于裁判部的工作的注意。多组织巡回法庭到出事地点去审判，以教育群众。"③

2. 不拘形式，就地审判，普及民间调解

在当时的许多司法文件和领导讲话中都明确指出："司法工作，如果不从团结老百姓、教育老百姓方面着眼，只会断'官司''写判决书'的话，即使官司断得清楚，判决书写得漂亮（实际上不可能办到），则这个'断官司'和'判决书'的本身，仍将是失败的，因为它和多数人民的要求相差很远。要达到上述目的，必须普及民间调解运动。我们司法工作人员，必须有走出'衙门'，深入乡村的决心（但这不是说到乡村去睡觉，而是从思想上工作上去深入）。必须如此，才能把我们的司法政策贯彻得好，才能使司法工作同人民取得密切联系……这样就不会对司法工作有棘手、忙迫或枯燥之感。千百事件整天发生在人民中，最适当的解决办法，也就在人民中。只有通过人民，都会解决得最快、最正确。如果不发挥人民本身力量，孤独地依靠我们司法干部去处理，那就需些年月！我们不要以为自己比老百姓高明，

---

① 张希坡编著：《革命根据地法律文献选辑》（第一辑），中国人民大学出版社 2017 年版，第 1065 页。

② "中央司法人民委员部一年来的工作"，载张希坡编著：《革命根据地法律文献选辑》（第一辑），中国人民大学出版社 2017 年版，第 1050 页。

③ "对裁判机关工作的指示"，载张希坡编著：《革命根据地法律文献选辑》（第一辑），中国人民大学出版社 2017 年版，第 1065 页。

其实不然，新的创造要在老百姓中找寻。"①

"裁判不只是裁判人，而且是教育人民，不只是教育被告，而且是教育群众，凡有教育意义的案件，可组织公审，号召广大群众参加，群众可自由发表对案件的意见。或组织巡回法庭，在某地方有意义的案子，提到那里公审，因该地群众了解这案件，他们的的印象就愈深。就是平常裁判也应先贴出审判日程，吸收群众旁听……"②

"各级司法工作人员应坚持法官下乡，就地帮助调解和进行审判的工作制度或工作方法，实质上就是群众观点和群众路线的方法。因为只有如此，才能实事求是地进行调查研究，不拘形式地进行群众审判和确实解决问题，根据不同的案情，或以调解解决，或以审判解决，或组织人民法庭审理，或邀请群众参加，法官自己审理，这种工作方式，不仅足以减少群众时间的浪费，而且足以教育群众又教育司法工作人员本身。"③

【案例5－1】朱多伸反革命案。④ 该案的处理体现了罪刑相适应、重视证据、人文关怀等特点，是司法为民的典型案例。

瑞金县苏裁判部判决书

第廿号

一九三二年五月二十四日，瑞金县苏维埃政府裁判部的法庭主审潘立中，陪审钟桂先、钟文高，书记杨世珠，同时参加审判的国家原告人华质彬，审判反革命案件的被告人朱多伸。根据国家原告机关的材料及法庭审判的结果，

---

① 习仲勋："贯彻司法工作的正确方向"，载中共中央党史研究室编：《习仲勋文集》（上），中共党史出版社2013年版，第29～30页。

② "中央司法部训令"（第一号），载艾绍润主编：《陕甘宁边区法律法规汇编》，陕西人民出版社2006年版，第380页。

③ "陕甘宁边区高等法院指示信——为指示加强调解，劳役交乡执行，法官下乡就地审判，以发展生产由"（安字第三号），载艾绍润主编：《陕甘宁边区法律法规汇编》，陕西人民出版社2006年版，第346页。

④ 参见"十大经典红色司法案例——庆祝中国共产党成立100周年'红色司法案例大讲坛'研究成果之二"，载微信公众号"最高人民法院司法案例研究院"，2021年6月17日。

被告人等反革命事实已经证明。朱多伸，男，七十二岁，瑞金县壬田区人，劣绅。兹将被告人的罪状列举如下：

一、过去是劣绅，以强欺弱，压迫劳苦群众。

二、欺骗别人的田做风水，霸占自己的山不分给别人。

三、吞没公款，克扣罚款。

四、冒称宁、瑞、石三县的巡视员。

五、私扣公家子弹，卖给公家以赚钱。

根据中央执行委员会第六号训令，判决朱多伸处以枪毙。倘若双方不服，在一星期的期限内可以向临时最高法庭上诉。

主　审　潘立中

陪　审　钟桂先

钟文高

一九三二年五月二十四日

临时最高法庭批示

法字第十七号

瑞金县苏裁判部第二十号判决书关于朱多伸判处死刑一案不能批准。朱多伸由枪毙改为监禁二年。根据口供和判决书所列举的事实，不过是贪污怀私及冒称宁、石、瑞三县巡视员等等，是普通刑事案件，并非反革命罪。且朱多伸曾组织游击队，参加过革命，又年已七十二岁，因此减死刑为监禁。此批。

瑞金县苏裁判部

临时最高法庭主席　何叔衡

一九三二年五月二十六日

【案例 5 - 2】惠思祥与张海胜窑洞求偿案民事判决书。① 1940 年 7 月，

---

① 参见艾绍润、高海深编：《陕甘宁边区判例案例选》，陕西人民出版社 2007 年版，第 36 ~ 37 页。

陕甘宁边区高等法院所制作的民事判决书。该判决书行文简洁，通俗易懂，考虑了当时边区群众的文化水平。

陕甘宁边区高等法院民事判决书

字第×号

上诉人（即原告）：惠思祥，男，四十九岁，原籍清涧，现住延安市南门外，务农。

被告：张海胜，男，三十七岁，原籍米脂，现住延安市南门外，商。

上列上诉人惠思祥为索债窑洞一案，不服延安市地方法院六月二日之判决，提起上诉，经本院受理判决如下：

主文

原判撤销。

张海胜在惠思祥地上所修窑洞二孔，仍由张海胜居住，如张海胜日后移居，在此窑洞之居住权即消灭。

张海胜之妻张白氏，如再与人通奸生事，由当地政府驱逐其家出境，所修此二座窑即归惠思祥所有。

事实

据上诉人惠思祥称："伊于民二十七年，七八月间与张海胜合伙在延安市内开设磨坊，尔时即与被告张海胜之妻张白氏通奸。及至是年冬延市被日寇飞机轰炸后，张海胜夫妻无处居住，伊当时为便利与张白氏通奸，自动提出要张海胜在窑背上开掘窑洞二座。并帮助张海胜出资四十余元，还向张海胜声言住得好的话，可以长期居住。并未提起居住期间及租金，更未提出任何条件。张海胜将窑洞修成后，于去年一月，伊即与张白氏感情破裂，以张白氏与人通奸生事（因此时张白氏又拒绝与胡玉林通奸而胡玉林竟把张海胜之驴杀死一头，该案已由延市政府交军法处处理）恐日后受累之词请求令张海胜将此二孔窑交还。"被告张海胜答辩称："伊在惠思祥地上开掘窑洞二孔，是经过惠思祥的允许，现在不愿交出窑洞，因开掘窑洞时惠思祥曾允许可以长久居住，且开掘窑洞自己花费洋一百一十元，惠思祥并未出资，所以不愿交还窑洞。"至张白氏与惠思祥通奸，张海胜及张白氏均不承认有此事实。

理由

（一）张海胜在惠思祥地上开掘窑洞时，确经过惠思祥的允许，且未约定有任何条件，其口头契约自应成立；（二）张海胜开掘窑洞，惠思祥出资四十元相助，并无证据。即或惠思祥确曾资助，但据供称亦系出于自愿，未附任何条件，当然亦不能反悔；（三）根据延安市地方法庭调查，张白氏与人通奸是事实。本院根据以上理由及具体情形，特为判决如主文。

中华民国二十九年七月二十六日

民事法庭

兼庭长　雷经天

推　事　任扶中

书记员　兰作馨

【案例5–3】李刘氏、丁攀生"夏魏单"土地纠纷案。① 该案的处理体现了司法审判中采用灵活多变的土地政策，从最广大人民群众根本利益出发的司法为民优良传统。

陕甘宁边区高等法院民事判决书

上诉人：李刘氏，女，定边人。

代理上诉人：李秀林，男，六十二岁，定边一区六乡南园子，农。

被上诉人：丁攀生，男，五十八岁，定边市区四乡一村。

代理被上诉人：丁兆模，男，二十五岁，住址同上，小学教师。

上列当事人因土地涉讼一案，上诉人不服定边县司法处所为第一审判决，提出上诉。本院判决如下：

主文

上诉驳回。

---

① 参见"十大经典红色司法案例——庆祝中国共产党成立100周年'红色司法案例大讲坛'研究成果之二"，载微信公众号"最高人民法院司法案例研究院"，2021年6月17日。

丁攀生之地，为政府所给予，与李刘氏无关，李刘氏不得再向丁攀生索地。

李刘氏现时分受之地，如实过少不够生活，可向定边县政府申请救济，补给土地。

事实

缘民国十六年，李刘氏之夫李尚财将本案系争之地名"夏魏单"出典于丁攀生。至民国十八年李尚财病故，据丁攀生称，李刘氏即将此地全部出卖于彼（举有说合人石成福、丁正科、赵惠智、魏现均及王如意等为证），由其管业。民国二十五年土地革命，丁攀生原为地主，连同夏魏单之地共有土地三百余垧，按当时土地政策，地主之所有地及其典受地，均在没收之列，已属全部归公。后丁攀生及当地居民，以政府对该地未加管理，侵种一部分。李刘氏见丁攀生侵种地内有其原有之地，虽于民国十六年出典于丁攀生，并未出卖，因于二十九年投诉于定边县，要求回赎。该县政府当时未加细查，不知该地早已没收归公，曾判决以三分之二归李刘氏耕种，三分之一归丁攀生耕种。迨至今年，定边县政府查明该地早已经没收归公，丁攀生等所占之地原系非法侵种，该县司法处因根据此项事实对二十九年所作之判决进行再审，撤销原判，将判给丁攀生及李刘氏之地，复行一律收归公有。惟该县政府第一科为照顾各阶层利益计，念及丁攀生及李刘氏生计困难，又各补充土地一部分。李刘氏以补充土地过少，心甚不甘，又睹丁攀生补充土地内仍有其原有之地，不服判决，来院上诉，要求回复二十九年所分之地，并诉丁攀生霸占其地。本院传讯两造，讯明上列事实，记录在卷。

理由

查系争之地，于土地革命时期按当时土地政策，早经没收归公。李刘氏所称仅于民国十六年出典于丁攀生并未出卖一节，无论是否属实，不能阻挠土地政策已成之实效，自此业已收归公有之土地，不能再返还于旧有地主。定边县署于二十九年对本案系争土地判决以虽经判决以三分之一归丁攀生、三分之二归李刘氏，实因未调查土地真相所致，但于今年发现新事实，确知该地曾没收归公，并非私人之产业，则原判认定之事实已属根本错误，依法进行再审，撤销原判，更将原判分给两造之地仍行一律收回归公，于法尚无不合。李刘氏请求废弃原判，回复其二十九年判决分种之地，实为无理。至丁攀生受政府所补充之地，内中虽有李刘氏原种之一部分土地，但既经没收归公，后复由政府给予丁攀生，不得指为丁攀生霸占。李刘氏即不得要求分割丁攀生合法分得之地。若李刘氏自己现时分地过少，无法维持生活，可将实际情况另向定边县政府声请补给土地，以资救济。

依上论结，特判决如主文。

中华民国三十一年十二月三日

民事法庭

庭　长　任扶中

推　事　王怀安

书记员　海　心

【案例5-4】封彦贵与张金才儿女婚姻纠纷案。① 这是"马锡五审判方式"的典型案例，本案的审理不仅体现了方便群众诉讼的原则，还体现了人民法院广泛征求群众意见，了解案件真实情况后，最后作出判决的审理过程。该案例既向广大人民群众宣传了中国共产党的婚姻自由的政策，又做出了正确的处理结果，达到了社会效果、政治效果和法律效果的统一。

陕甘宁边区高等法院陇东分庭

刑事附带民事判决书

上诉人：封彦贵，男性，华池县温台区四乡封家塬子人，农业。

被上诉人：张金才，男性，华池县张家湾人，农业。

张金贵，男性，住址职业同上。

被上诉人为聚众实行抢婚一案，构成犯罪事实。上诉人不服华池县司法

① 参见"十大经典红色司法案例——庆祝中国共产党成立100周年'红色司法案例大讲坛'研究成果之二"，载微信公众号"最高人民法院司法案例研究院"，2021年6月17日。

处民国三十二年五月三日之所为第一审判决，提起上诉，本庭判决如下：

主文

1. 原判决撤销。

2. 张金才聚众抢婚罪判处有期徒刑两年六个月。

3. 张金贵实行抢婚罪判处有期徒刑一年六个月。

4. 张得赐附和抢婚罪判处苦役三个月。

5. 张仲附和抢婚罪判处苦役三个月。

6. 张老五附和抢婚罪判处苦役三个月。

7. 封彦贵实行出卖女儿包办婚姻判处苦役三个月。封彦贵出卖女儿法币七千元没收。

8. 封捧儿与张柏婚姻自主有效。

事实

缘上诉人封彦贵之女儿（捧儿）小时于民国十七年同媒说合，许与张金才之次子（张柏）为妻。后于二十一年五月封彦贵见女儿长大，藉女儿婚姻自主为名，遂以法币两千四百元硬币四十八元将捧儿卖于城壕川南塬张宪芝之子为妻。被张金才告发，经华池县府查明属实，即撤销。谁料该封彦贵复于本年三月以法币八千元哔叽布四尺硬币二十元，经张光荣做媒又卖给新堡区朱寿昌为妻。于三月十日在封家订婚，当即交法币七千元，布两尺，棉花三斤。另外于本年古二月十三日适有新堡区赵家洼子钟聚宝过事时，该封彦贵之女儿捧儿前赴该事，而张柏亦到，男女两人亲自会面谈话，捧儿愿与张柏结婚，就是被父母包办出不了恶劣家庭环境，而张柏就回家告诉他父张金才，其后张金才听到封彦贵将捧儿许与朱寿昌之消息，即请来张金贵及户族张得赐、张仲、张老五等连儿子张柏共二十人，于三月十八日下午从家中出发，当晚二更后到封彦贵家，人已睡定，首由张柏进家将捧儿拖出，时封姓家中人见来多人，遂让捧儿由张姓抢劫前去，及天明两小成了婚姻。当日封姓控告至华池县府，县司法处判处张金才徒刑六个月，捧儿与柏儿婚姻无效。

上诉人不服，上诉本庭。经调查，一般群众对华池县处理此案亦有意见。华池县司法处判决在案。

理由

基上事实，捧儿与张柏之婚约虽系于民国十七年父母之包办，但在地方一般社会惯例均如此。其后在边区政权建立后，封彦贵藉男女婚姻之说，将女儿简直当作法宝营业工具。如二次卖给张宪芝之子后又卖给朱寿昌，企图到处骗财，引起乡村群众不满，应受刑事处分；张金才既然与封姓结成亲眷，不论封姓怎样不好，须得以理交涉或控告，不得结合许多群众黉夜中实行抢婚，张金贵更不应参加，但该犯等竟大胆实施抢劫行动，而使群众恐慌，使社会秩序形成紊乱现象，所以对该犯应以刑事论罪；而封彦贵以女儿当牛马出售，且得法币数千，此类买卖婚姻款应予没收；至于捧儿与张柏本质上双方早已同意，在尊重男女婚姻自主原则下，应予成立，而华池县初审判决，系极端看问题，只看现象，不看本质，对封姓过于放纵，对捧儿、张柏自主婚姻尚未真正顾到，所以该判决应予撤销。

基上结论，封、张双方行为均属违法，一则以女儿当货物出卖，一则胆敢实行抢劫，全依刑法第一百五十条及同法第二百九十八条第一款之规定受到处罚。特依刑事诉讼法第三百六十一条第一款及边区婚姻法第五六两条之规定判决如主文。

上列当事人对本判决如有不服，得于送达之翌日起，在十日内提起上诉，由本院移转陕甘宁边区高等法院核办（驻延安）。

兼庭长 马锡五

推 事 石静山

中华民国三十二年七月一日作成

本案证明与原本无异

书记员 陈夷

中华民国三十二年七月八日

【案例5-5】高金达与李贺氏合伙纠纷案。① 本案的审理反映了法院在查明事实基础上，根据认定的证据，结合当地的商业习惯，从而作出公正裁判。

陕甘宁边区高等法院民事判决书

上诉人高金达，女，年四十二岁，原籍横山县，现住延市新民村二组。

被上诉人李贺氏，女，年三十七岁，延长县人，现住新市场八号。

杨培彪，男，年三十八岁，绥德县人，现住延安县金盆区杨家峁村，商。

上列当事人等因合伙纠纷事件，上诉人不服延市地方法院民国三十五年四月二十九日所为第一审判决，提起上诉，本院判决如下：

主文

上诉驳回，维持延市地方法院原判。

事实

上诉人高金达与被上诉人李贺氏、杨培彪原本相识。于去年底即因李贺氏有市场铺房两间，高金达曾与李贺氏商量将此房抽回合伙做生意。及今年古历正月间就由高金达招得杨培彪（由杨兄培盛说的）到李贺氏处赁李贺氏铺房一间，准备营业。但未正式开张之前，即陆续由李贺氏入了资金边币二百八十万元，高金达入了资金边币一百六十二万元，杨培彪入了资金边币八十六万零七百元，先买了一些布和染货销售，约五十余天结算，共亏损边币七十六万八千一百二十元（房赁、伙食等除外）。因高金达说她是入号揽工，是帮助号内借的款，掌柜是李贺氏，不能负亏赔责任。同时高金达于结账后又私自扣用号款边币八十三万九千三百二十元，遂由李贺氏控告到延市地方法院。经审讯调查，复邀同市商会调解，李负算账，证明高金达确属合伙入资，判决依所入资金之多寡分负亏赔责任；高金达负赔损边币二十三万八千元，应分得现金及存货折边币一百三十八万两千元；李贺氏负赔损边币四十一万零一百二十元，应分得现金及存货折边币二百三十八万九千八百八十元；

---

① 参见"十大经典红色司法案例——庆祝中国共产党成立100周年'红色司法案例大讲坛'研究成果之二"，载微信公众号"最高人民法院司法案例研究院"，2021年6月17日。

杨培彪负赔损边币十二万元，应分得现金及存货折边币七十四万零七百元。至高金达所取号款边币八十三万九千三百二十元，应提出现款依资本多寡分配，如高无现金归还，以所分货物抵付。高金达不服，又上诉本院，并举出证人杨培盛到案作证。经本院分别一一讯问，并详核账内项目如上，各情记录在案。

理由

查本案上诉人高金达对所卖货亏损有无责任，应以其与被上诉人李贺氏等是同入资与否为断，而其入资抑借款，则当从其资本证及原日营业账簿方面来判定是否。人证方面就其所举杨培盛仅能说明原日做生意时高金达说她们已有七百万元，让杨及其弟（即培彪）亦入三百万元，其他则声称不知；又并无第三人或字据可作佐证。而在原日营业账簿上从其立账第一日起三人同样入资，迄至结账为止，并无借款字样。尤其负营业责任之杨培彪系高所介绍入号，从其营业经过供述，证明原日三人显然系同意出资营业，后以亏损了，高金达籍故抵赖，推卸责任，殊难推诿为借款，而应认为是共同出资营业，故应共同负赔损之责任。至结账后高金达擅自扣现款不提出合伙开支更属无理。根据法律原则及商业习惯，原判决并无不合，应认为上诉无理，予以驳回。特为判决如主文。

中华民国三十五年五月十四日

院　长　马锡五

副院长　乔松山

民事庭长　刘耀三

推　事　叶映宣

右正本证明与原本无异

书记员　田少龙

【案例5-6】宋成玉诉吴俊彦抚养案。① 本案是法院运用调解解决纠纷的典型案例。抗日战争时期，调解工作得到发展，在继承传统的基础上，逐渐规范化和正规化，并在法院审理工作中得到普遍适用，确立了自愿原则、合法原则和非诉讼必经程序这三项基本原则。通过调解工作的广泛开展，不仅加强了司法机关同广大人民群众的联系，转变了人民群众对司法机关的传统认识，还宣传了法律和政策，对人民群众加强了教育，提高了干部群众的法制观念和道德观念。

黄龙分区高等分庭民事和解笔录

上诉人：宋成玉，男，年六十岁，河南信阳县北岗村人，磨面为生。

被上诉人：吴俊彦，男，年三十四岁，黄陵县北谷区桥玖村人，农民。

右当事人因抚养一案，不服黄陵县司法处于八月二日所为第一审判决，上诉本庭。复经调证询情，以双方同意，和解后。

案情经过

宋成玉供称："民国三十二年十一月，我家乡遭灾荒，大儿和大媳妇死了，留一孙子，全家逃难到黄陵县秦家窑窠，日以乞食为生，在吴俊彦家住了两月，吃了吴姓小米三斗，荞麦两斗，借用敌币一千元。吴姓因说粮食无力归还，企此私立嗣单，说我把孙子卖给他了。"

吴俊彦供称："二十九年大哥出征无信，孤嫂寡居，卖（买）此子使我嫂安居抚养。宋成玉卖子是实，有说合人刘岐山、中见人吴贵银、代笔人吴新民，同住家长户族，立有约据，身价言定两石麦子。他大娃驮了五斗小米、五斗荞麦，顶了一石麦子，下余一石麦子折敌币三千元，秦家川纹儿捎给他了。"

又本庭收到河南同乡会洛川分会于三十四年十二月二十四日曾为此向黄陵伪保长提达公函略宋语称："我吃吴家小米四斗，荞麦五斗，借款一千元。"是年宋成玉上诉伪黄陵县府及伪专署，均未给适当处理，本年六月又呈诉我黄陵县府转诉本庭。

---

① 参见"十大经典红色司法案例——庆祝中国共产党成立100周年'红色司法案例大讲坛'研究成果之二"，载微信公众号"最高人民法院司法案例研究院"，2021年6月17日。

和解理由

按其宋吴两家争执，均为继承后嗣，宋家有孙吴家无儿，双方后嗣均得接续，为免得两家再起诉讼，因而召请乡里，议定和解意见四点：

1. 该子可同继两姓后嗣。娶妻后，先生之子姓宋，次生之子姓吴，另将小名进喜改为宋继吴；

2. 吴姓供给读书，宜至中学毕业；

3. 两姓认为亲戚，互相来往照料宋继吴成人，由宋继吴自愿可以到两家居住；

4. 念宋成玉家境贫困，由吴俊彦自愿给帮助粮食糜谷各五斗。

和解取得双方当事人同意，写此和解笔录为证，本庭亦整卷存案，准为结案息事。

中华民国三十七年十月四日作成

兼庭长　黑志德

副庭长　周玉洁

推　事　赵志清

书记员　高　羚

当庭和解人证明　刘岐山

吴贵银

田滋轩

李广海

【**案例 5-7**】马锡五（1898—1962 年），陕西省志丹县人。1930 年参加革命。1935 年 12 月加入中国共产党。1936 年 5 月任陕甘宁省苏维埃政府主席。1943 年 3 月，兼任边区高等法院陇东分庭庭长，开始从事司法工作，创立了"马锡五审判方式"。1943 年 2 月 3 日，毛泽东主席为边区先进模范人物题词，其中为马锡五的题词就是：马锡五同志，一刻也不离开群众。1962 年 4 月，马锡五同志逝世，谢觉哉同志为其写了悼诗："锡五同志：你是从群众泥土里长出的一棵树，群众泥土是你智慧的源泉。你做司法工作：不为陈规束缚，不被形式纠缠。能深入、能显出；既细致、又自然。人民叫你马青天。青天——没有尘埃和云翳的天，见理明、方法对、党性坚。'马锡五审判方式'贯彻到许多案例，'刘巧儿'只是个小小的流传。……"①

第二节　坚持司法为民的具体要求

习近平总书记指出：保障人民安居乐业是政法工作的根本目标。政法机关和广大干警要把人民群众的事当作自己的事，把人民群众的小事当作自己的大事，从让人民群众满意的事情做起，从人民群众不满意的问题改起，为人民群众安居乐业提供有力法律保障。② 最高人民法院院长张军同志指出："为大局服务，为人民司法促进厚植党协政政论根基，这是人民法院的职责使命。"③ 要坚持司法为民，改进司法工作作风，通过热情服务，切实解决好老百姓打官司难问题，特别是要加大对困难群众维护合法权益的法律援助。司法工作者要密切联系群众，规范司法行为，加大司法公开力度，回应人民群众对司法公正公开的关注和期待。④

一、牢固树立司法为民的理念

中国共产党从成立以来，就将为中国人民谋幸福、为中华民族谋复兴作

---

① 谢觉哉同志所写"锡五同志灵右"悼诗手迹照片，参见张希坡：《马锡五与马锡五审判方式》，法律出版社2013年版。

② 习近平："在中央政法工作会议上的讲话（2014年1月7日）"，载习近平：《习近平谈治国理政》，外文出版社2014年版，第148页。

③ 参见白龙飞："抓实抓好公正与效率，为大局服务为人民司法"，载《人民法院报》2023年3月17日，第1版。

④ 习近平："在十八届中央政治局第四次集体学习时的讲话（2013年2月23日）"，载中共中央文献研究室编：《习近平关于全面依法治国论述摘编》，中央文献出版社2015年版，第68～69页。

为自己的初心和使命，一切工作都是围绕着这一初心和使命来进行的。党的二十大提出以中国式现代化全面推进中华民族伟大复兴，并将此确定为新时代新征程中国共产党的中心任务。司法为民就是这一初心和使命在司法领域中的具体要求。只有把初心和使命落实为具体行动，才能真正做到牢记初心和使命，践行司法为民宗旨。

（一）坚持党对司法工作的绝对领导

坚持党对司法工作的绝对领导是坚持司法为民的前提和保障，法官必须做到以下两点。

1. 强化理论武装

坚持司法为民，是中国特色社会主义司法制度的显著特征，也是中国特色社会主义司法制度的显著优势。坚持司法为民有着深厚的理论基础和实践基础，是中国特色社会主义司法制度的生命线。只有在审判工作中坚持司法为民，才能保证司法工作坚持正确的政治方向。

正因如此，作为一名代表国家行使审判权的法官，就要始终以习近平新时代中国特色社会主义思想和习近平法治思想武装头脑、指导实践、推动工作，坚持不懈强化理论武装，不断增强"四个意识"、坚定"四个自信"、做到"两个维护"，切实把"两个维护"体现在依法履职尽责、推进法治建设的实效上。

习近平法治思想科学运用辩证唯物主义和历史唯物主义的世界观和方法论，对党的领导和依法治国、政治和法治、依法治国和依规治党、坚持党的领导和确保司法机关依法独立公正行使职权、依法治国和以德治国等一系列重大问题作出深刻论述，廓清思想困惑，指引实践方向，确保中国法治建设沿着正确航向破浪前行。真学真信笃行习近平法治思想，切实把"两个确立"转化为做到"两个维护"的思想自觉、政治自觉、行动自觉，自觉在思想上、政治上、行动上同以习近平同志为核心的党中央保持高度一致。

2. 坚持党的领导

"党的领导是中国特色社会主义法治之魂。"① 我国司法制度是党领导人民在长期实践中建立和发展起来的，历史的经验已经说明，党的领导是社会主义法治的根本保证，坚持党的领导是我国社会主义司法制度的根本特征和政治优势。坚持党的领导，是社会主义法治的根本要求，是党和国家的根本所在、命脉所在，是全国各族人民的利益所系、幸福所系，是全面推进依法治国的题中应有之义。

党的领导是全面推进依法治国、加快建设中国特色社会主义法治国家最根本的保证。只有坚持党的领导，才能始终保持人民法院的本质属性——人民性，人民当家作主才能充分实现，才能确保中国特色社会主义司法制度本质不变。党的绝对领导贯穿人民法院依法履职全过程，每一位法官毫不动摇坚持党对司法工作的绝对领导，都要将维护核心、绝对忠诚、听党指挥、勇于担当的政治要求铭刻于心、落实于行。② 以习近平法治思想为指导，严格执行《中国共产党政法工作条例》，切实把党的领导落实到人民法院工作各领域各方面各环节，确保在党的领导下依法独立公正行使审判权。坚持"不忘初心、牢记使命"，淬炼忠诚干净担当的政治品格，做到政治过硬、业务过硬、责任过硬、纪律过硬、作风过硬，永葆人民法院政治机关本色，矢志不渝地做中国特色社会主义事业的建设者、捍卫者。

（二）坚持以人民为中心

"坚持以人民为中心"，是习近平法治思想的重要内容和核心要义之一。"全面依法治国最广泛、最深厚的基础是人民，必须坚持为了人民、依

---

① 李林："党的领导是中国特色社会主义法治之魂"，载新华网，http：//www.xinhuanet.com/politics/2015-04/02/c_127649563.htm，2021年6月7日访问。

② 参见中共最高人民法院党组："习近平法治思想 领航法治中国阔步向前"，载《人民日报》2021年5月28日，第13版。

靠人民。"① 2014 年 10 月 23 日，中国共产党第十八届中央委员会第四次全体会议通过的《中共中央关于全面推进依法治国若干重大问题的决定》指出："坚持人民主体地位。人民是依法治国的主体和力量源泉，人民代表大会制度是保证人民当家作主的根本政治制度。必须坚持法治建设为了人民、依靠人民、造福人民、保护人民，以保障人民根本权益为出发点和落脚点，保证人民依法享有广泛的权利和自由、承担应尽的义务，维护社会公平正义，促进共同富裕。""保障人民群众参与司法。坚持人民司法为人民，依靠人民推进公正司法，通过公正司法维护人民权益。"

1. 密切联系群众，增进群众感情，切实方便群众诉讼

密切联系群众的作风，是指党的各级组织和党员干部要和党内外的群众结合在一起，密切党和人民群众的关系，一切为了群众，一刻也不脱离群众。这种作风，是中国共产党特有的政治优势，是我们党取得一切胜利的力量源泉和基本保证。一切工作都要从群众中来，到群众中去，只有这样才能坚持马克思主义群众观点，将人民群众看作历史的主人，才能全心全意为人民服务。2021 年 11 月 11 日，中国共产党第十九届中央委员会第六次全体会议通过的《中共中央关于党的百年奋斗重大成就和历史经验的决议》指出："党的根基在人民、血脉在人民、力量在人民，人民是党执政兴国的最大底气。""党的最大政治优势是密切联系群众，党执政后的最大危险是脱离群众。"

全心全意为人民服务是中国共产党的一贯主张和宗旨，司法为民则是这一主张和宗旨在司法实践中的具体体现，也是贯彻落实习近平法治思想"坚持以人民为中心"的具体要求。这是因为中国共产党是最广大人民群众根本利益的代表者和实现者，人民是国家的主人。因此，通过司法实践保证公民

---

① 习近平："以科学理论指导全面依法治国各项工作（在中央全面依法治国工作会议上讲话的要点，2020 年 11 月 16 日）"，载习近平：《论坚持全面依法治国》，中央文献出版社 2020 年版，第 2 页。

的经济、文化、社会等各方面权利得到落实，保障人民安居乐业，不断增强人民群众获得感、幸福感、安全感，是司法为民追求的目标。这就要求人民法官不仅是司法工作者，而且还应是群众工作者，只有树立司法为民的理念，才能真正地做到人民法院为人民，人民法官为人民。

2. 强化群众观念，重视群众诉求，关注群众感受，自觉维护人民群众的合法权益

法律不应该是冷冰冰的，司法工作也是做群众工作。一纸判决，或许能够给当事人正义，却不一定能解开当事人的"心结"。"心结"没有解开，案件也就没有真正了结。[①]

法官要自觉把做好司法便民利民工作与扎实推进党的群众路线教育实践活动紧密结合起来，时刻摆正自身与人民群众的关系，准确把握人民群众对法院工作的需求与期待，将便民利民措施运用到立案、审判、执行和信访等各个环节，为人民群众提供热情、便捷、高效的司法服务。

一方面，要强化群众观念，这是坚持司法为民的前提。法官要通过树立群众观念，达到重视群众诉求、关注群众感受的目的。只有这样，才能自觉维护人民群众的合法权益，才能落实司法为民的各项规定和要求，切实做到听民声、察民情、知民意。

另一方面，要树立服务意识，这是坚持司法为民的基础。法官要在司法审判的各个环节做好诉讼指导、风险提示、法律释明等便民服务，避免"冷硬横推"等不良作风。同时，还要认真执行司法便民规定，努力为当事人和其他诉讼参与人提供必要的诉讼便利，尽可能降低其诉讼成本。在司法审判的全过程中，法官还要不断改进司法作风，要善于运用人民群众听得懂、易接受的语言和方式进行沟通交流，充分尊重公序良俗，坚决消除门难进、脸难看、话难听、事难办等不良作风，坚决杜绝任何刁难诉讼参与人的现象。

---

① 参见习近平："在十八届中央政治局第四次集体学习时的讲话（2013 年 2 月 23 日）"，载中共中央文献研究室编：《习近平关于全面依法治国论述摘编》，中央文献出版社 2015 年版，第 69 页。

二、认真执行司法便民规定

2020 年 10 月 29 日，中国共产党第十九届中央委员会第五次全体会议通过的《中共中央关于制定国民经济和社会发展第十四个五年规划和二〇三五年远景目标的建议》明确指出，"十四五"时期经济社会发展主要目标之一是"国家治理效能得到新提升。社会主义民主法治更加健全，社会公平正义进一步彰显，国家行政体系更加完善，政府作用更好发挥，行政效率和公信力显著提升，社会治理特别是基层治理水平明显提高，防范化解重大风险体制机制不断健全，突发公共事件应急能力显著增强"。为了实现这一目标，在司法实践中，做到利民便民，提高审判质效，就有了重要的现实意义。

（一）坚持把非诉讼纠纷解决机制挺在前面

这是从源头上减少诉讼数量，不断提升法院矛盾纠纷多元化解和现代化诉讼服务水平的一个重要举措。它要求法官必须将这一理念贯穿到审判工作中，切实增强纠纷解决意识，切实发挥人民法院在诉源治理中的参与、推动、规范和保障作用，推动工作向纠纷源头防控延伸。

1. 促进诉调对接实质化

法官、法官助理、书记员及调解员组成调解速裁团队，及时做好调解指导，强化诉调统筹衔接，做到能调则调，当判则判。对起诉到法院的纠纷，释明各类解纷方式优势特点，提供智能化风险评估服务，宣传诉讼费减免政策，按照自愿、合法原则，引导鼓励当事人选择非诉讼方式解决纠纷。对能够通过行政裁决解决的，引导当事人依法通过行政裁决解决；对适宜调解且当事人同意的，开展立案前先行调解。调解成功、需要出具法律文书的，由调解速裁团队法官依法办理；调解不成的，调解员应当固定无争议事实，协助做好送达地址确认等工作。①

---

① 参见《最高人民法院关于建设一站式多元解纷机制 一站式诉讼服务中心的意见》（法发〔2019〕19 号）。

2. 正确运用调解与判决方式

法官要将"能调则调，当判则判，调判结合，案结事了"审理原则贯穿于各类案件一审、二审、申诉申请再审、再审全过程，努力实现法律效果与社会效果的统一。民商事案件除适用特别程序以及其他依案件性质不能进行调解的外，应当努力通过调解方式解决，特别是家事纠纷、群体性纠纷、容易引起矛盾激化的纠纷等应当着重调解。

法官要正确处理调解与判决的关系，充分发挥两种方式的作用和优势。对双方当事人均有调解意愿且有调解可能的纠纷、家庭与邻里纠纷、法律规定不够明确以及简单按照法律处理可能失之公平的纠纷，应当在充分尊重双方当事人意愿的情况下，优先用调解方式处理。在调解中，坚持贯彻合法自愿原则。对当事人不愿调解或者有必要为社会提供规则指引的案件纠纷，应当在尊重当事人处分权的前提下，注重采用判决的方式。防止不当调解、片面追求调解率；调解中讲究方式方法，提高调解能力，努力实现案结事了。

具体来讲，正确运用调解与判决方式应遵守以下六点要求。

（1）在调解过程中与当事人接触时，应当征询各方当事人的调解意愿；根据案件的具体情况，可以分别与各方当事人做调解工作；在与一方当事人接触时，应当保持公平，避免他方当事人对法官的中立性产生合理怀疑。

（2）只有当事人的代理人参加调解时，认真审查代理人是否有特别授权，有特别授权的，可以由其直接参加调解；未经特别授权的，可以参与调解，达成调解协议的，应当由当事人签字或者盖章，也可以由当事人补办特别授权追认手续，必要时，可以要求当事人亲自参加调解。

（3）一方当事人表示不愿意调解时，有调解可能的，应当采用多种方式，积极引导调解；当事人坚持不愿调解的，不得强迫调解。

（4）调解协议损害他人利益的时，告知参与调解的当事人应当对涉及他人权利、义务的约定进行修正；不得确认该调解协议内容的效力。

（5）调解过程中当事人要求对责任问题表态时，应当根据案件事实、法律规定以及调解的实际需要进行表态，注意方式方法，努力促成当事人达成调解协议。

（6）当事人对调解方案有分歧时，继续做好协调工作，尽量缩小当事人之间的分歧，以便当事人重新选择，争取调解结案；分歧较大且确实难以调解的，应当及时依法裁判。

（二）努力为当事人和其他诉讼参与人提供必要的诉讼便利

如果群众有了司法需求，需要打官司，一没有钱去打，二没有律师可以求助，公正司法从何而来呢？司法工作者要密切联系群众，如果不懂群众语言、不了解群众疾苦、不熟知群众诉求，就难以掌握正确的工作方法，难以发挥应有的作用，正所谓张飞卖豆腐——人强货不硬。① 因此，便利人民群众参与诉讼、便利人民法院审理案件是"两便原则"的具体要求。其中，方便人民群众诉讼体现在司法审判的各个环节上，主要包括以下几点。

1. 实现一站式多元解纷、一站式诉讼服务

做好诉调对接、立案登记、诉讼风险提示、诉讼材料接转、诉讼费用缴纳、财产保全、案件流程查询、信访接待等各方面的工作，为当事人提供诉讼指引类、便民服务类、诉讼辅助类、纠纷解决类、提高效率类、审判事务类等诉讼服务，努力为当事人提供"一站式"和"全方位"的诉讼服务。②

2. 严格落实立案登记制度

根据人民群众的需求和审判工作的实际需要，对人民法院依法应该受理的案件，做到有案必立、有诉必理，切实保障当事人诉权。

深化案件"当场立、自助立、网上立、就近立"改革：对符合受理条件的起诉原则上当场立案；建立立案材料公示清单，按照案由分别公示立案需

---

① 参见习近平："在十八届中央政治局第四次集体学习时的讲话（2013年2月23日）"，载中共中央文献研究室编：《习近平关于全面依法治国论述摘编》，中央文献出版社2015年版，第68~69页。

② 参见《最高人民法院关于进一步做好司法便民利民工作的意见》（法〔2014〕293号）。

要的全部材料，推动"一次办结"；凡是能网上立案的案件，应上尽上。对当事人选择网上立案的，除确有必要现场提交材料外，一律网上办理。对当事人选择现场提交立案申请的，不得强制网上立案。

做好预约立案工作，积极为行动不便的伤病患者、残疾人、老年人、未成年人等提供立案、送达、调解等方面的便民服务。例如，为行动不便的老年人可以开通上门立案、电话立案等绿色通道，实现快速、便捷立案。在开展网上立案、电子诉讼的同时，保留老年人易于接受的传统司法服务方式。依法准许书写起诉状确有困难的老年人口头起诉，有效给予老年人诉讼服务指导和帮助。完善无障碍诉讼设施及服务，方便老年人参加诉讼。

为跨境诉讼当事人，包括外国人，我国香港特别行政区、澳门特别行政区和台湾地区居民（以下简称港澳台地区），经常居所地位于国外或者港澳台地区的我国内地公民以及在国外或者港澳台地区登记注册的企业和组织，提供网上立案指引、查询、委托代理视频见证、登记立案服务，并通过中国移动微法院为跨境诉讼当事人提供第一审民事、商事起诉网上立案服务。

3. 开展巡回审判工作

对于边远地区等交通不便地区，要以方便人民群众诉讼为出发点，尽可能就地立案、就地开庭、就地审理、就地执行；要以便于解决社会矛盾纠纷为出发点，深入企业、社区等群众集中、纠纷集中的地区进行巡回审判。

4. 依法为当事人举证提供帮助

当事人申请人民法院调查取证，符合法律规定条件的，或者人民法院认为有必要调查的证据，人民法院应当及时调查取证；积极探索委托律师调查取证。

5. 建立特殊人群救助帮教制度

加大法律援助、司法救助力度，让经济确有困难的当事人打得起官司。

对于符合司法救助条件的老年当事人，应当依法予以救助。同时，还要加强与法律援助机构的协调配合，依法及时转交老年当事人的法律援助申请；会同相关部门加大对受害老年人临时庇护、法律援助的帮扶力度。

为死刑复核案件被告人依法提供法律援助。最高人民法院复核死刑案件，被告人申请法律援助的，应当通知司法部法律援助中心指派律师为其提供辩护。

开展退役军人司法救助工作。在办理案件过程中，对遭受违法犯罪侵害或者民事、行政侵权，无法通过诉讼、仲裁获得有效赔偿、补偿，生活面临急迫困难的退役军人采取辅助性救济措施。

另外，为加强和规范审判、执行中困难群众的国家司法救助工作，《最高人民法院关于加强和规范人民法院国家司法救助工作的意见》（法发〔2016〕16号）作出了进一步规定。第一，在审判、执行工作中，对权利受到侵害无法获得有效赔偿的当事人，符合下列情形的，可以采取一次性辅助救济措施，以解决其生活面临的急迫困难。当事人因生活面临急迫困难提出国家司法救助申请，符合下列情形之一的，应当予以救助：①刑事案件被害人受到犯罪侵害，造成重伤或者严重残疾，因加害人死亡或者没有赔偿能力，无法通过诉讼获得赔偿，陷入生活困难的；②刑事案件被害人受到犯罪侵害危及生命，急需救治，无力承担医疗救治费用的；③刑事案件被害人受到犯罪侵害而死亡，因加害人死亡或者没有赔偿能力，依靠被害人收入为主要生活来源的近亲属无法通过诉讼获得赔偿，陷入生活困难的；④刑事案件被害人受到犯罪侵害，致使其财产遭受重大损失，因加害人死亡或者没有赔偿能力，无法通过诉讼获得赔偿，陷入生活困难的；⑤举报人、证人、鉴定人因举报、作证、鉴定受到打击报复，致使其人身受到伤害或财产受到重大损失，无法通过诉讼获得赔偿，陷入生活困难的；⑥追索赡养费、扶养费、抚育费等，因被执行人没有履行能力，申请执行人陷入生活困难的；⑦因道路交通事故等民事侵权行为造成人身伤害，无法通过诉讼获得赔偿，受害人陷入生活困难的；⑧人民法院根据实际情况，认为需要救助的其他人员。第二，涉诉信访人，其诉求具有一定合理性，但通过法律途径难以解决，且生活困难，愿意接受国家司法救助后息诉息访的，可以参照予以救助。第三，国家司法救助以支付救助金为主要方式，并与思想疏导相结合，与法律援助、诉讼救济相配套，与其他社会救助相衔接。第四，人民法院审判、执行部门认为案件当事人符合救助条件的，应当告知其有权提出国家司法救助申请。当事人提出申请的，审判、执行部门应当将相关材料及时移送立案部门。当事人直接向人民法院立案部门提出国家司法救助申请，经审查确认符合救助申请条件的，应当予以立案。第五，救助决定应当自立案之日起10个工作日，至迟两个月以内办结。有特殊情况的，经司法救助委员会主任委员批准，可以再延长一个月。第六，办理救助案件应当制作国家司法救助决定书，加盖人民法院印章。国家司法救助决定书应当及时送达。第七，不符合救助条件或者具有不予救助情形的，应当将不予救助的决定及时告知救助申请人，并做好解释说明工作。第八，决定救助的，应当在七个工作日内按照相关财务规定办理手续。在收到财政部门拨付的救助金后，应当在两个工作日内通知救助申请人领取救助金。第九，对具有急需医疗救治等特殊情况的救助申请人，可以依据救助标准，先行垫付救助金，救助后及时补办审批手续。

（三）对特别类型案件要根据情况来处理

服务保障大局是人民法院的重要职责使命，也是每一位法官的使命担当。在执行便民规定时，要牢牢把握经济社会发展的主要形势，坚持具体情况具体分析，对一些特殊情况的案件要区分对待。

1. 对一些特别类型案件要"快立、快调、快审、快执"

对于追索工资报酬、工伤赔偿等涉及广大职工和农民工切身利益的案件以及追索赡养费、抚育费、扶养费等案件，尽快受理，适时调解，及时判决、执行。

对于债权债务关系明确、债务人财产状况清楚、案情简单的破产清算、和解案件，人民法院可以适用快速审理方式。对于适用快速审理方式的破产案件，受理破产申请的人民法院应当在裁定受理之日起六个月内审结。

办理有关扶贫领域刑事案件，应当依法积极追缴涉案财物，对于本办案环节具备快速返还条件的，应当及时快速返还。扶贫领域涉案财物快速返还工作，提高扶贫资金使用效能，促进国家惠民利民政策落实。

2. 对一些特别类型案件，要针对特点来探索创新处理模式

聚焦涉老年人案件类型和特点，建立适老型诉讼服务机制，为便利老年人参与诉讼活动提供保障。加大涉老年人居住权案件执行力度，依法及时维护老年人居住权益，保障老年人住有所居。加大对老年人追索赡养费、扶养费案件的先予执行力度。创新涉老年人精神赡养纠纷案件执行方式，督促、引导赡养人积极主动履行赡养义务。

审理涉及未成年人案件，应当根据案件情况开展好社会调查、社会观护、心理疏导、法庭教育、家庭教育、司法救助、回访帮教等延伸工作，提升案件办理的法律效果和社会效果。

在执行过程中，积极促成当事人达成执行和解。中小微企业因资金流动性困难不能清偿执行债务的，积极引导当事人达成减免债务、延期支付的执行和解协议；多个案件由不同人民法院管辖的，可以通过提级执行、指定执行等方式集中办理，积极促成当事人达成履行债务的"一揽子"协议，依法为企业缓解债务压力、恢复生产经营创造条件。①

推动涉外审判与互联网司法的深度融合。适应开放型经济新体制的需求，充分运用智慧法院建设成果，加强大数据、云计算、区块链、人工智能、5G等前沿技术在涉外审判领域应用。建设域外当事人诉讼服务平台，为域外当事人提供高效、便捷、低成本的司法服务。完善涉外案件在线立案、在线调解、在线庭审等机制，在当事人同意的基础上运用信息化手段，最大限度为中外当事人参与诉讼提供便利。探索完善涉外案件在线诉讼规则，提升涉外

---

① 参见《最高人民法院关于充分发挥司法职能作用　助力中小微企业发展的指导意见》（法发〔2022〕2 号）。

审判信息化水平。鼓励和支持互联网法院以及其他信息化建设基础较好的法院创新司法服务方式和载体，在涉外案件审理、平台建设、诉讼规则、技术运用、网络空间治理等方面先行先试、积累经验、创新规则。①

完善国际商事纠纷多元化解决机制。鼓励并尊重当事人将国际商事纠纷协议选择国际商事法庭管辖，最大限度发挥协议管辖的积极作用。在"一站式"国际商事纠纷多元化解决机制中适当引入域外知名商事仲裁机构、商事调解机构，推进"一带一路"国际商事法律服务示范区建设，为中外当事人提供公正高效便捷的司法服务。②

维护国家种源安全，为种业健康发展提供有力刑事司法保障。依法加大对制假售假、套牌侵权和破坏种质资源等涉种子犯罪的惩处力度，有效维护种子生产经营者、使用者的合法权益，净化种业市场。

（四）在案件的审理中要引领社会风尚、树立正确价值导向

努力营造人与人之间相互尊重、相互理解、和谐相处、友善相待的社会氛围。针对当前存在的见死不救、遇难不助、损人利己、不孝不仁等突出问题，法官在具体案件的审理中，要大力倡导"与人为善""以和为贵""宽容互让""尊老爱幼""助人为乐""见义勇为"等高尚行为，充分发挥调解、和解、协调等方式在纠纷解决中的重要作用。

大力推进司法诚信和社会诚信建设。法官要利用诉讼活动和司法裁判，加大对诚信行为的保护力度和对失信行为的惩罚力度，提高诚信效益，增大失信成本，严格防范并依法制裁当事人利用诉讼手段逃避责任或谋取不正当利益。

坚决防止、依法惩处虚假诉讼、滥诉、缠诉等行为。法官要通过维护和奖掖诚信诉讼，树立国家司法的权威，提高司法的公信力。对于各种出于非

---

① 参见《最高人民法院关于人民法院服务保障进一步扩大对外开放的指导意见》（法发〔2020〕37号）。

② 参见《最高人民法院关于人民法院服务保障进一步扩大对外开放的指导意见》（法发〔2020〕37号）。

法目的，虚构事实提起诉讼或滥用诉讼权利，故意逃避法律义务，损害国家利益、公共利益或他人合法权益的恶意诉讼和虚假诉讼等行为，伪造证据、当庭撒谎和滥诉、缠诉等行为，必须坚决防止，严肃处理。

保障当事人在意思自治下作出行为的合法权利。在处理相关案件中，法官要按照意思自治、法律规定、交易习惯和公序良俗等不同效力和习惯顺序进行裁判，保障当事人在意思自治下作出的对实体权益的合法处分权和对程序权利的合法选择权，在坚持严格司法和保障程序公正的范围内，积极引导、鼓励当事人在诉讼程序和执行程序中自愿选择调解、和解等体现当事人自主解决纠纷的方式。

三、尊重当事人和其他诉讼参与人的人格尊严、尊重律师

尊重当事人和其他诉讼参与人的人格尊严、尊重律师，避免盛气凌人、"冷硬横推"等不良作风，也是法官践行司法为民的具体体现。

（一）尊重当事人和其他诉讼参与人的人格尊严，依法保障律师参与诉讼活动的权利

法官在立案、审判、执行等各个环节，要规范自己的言行，坚决杜绝"冷横硬推""门难进、脸难看、话难听、事难办"的衙门作风。尊重和保障当事人庭审权利，让当事人依法充分表达诉求，完整陈述事实理由。对依法可以由当事人自主或者协商决定的程序事项，尽量让当事人自主或者协商确定。

2015 年 12 月 29 日发布并施行的《最高人民法院关于依法切实保障律师诉讼权利的规定》（法发〔2015〕16 号），对人民法院在诉讼中保障律师诉讼权利进行了明确的规定。根据该文件，法官在诉讼过程中，需要保障的律师诉讼权利如下文介绍。①依法保障律师知情权。法官要通过不断完善的审判流程公开、裁判文书公开、执行信息公开"三大平台"，将诉讼程序、诉权保障、调解和解、裁判文书等重要事项及相关进展情况，依法及时告知律

师，方便律师及时获取诉讼信息。②依法保障律师阅卷权。对律师申请阅卷的，法官应当在合理时间内安排。案卷材料被其他诉讼主体查阅的，应当协调安排各方阅卷时间。律师依法查阅、摘抄、复制有关卷宗材料或者查看庭审录音录像的，应当提供场所和设施。有条件的法院，可提供网上卷宗查阅服务。③依法保障律师出庭权。确定开庭日期时，法官应当为律师预留必要的出庭准备时间。因特殊情况更改开庭日期的，应当提前三日告知律师。律师因正当理由请求变更开庭日期的，法官可在征询其他当事人意见后准许。律师带助理出庭的，应当准许。④依法保障律师辩论、辩护权。法官在庭审过程中应合理分配诉讼各方发问、质证、陈述和辩论、辩护的时间，充分听取律师意见。除律师发言过于重复、与案件无关或者相关问题已在庭前达成一致等情况外，不应打断律师发言。⑤依法保障律师申请排除非法证据的权利。律师申请排除非法证据并提供相关线索或者材料，法官经审查对证据收集合法性有疑问的，应当召开庭前会议或者进行法庭调查。经审查确认存在法律规定的以非法方法收集证据情形的，对有关证据应当予以排除。⑥依法保障律师申请调取证据的权利。律师因客观原因无法自行收集证据的，可以依法向人民法院书面申请调取证据。律师申请调取证据符合法定条件的，法官应当准许。⑦依法保障律师的人身安全。案件审理过程中出现当事人矛盾激化，可能危及律师人身安全情形的，法官应当及时采取必要措施。对在法庭上发生的殴打、威胁、侮辱、诽谤律师等行为，法官应当及时制止，依法处置。⑧依法保障律师代理申诉的权利。对律师代理当事人对案件提出申诉的，法官要依照法律规定的程序认真处理。如果法官认为原案件处理正确的，要支持律师向申诉人做好释法析理、息诉息访工作。⑨为律师依法履职提供便利。要进一步完善网上立案、缴费、查询、阅卷、申请保全、提交代理词、开庭排期、文书送达等功能。有条件的法院要为参加庭审的律师提供休息场所，配备桌椅、饮水及其他必要设施。⑩完善保障律师诉讼权利的救济机制。要指定专门机构负责处理律师投诉，公开联系方式，畅通投诉渠道。对投诉要及时调查，依法处理，并将结果及时告知律师。对司法行政机关、律师协会就维护律师执业权利提出的建议，要及时予以答复。

（二）为辩护律师依法行使辩护权提供便利

2021 年 12 月 30 日发布并于 2022 年 1 月 1 日起施行的《最高人民法院、司法部印发〈关于为死刑复核案件被告人依法提供法律援助的规定（试行）〉的通知》（法〔2021〕348 号）规定：在最高人民法院复核死刑案件过程中，被告人申请法律援助的，应当通知司法部法律援助中心指派律师为其提供辩护。辩护律师依法行使辩护权，最高人民法院应当提供便利。辩护律师在依法履行辩护职责中遇到困难和问题的，最高人民法院、司法部有关部门应当及时协调解决，切实保障辩护律师依法履行职责。辩护律师应当在接受指派之日起一个半月内提交书面辩护意见或者当面反映辩护意见。辩护律师要求当面反映意见的，最高人民法院应当听取辩护律师的意见。死刑复核案件裁判文书应当写明辩护律师姓名及所属律师事务所，并表述辩护律师的辩护意见。受委托宣判的人民法院应当在宣判后五日内将最高人民法院生效裁判文书送达辩护律师。

（三）为律师提供一站式诉讼服务

2020 年 12 月 16 日发布并施行的《最高人民法院、司法部关于为律师提供一站式诉讼服务的意见》（法发〔2021〕3 号）指出：为深入贯彻落实党中央关于深化律师制度改革要求，进一步落实《最高人民法院、最高人民检察院、公安部、国家安全部、司法部关于依法保障律师执业权利的规定》《最高人民法院关于依法切实保障律师诉讼权利的规定》等规定，完善便利律师参与诉讼机制，为律师提供更加优质的诉讼服务，充分发挥律师在全面依法治国中的重要作用，更好地维护人民群众合法权益，人民法院为依法执业的律师（含公职律师、公司律师）提供集约高效、智慧便捷的一站式诉讼服务，并为律师助理在辩护、代理律师授权范围内开展辅助性工作提供必要的诉讼服务。

具体而言，包括如下 11 项内容。①人民法院建立律师参与诉讼专门通道，为律师提供"一码通"服务。律师可以使用律师服务平台生成动态二维码，通过扫码或者其他便捷方式快速进入人民法院诉讼服务场所和审判法庭。②对于入驻人民法院开展诉讼辅导、调解、法律援助、代理申诉等公益性服务的律师，应当为其设立专门工作场所，提供扫描、打印、复印、刻录等服务。有条件的人民法院可以提供停车、就餐等服务。③依托 12368 诉讼服务热线一号通办功能，为律师提供查询、咨询、诉讼事务办理等服务，并将支持律师在律师服务平台查看通过 12368 诉讼服务热线申请的诉讼事务办理情况。④积极为律师提供一网通办服务。律师可以通过律师服务平台办理立案、调解、庭审、阅卷、保全、鉴定，申请回避、撤诉，申请人民法院调查收集证据、延长举证期限、延期开庭、核实代理关系等事务，以及在线查收人民法院电子送达材料等，实现诉讼事务在线办理、网上流转、全程留痕。⑤为律师提供一审民事、行政、刑事自诉、申请执行和国家赔偿案件的网上立案服务。对不符合要求的材料，做到一次性告知补正事项。对律师通过律师服务平台或者诉讼服务大厅提交电子化诉讼材料的，实行快速办理。支持通过网银、支付宝、微信等线上支付方式交纳诉讼费用。⑥具备在线庭审条件的人民法院，对适宜通过在线方式进行庭审、庭前会议或者询问等诉讼环节的案件，应当为律师提供在线庭审服务。依托律师服务平台为律师在全国法院参加庭审以及其他诉讼活动提供排期避让提醒服务。对有冲突的排期自动向人民法院作出提醒，律师也可以根据传票等信息在律师服务平台自助添加开庭时间等，主动向人民法院提供需要避让的信息。人民法院根据案件实际审理情况合理排期。⑦加强网上阅卷工作，逐步为律师提供电子诉讼档案在线查看、打印、下载等服务。对依法可以公开的民事、行政、刑事、申请执行和国家赔偿案件材料，律师可以通过律师服务平台申请网上阅卷。在律师服务平台建立个人案件空间。推进对正在审理中、依法可以公开的案件电子卷宗同步上传至案件空间，供担任诉讼代理人的律师随时查阅。⑧律师服务平台为律师关联可公开的代理案件，提供立案、开庭、结案等节点信息查看服务，方便律师一键获取代理案件的诉讼信息。律师服务平台支持律师通过文字、语音等方式在线联系法官，支持多种格式电子文档批量上传，提供证据网盘以及立案材料指引、诉状模板、诉状助手、诉讼费用计算、法律法规查询等智能工具辅助律师办案。律师还可以根据需要设置个人常用事项导航窗口。⑨建立健全律师诉讼权利救济机制。律师可以通过 12368 诉讼服务热线、律师服务平台对诉讼服务事项进行满意度评价，或者提出意见建议。对律师反映的重大问题或者提出的意见建议由人民法院工作人员及时予以回复。⑩人民法院与司法行政机关应当为律师在参与诉讼过程中提交的电子材料和律师个人信息等提供安全保障，确保数据在存储和流转等过程中的真实性、有效性和安全性。⑪人民法院、司法行政机关、律师协会应当加强协调配合，建立常态化联席会议工作机制，定期召开会议，充分听取律师对人民法院和司法行政机关的意见建议，及时研究解决诉讼服务过程中律师反映的新情况新问题，不断提升一站式服务律师的能力水平。

四、提升涉诉信访工作质效

法官要注意提高依法治访能力，达到维护群众合法权益，满足人民群众的多元司法需求的目的。

（一）基本要求

（1）高度重视并认真做好涉诉信访工作，切实保护信访人合法权益。

（2）及时处理信访事项，努力做到来访有接待、来信有着落、申诉有回复。

（3）依法文明接待，维护人民法院良好形象。

（二）对来信的处理和来访的接待

（1）对来信的处理。要及时审阅并按规定登记，不得私自扣押或者拖延不办；需要回复和退回有关材料的，应当及时回复、退回；需要向有关部门和下级法院转办的，应当及时转办。

（2）对来访的接待。要及时接待，耐心听取来访人的意见并做好记录；能当场解答的，应当立即给予答复，不能当场解答的，收取材料并告知按约定期限等待处理结果。

（三）特殊情况的信访

来访人系老弱病残孕者，要优先接待；依法妥善处理老年人涉诉信访案件，对于老年当事人应当予以特别关照。来访人申请救助的，可以根据情况帮助联系社会救助站；在接待时来访人出现意外情况的，应当立即采取适当救护措施。

对于集体来访的，向领导报告，及时安排接待并联系有关部门共同处理；视情况告知选派一至五名代表说明来访目的和理由；稳定来访人情绪，并做好劝导工作。

信访人反映辖区法院裁判不公、执行不力、审判作风等问题的，要认真记录信访人所反映的情况；对法院裁判不服的，告知其可以依法上诉、申诉或者申请再审；反映其他问题的，及时将材料转交法院有关部门处理。

（四）其他需要注意的事项

（1）信访事项不属于法院职权范围，要告知法院无权处理并解释原因，根据信访事项内容指明有权处理机关。

（2）信访事项涉及国家秘密、商业秘密或者个人隐私的，要妥善保管涉及秘密和个人隐私的材料；自觉遵守有关规定，不披露、不使用在信访工作中获得的国家秘密、商业秘密或者个人隐私。

（五）做好执行信访案件"接访即办"

"接访即办"，是指人民法院对于收到的执行信访材料，给予即时录入、快速督办、及时反馈、高效化解的信访管理工作机制，目的是深入贯彻落实中央关于全国政法队伍教育整顿有关决策部署，践行"以人民为中心"发展理念，进一步健全完善新时期执行信访工作长效机制，提高执行信访案件办理质效，规范执行行为，维护信访人合法权益，根据相关法律、司法解释作出的规定。

（1）建立健全"接访即办"工作机制，应当坚持依法、公正、规范、及时、便民的原则。

（2）确定专人负责。人民法院执行部门应当确定专人处理涉及执行案件的来信、来访，所有执行信访案件均应及时、全面录入人民法院执行申诉信访办理系统，并且全流程在人民法院执行申诉信访办理系统上办理。人民法院执行部门对收到的信访材料，应当先予形式审查，于5个工作日内在人民法院执行申诉信访办理系统中完成申诉信访登记，并确定承办人办理。对于来信来访涉及本院执行部门正在办理的执行案件的，应当及时将相关材料转交案件承办人。

（3）承办人的职责和时间要求。对于反映本院执行案件办理问题的信访材料，各地人民法院信访工作承办人应当于30日内办结，并及时将办理结果告知信访人。对于反映下级人民法院执行案件办理问题的信访材料，高级、中级人民法院的承办人应当于15个工作日内完成甄别工作，紧急情况应即刻办理、及时报告、及时采取措施。对于上级人民法院挂网交办的执行信访案件，执行法院应当于45日内办理完毕，并及时告知信访人；办理意见经执行部门相关负责人审批同意后，通过人民法院执行申诉信访办理系统层报上级交办法院核销。上级人民法院收到交办信访案件的核销申请后，应当于5个工作日内完成核销工作。

（4）执行法院或者执行人员在"接访即办"工作中弄虚作假或者不执行上级人民法院的监督意见，以及执行人员存在消极执行、违法执行等情形，造成恶劣影响或者严重后果的，除责令限期纠正外，相关人民法院应当启动"一案双查"工作机制予以查处。

【案例5-8】 陈燕萍系江苏省靖江市人民法院副院长。2007年9月，被中宣部确定为"道德楷模 文明风尚"重大宣传典型；同年10月，被江苏省高级人民法院荣记个人一等功；2008年1月，当选第十一届全国人民代表大会代表；2011年2月，被全国妇联授予全国三八红旗手标兵荣誉称号。2011年9月20日，获得第三届全国道德模范提名奖。她忠于职守、勤奋工作，模范履行人民法官的神圣职责，自觉追求办案法律效果与社会效果的统一，担任法官以来，审理案件3000多件，年均结案超200件，调解率近70%，所办案件无一错案，无一引发上访，是公认的办案标兵、调解能手。她真心为民、奉献社会，主动要求到条件艰苦、任务繁重的基层人民法庭工作，饱含真情为基层群众服务，化解矛盾，消除纷争，被誉为"真情为百姓、公正建和谐的基层好法官"，特别是她坚持七年关心帮助患病未成年当事人的先进事迹，感动了社会各界，受到了广泛赞誉。根据陈燕萍同志的先进事迹和《人民法院奖励暂行规定》，最高人民法院决定，授予陈燕萍同志"全国模范法官"荣誉称号。陈燕萍同志扎根基层人民法庭14年，将真情奉献给人民群众，将心血奉献给审判事业，是忠诚践行"三个至上"的优秀代表，是"人民法官为人民"的杰出楷模。最高人民法院号召，全国各级人民法院和广大干警要迅速开展向陈燕萍同志学习的活动，学习她牢记宗旨、真心为民的坚定信念，学习她公正司法、清正廉洁的优秀品质，学习她善于调解、案结事了的职业能力，学习她恪尽职守、忘我工作的敬业精神，学习她甘于奉献、乐于助人的高尚情怀。全国各级人民法院要把学习陈燕萍同志作为推进"人民法官为人民"主题实践活动、加强队伍建设的一项重要内容，教育广大干警以陈燕萍同志为榜样，不断激发工作热情，全面提高自身素质，尽职尽责为大局服务，尽心尽力为人民司法，切实肩负起中国特色社会主义事业建设者、捍卫者的神圣使命。①

---

① 参见"最高人民法院关于授予陈燕萍同志全国模范法官荣誉称号的决定"，载最高人民法院官网，https://www.court.gov.cn/jianshe-xiangqing-163.html，2022年8月21日访问。

【**案例 5 - 9**】滕启刚，生前系辽宁省鞍山市千山区人民法院行政审判庭庭长、四级高级法官。2021 年 6 月 4 日突发疾病去世，终年 57 岁。滕启刚同志扎根基层法院工作 30 年，历经刑事、行政审判和派出法庭多岗位锻炼，始终奋斗在执法办案、服务群众最前沿，以恒心践初心、以生命担使命，对党忠诚、爱岗敬业、一心为民、忘我工作，在平凡的工作岗位上创造了不平凡的业绩、成就了不平凡的人生，曾荣获"辽宁省人民满意的政法干警"等近30 项荣誉，是政法系统深入学习贯彻习近平新时代中国特色社会主义思想、践行习近平法治思想的优秀代表，是新时代忠诚履职、执法司法为民的先进典型，是全国政法队伍教育整顿期间涌现出的英雄模范。中央政法委印发通知要求：要学习滕启刚同志对党忠诚、勇毅前行的政治品格，始终保持赤胆忠心；要学习滕启刚同志甘当公仆、心系群众的为民情怀，始终坚持人民至上；要学习滕启刚同志担当作为、公正司法的敬业精神，始终坚守公平正义；要学习滕启刚同志克己奉公、清正廉洁的高尚情操，始终做到作风过硬。①

【**案例 5 - 10**】2014 年 8 月，郝耀华主动请缨，要求到基层法庭工作。在竞职演讲中，他表示，"基层法庭是矛盾聚集区，因为它最贴近老百姓，矛盾最直接、最集中，我就是要到离群众最近的地方工作，为群众多办些事情"。后来，他到了离群众最近的基层法庭八里营法庭工作。

在八里营人民法庭工作的两年间，郝耀华的足迹几乎踏遍了所辖的四个乡镇 205 个村庄。他把每一个群众都当作自己的朋友，用公平正义抒写法官的为民情怀，用自己的实际行动让百姓们感受到法院是最值得信赖、最讲公平、最讲道理的地方。初到八里营法庭工作的郝耀华发现，打官司的群众大多没有律师帮助，甚至不识字，法律知识缺乏，维权意识淡薄，有些更是因不懂得怎么打官司而败诉的。于是，他注重发挥司法宣传的作用，通过法制宣传讲座、走访座谈等多种方式宣传法律知识，还把法庭搬到了村里，对涉

---

① 参见"中央政法委印发通知要求学习宣传滕启刚同志先进事迹"，载最高人民法院官网，https：//www. court. gov. cn/zixun - xiangqing - 31. html，2022 年 8 月 21 日访问。

及家庭矛盾、邻里纠纷等案件，到贫困当事人所在地调查、调解、开庭，通过巡回法庭来教育群众，在潜移默化中增强群众的法律意识。

在审判中，面对群众，他注重换位思考，更多地关注弱势群体，站在他们的位置上进行分析和判断，认真把握每一起案件事实，正确运用法律做到程序和实体并重，努力减少讼累，让他们都感受到公平正义。司法扶贫工作是滑县开展精准扶贫的一项重要措施，郝耀华担任留固镇李庄村司法扶贫专职副书记，他把司法扶贫作为服务群众的另一举措，与每个贫困户都结成了帮扶对子，每周都到李庄村走访，深入贫困户家中了解情况，宣传法律知识，为残疾人、老年人等上门立案、调解。郝耀华从事民事审判工作以来始终把调解工作贯穿案件审理的全过程，经常采取"背靠背调解""轮流调解""迂回调解"等多种调解方法。在他办理的一起土地承包纠纷案件中，原告是七个村民小组，被告是三户村民。原告认为三名被告所承包的耕地到期，要求被告补缴所欠的土地承包费，并收回承包土地。其中两名被告坚持以所承包的土地原来是荒地，自己平整土地、挖井等投入很多，要求原告补偿后同意才退地，另一名被告则拒不退地。案件就这样陷入了僵局。为弄清当初土地承包时的具体情况，郝耀华一次次实地走访勘查，一趟趟找知情人调查谈话，终于查清了案件事实。在审理过程中，被告方频频施压，甚至扬言采取极端措施，有关部门也劝他慎重考虑。面对各方面带来的压力，郝耀华没有退缩，对原、被告双方进行了多次耐心细致的调解，又协同乡政府工作人员与双方反复沟通，最终达成一致协议，案件获得圆满解决。

2015年年底，郝耀华被安阳市中级人民法院表彰为"全市法院办案能手"，这一年他共审结案件403件，结案率达94.38%，无一错案，无一被发改，无一引发上访，实现了"定分止争、案结事了"的办案效果。①

【案例5-11】琼海市人民法院把"我为群众办实事"作为重要载体和有力

---

① 参见汪书英、王长壑："80后'办案状元'的为民情怀"，载河南省滑县人民法院官网，http://hnhxfy.hncourt.cn/public/detail.php? id=1385，2022年8月21日访问。

抓手，自觉落实"以人民为中心"的发展理念，积极推进"互联网＋"移动办案模式，充分发挥"智慧法院"成果，为当事人提供便捷高效的线上司法服务，取得良好效果。2021年5月中旬，琼海市人民法院通过多元调解平台线上音视频的方式成功调撤了卢某、刘某、何某诉某小区业主委员会业主撤销权纠纷一案。

原告诉称被告存在未履行相关法定程序等情况下在该小区张贴公布《关于投票表决某某小区第二届业主委员会主任、副主任的公告》，其成立不符合法律规定，已严重侵害原告作为小区业主的合法权益，因此诉请予以撤销。被告辩称该业委会成立是经过相关主管部门指导、监督下进行的，在没有异议的情况下才发出备案通知，原告应当采取行政诉讼，而非起诉已经过备案成立的业委会。案件受理后，业主及业委会之间分歧较大，为依法妥善处理矛盾纠纷，促进小区和谐稳定，承办人詹法官多次到小区及镇政府了解情况、调取查阅相关备案材料，并与相关负责人进行了沟通。基于此，因证据较多且复杂，承办人安排了庭前证据交换及调解，但没有达成最终一致意见。随后，承办人因工作安排到国家法官学院培训近一个月。培训期间，詹法官虽身在北京，仍牵挂着该小区悬未决的矛盾纠纷，为尽快处理矛盾纠纷，促进小区和谐、规范管理，詹法官利用休息时间详细梳理案件事实、证据及争议焦点，远程与镇政府电话联动、与当事人远程视频耐心细致地释法说理，及时跟踪案件进展。该镇政府于5月11日作出《关于撤销某某小区（第二届）业主委员会备案的决定》并在该小区张贴公示，当晚，詹法官了解到该情况后，迅速启动线上远程平台调解模式，以信息技术突破时间、空间限制，实现调解无缝对接，通过释明后，原告当即表示自愿撤诉并对法院先进便利的线上调解模式和高效良好的调解机制充分的肯定，在领取撤诉裁定书时，还亲自送来一面"公正司法、廉洁高效"锦旗以表谢意。①

---

① 参见王凯："【我为群众办实事】线上天涯近咫尺 远程调解化纠纷"，载微信公众号"琼海市人民法院"，2021年5月31日。

【**案例 5 - 12**】近年来，为从源头上解决小微企业面临的各种法律问题，江西省会昌县人民法院立足自身职能，拓宽服务渠道，积极开展"百名法官进百企"活动，并在工业园区设立巡回法庭，根据小微企业各自不同的司法需求，做到具体情况具体分析，专门提供"定制式"法律服务，针对个案审理中发现的小微企业经营管理中存在的问题，以司法建议等方式进行反馈，促进小微企业管理水平的提高，为小微企业的发展由事后补漏变为事前预防、事前指导。2017 年，该院法官进小微企业 310 余人次，提出建议 30 余条，小微企业接受培训员工 900 余人次。为确保案件处理无震荡，该院制定了关于为会昌县经济发展提供司法保障的实施意见，实行涉小微企业重大案件报告制度，重大涉小微企业纠纷案件在立案时需第一时间向院领导汇报；对涉及面广、重大敏感或影响社会稳定的案件，及时向县党委、人大和上级法院汇报，争取支持。近年来，该县小微企业涉诉信访案件化解率达 100%。江西省会昌县人民法院努力为小微企业发展营造和谐、有序、健康、法治的司法环境，赢得了社会的广泛赞誉。①

【**案例 5 - 13**】2022 年 4 月，广东省连南瑶族自治县人民法院执行法官一行，先后三次徒步深入某处交通不便的僻远深山，执行一起农村涉林权纠纷案件。为了更好地化解这起矛盾，法官邀请了瑶寨调解经验丰富、群众威望高的"瑶老"调解员共同参与调解。在山上，法官和双方当事人耐心沟通，拿出文件和图纸实地比对，解释该案的来龙去脉以及判决依据，告知拒不执行的后果。瑶老也从家族渊源、邻里往来等多方面细细开导，引导他们依法平和地解决矛盾。调解工作持续了两个小时，最终，双方当事人对该执行案件中争执不下的事项进行了现场确认，并当场签收结案文书，该案实现案结事了，多年纠纷成功化解。连南瑶族自治县作为粤北生态屏障，森林覆盖率达 80.95%，有"百里瑶山"之称。不少住在山区的农民种植了经济林，因时

---

① 参见邹桃和、邹铠："会昌法院'定制式'服务小微企业"，载《人民法院报》2017 年 12 月 29 日，第 4 版。

间跨度长、四至范围或面积记载不清等产生的涉林权纠纷时有发生。一直以来，连南法院十分重视涉农案件的审执工作，因涉林权纠纷大多矛盾纠纷盘根错节，为妥善化解矛盾纠纷，案件承办法官坚持深入群众生产生活实际，在调解工作中充分发动群众，依靠群众，取得了较好成效。①

【案例 5 – 14】为贯彻落实全国打击整治养老诈骗专项行动部署会议精神，2022 年 4 月，最高人民法院下发通知，部署全国法院打击整治养老诈骗专项行动，要求各级人民法院充分认识专项行动的重大意义，准确把握总体要求，依法严惩养老诈骗犯罪，扎实做好养老诈骗案件审判相关工作，确保专项行动取得实效。

通知强调，开展全国打击整治养老诈骗专项行动，是贯彻落实中央领导同志重要指示精神的实际行动，是广大人民群众特别是老年群体的迫切愿望，是保持国泰民安社会环境的实际举措。各级人民法院要切实提升政治站位，认真贯彻落实中央领导同志重要指示精神和全国打击整治养老诈骗专项行动部署会精神，扎实开展打击整治养老诈骗专项行动，以实际行动维护老年人合法权益，维护安全稳定的政治社会环境。通知要求，要依法严惩养老诈骗犯罪，重点惩处以养老为名侵害老年人合法权益的各类诈骗犯罪。对于造成严重经济损失以及其他严重后果或者恶劣社会影响的案件，要坚决依法从严惩处，同时加大对罚金、没收财产的处罚力度，从经济上严厉制裁犯罪分子。要严格依法办案，坚持以事实为根据、以法律为准绳，严格把握好法律政策界限，确保把每起案件都办成经得起法律和历史检验的铁案。要全力追赃挽损，最大限度地减少受害群众的经济损失，最大限度地维护老年人合法权益。

通知要求，各级人民法院要抓好案件审理工作，加大办案攻坚力度，及时审判一批社会影响大、关注度高的重大典型案件，深入推进专项行动。

---

① 参见甘丽丽："我为你翻山越岭"，载微信公众号"最高人民法院"，2022 年 4 月 15 日。

要加强专项工作调研总结，加强法律政策问题研究，及时完善相关司法解释、司法政策，适时发布典型案例，指导司法实践。要扎实做好宣传教育工作，采取以案说法等形式，加强法治宣传，揭露养老诈骗"套路"手法，帮助老年人提高法治意识和识骗防骗能力，形成"不敢骗、不能骗、骗不了"的良好态势。各级人民法院要以高度的政治责任感、工作紧迫感，加强组织领导和机制保障，确保打击整治养老诈骗专项行动落到实处，并取得预期成效。①

【案例5-15】陈某原是一家建材公司的员工，于2019年3月入职，双方签订书面劳动合同，最后一次合同期限为2020年12月26日起至2021年12月25日止。因工厂放假，陈某回河南老家。2021年8月，陈某所在地河南省尉氏县发生新冠肺炎疫情，无法返岗，其间陈某在微信上收到了该建材公司的解除劳动合同通知书。公司以陈某自2021年8月1日起未履行请假手续擅自旷工一个多月为由，通过微信通知双方劳动关系自2021年9月8日起解除。

陈某于2021年9月23日向浙江省绍兴市上虞区劳动人事争议仲裁委员会申请劳动仲裁，要求公司支付其2021年8月工资及经济赔偿金。劳动仲裁委审查后认定该建材公司与陈某解除劳动合同系违法解除，裁决该建材公司支付陈某2021年8月工资及经济赔偿金合计4万余元。该建材公司不服，向法院起诉。法院经审理认为，陈某因工厂放假回河南老家，后因当地新冠肺炎疫情管控措施而未能及时返岗，并非无故旷工。该建材公司仅于2021年8月25日在微信工作群发布所有员工须于9月1日到岗的通知，事后也未另行通知陈某到岗，即于2021年9月9日通知陈某双方劳动关系解除，存在不妥。该建材公司属于违法解除劳动合同，应根据《中华人民共和国劳动合同法》第87条规定，支付被告经济赔偿金，关于2021年8月

---

① 参见孙航："依法严惩养老诈骗犯罪，切实维护老年人合法权益　最高法部署全国法院打击整治养老诈骗"，载最高人民法院官网，https://www.court.gov.cn/zixun-xiangqing-355231.html，2022年8月22日访问。

工资，陈某未能到岗上班系其所在地因新冠肺炎疫情采取紧急措施导致，非因归责于陈某本人，应当视同陈某提供正常劳动，并由某建材公司支付正常工作时间工资，故判决某建材公司支付陈某 2021 年 8 月工资及经济赔偿金，合计 4 万余元。①

【案例 5-16】苏州某机械公司、杨某因结欠无锡某设备公司货款 15.6 万余元，在法院主持下达成调解协议。但因机械公司未按调解协议履行，设备公司向法院申请强制执行。法院受理后，依法向被执行人送达执行通知书、财产报告令等材料。但被执行人未按法律规定及时申报财产，也未及时履行还款义务，据此，法院拟将机械公司、杨某纳入失信被执行人名单。在执行中，机械公司向承办法官言明了现实困难，公司因疫情原因急需订单复工复产，一旦将其纳入被执行人名单，则可能导致其无法参加招投标，企业正常生产、工人工资发放等都会受到很大影响，希望法院能给予一定的期限组织生产并分期履行。"竭泽而渔不如放水养鱼。"承办法官将该情况反馈申请执行人，设备公司表示理解机械公司实际经营困难，同意给予机械公司一定的履行期限。在法院组织下，设备公司与机械公司、杨某重新达成了执行和解协议。同时，法院结合实际案情认为，执行双方在执行中已重新达成和解协议，且目前被执行人正在履行中，其申请纳入失信被执行人宽限期具有现实合理性，遂依法作出给予 90 天宽限期的决定书。这是江苏省无锡市惠山区人民法院作出的该院首份"纳失宽限期"执行决定书，苏州某机械公司成为首个获得 90 天"纳失宽限期"的被执行人。"纳失宽限期"，给企业纠正失信、缓解困境提供了新路径。②

【案例 5-17】安吉某家具有限公司是浙江省湖州市当地一家经营外贸家具配件的小微企业，于 2017 年向浙江省舟山市某机械制造有限公司定制杆筒

---

① 参见"封控在家却被公司开除？法院判了！"，载微信公众号"最高人民法院"，2022 年 5 月 13 日。

② 参见"宽限 90 天！暂缓纳入失信名单，让困难企业'喘口气'"，载微信公众号"最高人民法院"，2022 年 5 月 12 日。

螺杆一套。2019 年，应安吉家具公司要求，舟山某机械公司对该套螺杆重新修复，双方约定货到付款，但安吉家具公司因受经济形势不好影响，一直拖欠该笔货款，舟山某机械公司遂于 2020 年年初向舟山市定海区人民法院起诉，经法院调解双方达成和解，约定分四笔支付货款及加工款 46 000 元。因安吉家具公司未自动履行调解协议，舟山某机械公司于 2021 年 3 月向定海区人民法院申请强制执行。执行过程中，安吉家具公司因未按规定按时申报财产，定海区人民法院依法对其限制消费并罚款 5 万元。其后，该公司积极筹款，在 2022 年 1 月主动履行了全部支付义务。但因公司在新冠肺炎疫情期间经营困难，无力缴纳罚款，在向执行法院出具书面具结悔过文书后，向定海区人民法院申请减免罚款。"我们没能对法院送达的报告财产令起到应有的重视，忽视法律后果，已经深刻意识到了自己的问题，还望法院能够体谅我们的困难之处，减免一部分罚款。"鉴于新冠肺炎疫情期间该公司生产经营确实存在困难，并且临近春节，工人急需工资回家过年，考虑到公司负责人积极筹款、偿还欠款，且已深刻反省，定海区人民法院决定对该公司减免罚款，最终罚款 5000 元。最终该家具公司在缴纳罚款后，用剩余资金给 15 名外来务工人员结清了工资。来自安吉家具公司的工人看着手机里的到款信息笑着说道："没想到在公司经营这么困难的情况下，我们还能如期拿到工资，多亏了法院的温情举措。"[1]

【案例 5－18】2022 年起，安徽省全省法院将开展为期一年的以"法治护航零距离"为主题的"六个一百"精准普法活动。举办百场公众开放日，邀请学生走进法院，旁听案件庭审，参观审判法庭、法治教育基地、诉讼服务中心等场所；举办百堂法治公开课，组织法官走进中小学校、中等职业学校、特殊教育学校等，宣讲《民法典》、未成年人保护法、预防未成年人犯罪法、家庭教育促进法等，精选典型案例以案释法律；召开百场新闻发布会，"六

---

[1] 参见贾舟宁、陈倩琳："中小微企业急难愁盼　舟山法院送温暖"，载《人民法院报》2022 年 5 月 11 日，第 6 版。

一"前后，通报涉未成年人案件审判、权益保护、犯罪预防等情况，发布典型案例；组建百人法治宣讲团，整合全省法院普法宣传力量，共享普法宣传教案，开展巡回宣讲；发送百份司法建议书，结合案件审判，针对有关方面未尽到未成年人教育、管理、救助、看护职责的，有建设性地发出司法建议，助推社会治安综合治理；组织百位院长进校园，担任法治副校长，开展院校共建。通过活动，教育引导未成年人懂规则、明底线、敬法律、崇法治，切实提升对未成年人进行法治教育的实效，从源头上预防和减少未成年人犯罪。①

【案例5－19】安徽某股份有限公司诉北京某股份有限公司建筑工程分包合同纠纷一案，江西省石城县人民法院作为合同履行地法院，判决北京某股份有限公司应给付安徽某股份有限公司工程款100万元。进入执行程序后，执行干警发现两公司均在外省，受新冠肺炎疫情影响无法出省办案。为切实维护企业权益，解决双方纠纷，助力企业纾困解难，执行干警决定采用"云端执行"方式，通过电话、微信和短信等方式联系被执行人，向其做好释法明理工作，督促其履行支付义务，同时与申请执行人沟通减免利息事宜。在执行干警的积极组织下，双方在"云端"达成还款协议，随着安徽某股份有限公司收到北京某股份有限公司的100多万元工程款，本案画上了一个圆满的句号，实现了执行防疫两不误。②

【案例5－20】2022年5月7日，贵州省首批由法院和妇联联合打造的家庭教育服务中心——贵州省遵义市"红城有爱·法护未来"家庭教育服务中心授牌仪式举行。"红城有爱·法护未来"家庭教育服务中心（工作站）由法院联合妇联共建共管，覆盖遵义市中级人民法院及辖区各基层法院，以打造家庭教育指导工作"遵法模式"品牌为目标，充分利用遵义"红色基因"

---

① 参见周瑞平、高少："安徽：精准普法护航未成年人成长"，载《人民法院报》2022年5月12日，第1版。
② 参见陈小毛："'云端执行'促外地企业握手言和"，载《人民法院报》2022年5月12日，第4版。

的独特资源，是集家庭教育指导、未成年人帮教、心理疏导、法律咨询、普法宣传等功能于一体，社会支持体系成员单位深度融合，保护未成年人合法权益的重要载体。服务中心运行后，法院将联合妇联定期开展总结督导工作，推动建立"一案一档"制度，探索形成"面上普及—办案发现—帮教介入—跟踪回访"的闭环服务链，促进形成社会关注、司法作为、家庭主动、孩子受益的良好格局，推动构建未成年人保护齐抓共管的工作格局。①

【案例5-21】福建省高级人民法院下发《关于十大重点行业领域矛盾纠纷大化解专项行动的实施方案》，要求全省法院针对矛盾纠纷多发易发的金融、住建、民间借贷、涉商、婚恋家庭、道路交通事故、劳动争议、知识产权、涉台涉侨、破产十大行业领域，深化行业对接、完善诉非联动，逐行业领域分析、精准精细治理，确保今年诉源治理工作取得明显成效。福建省高级人民法院要求，全省法院要按照省委实施"提高效率、提升效能、提增效益"行动部署要求，以一站式建设为依托，坚持把非诉讼纠纷解决机制挺在前面，完善与相关职能部门和行业联动机制，加强信息共享、联防联控和协同治理，推动更多矛盾纠纷在基层及时就地化解；全省法院要深度融合大数据、人工智能等信息化手段，加大线上解纷力度，用好人民法院调解平台和最高人民法院"总对总"在线诉调对接机制，在线上汇聚起人民调解、行业调解、法院特邀调解等各类解纷资源，创新全流程在线源头治理模式，实现"一门进一网通一码清一次办一地解"，以突出线上智治，方便群众解纷。②

【案例5-22】在一起涉及川渝8家民营企业、诉讼标的额达1.2亿元的融资租赁合同系列纠纷案中，分别在重庆市第三中级人民法院及辖区的涪陵区人民法院起诉，案涉租金、违约金、担保责任、物权确认等多项复杂法律关

---

① 参见沈重阳、龙龑："贵州首批'法院+妇联'家庭教育服务中心挂牌"，载《人民法院报》5月10日，第1版。

② 参见林泳："福建诉源治理聚焦十大领域"，载《人民法院报》2022年5月9日，第1版。

系。重庆市第三中级人民法院与涪陵区人民法院、四川当地法院积极联动，成立了专项工作小组，组织法官多次往返成渝两地，召集几方当事人进行调解，最终达成调解协议，在充分保障了企业正常生产经营的同时能尽快清偿债务，并于调解协议达成的当日解除了对债务人、保证人的银行债户冻结。该案的处理实现了各方当事人的互利共赢，入选"重庆法院民营经济司法保护典型案例""重庆法院司法服务保障成渝地区双城经济圈建设典型案例"。①

---

① 参见刘洋、余陈洋："重庆三中院：优化营商环境 护航高质量发展"，载《人民法院报》2022 年 5 月 9 日，第 8 版。